똑똑

똑똑한 독해 · 똑똑한 독해

6주 30일 완성

초등 국어 문해력

- 독해 3원리가 적용된 지문 써머리 학습
- 초등 교과 수업의 이해를 돕는 풍부한 글감 학습
- 문해력 향상을 위한 초등 필수 어휘 학습

🔔 워크북 | 자기 주도형 심화 학습 노트

3단계
실력편

초등 5·6학년

이투스북

똑똑 초등 국어 문해력 시리즈 (6종)

3가지 독해 원리를 바탕으로 문해력을 기르는 훈련을 해 보세요.

	1단계	2단계	3단계
기본편			
	난도 up	난도 up	난도 up
실력편			
	초등 1·2학년군	초등 3·4학년군	초등 5·6학년군

똑똑 초등 국어 문해력 시리즈 독해 3원리

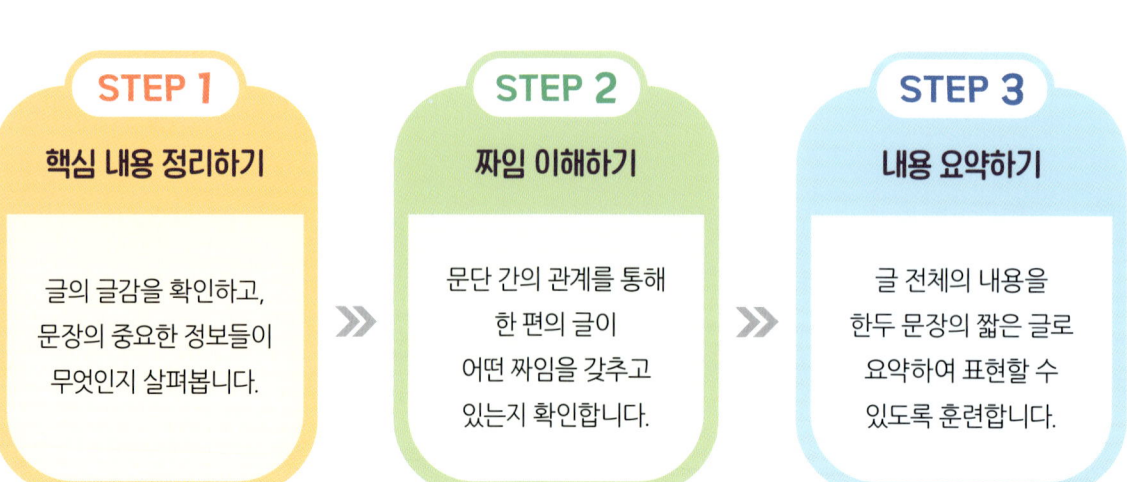

STEP 1

핵심 내용 정리하기

글의 글감을 확인하고,
문장의 중요한 정보들이
무엇인지 살펴봅니다.

STEP 2

짜임 이해하기

문단 간의 관계를 통해
한 편의 글이
어떤 짜임을 갖추고
있는지 확인합니다.

STEP 3

내용 요약하기

글 전체의 내용을
한두 문장의 짧은 글로
요약하여 표현할 수
있도록 훈련합니다.

똑똑
똑똑한 독해, 똑똑!

초등 국어
문해력

3단계 | 실력편

초등 5·6학년

STAFF

발행인 정선욱
퍼블리싱 총괄 남형주
개발 김태원 김한길 신영한 박수빈 김성준 육인선 민소희 권민경
기획·디자인·마케팅 조비호 김정인 강윤정
유통·제작 서준성 신성철

똑독 초등 국어 문해력 3단계 실력편　　202209 초판 1쇄　　202410 초판 2쇄

펴낸곳 이투스에듀(주) 서울시 서초구 남부순환로 2547
전화 1599-3225
등록번호 제2007-000035호
ISBN 979-11-389-1051-4 [53700]

똑똑

초등 국어 문해력

똑독이의 학교 시험은…

친구들 만날 생각에 신이 나서 학교까지 뛰어간 똑독이.

'아, 오늘 국어 단원 평가 보는 날이구나.'

'어쩔 수 없지. 영어도, 수학도 아닌 국어인데, 뭘.'

문제를 몇 번을 읽어도 무엇을 물어보는지 모르겠다.

한참을 고민하며 몇 글자 끄적이다가 결국엔 연필을 내려놓았다.

단원 평가가 끝나고 선생님이 똑독이를 부르셨다.

"똑독이는 글자도 잘 읽고 대답도 잘하는데,

글의 의미를 파악하고 어떤 답을 요구하는지 잘 몰랐나 보구나."

'열심히 풀려고 했는데, 무슨 말인지 알 수가 없더라고요.'

똑독이와 같은 학생에게 필요한 것은 바로 문해력입니다.

문해력은 '글을 읽고 내용을 정확히 이해하고 판단하는 능력'을 말합니다.

문해력을 갖추려면, 낱말의 의미를 익히고 문장과 문단의 내용을 바탕으로

전체 글의 내용을 정확하게 이해하는 연습을 반복해야 합니다.

똑독 초등 국어 문해력 시리즈는

어휘 학습, 문장 독해, 문단 독해, 지문 독해에 대한 해법과

자신의 생각을 표현하는 능력을 길러 주는 문해력 향상 훈련서입니다.

글을 읽는 방법을 익히고 배우는

똑똑 초등 국어 문해력 실력편

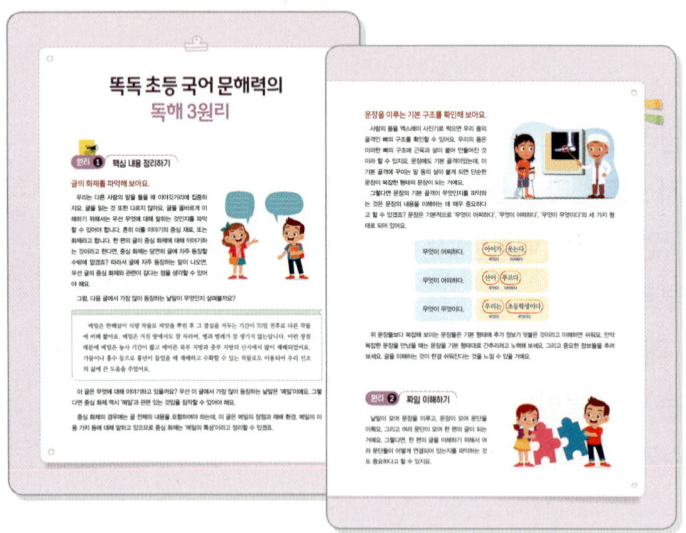

● **똑똑 초등 국어 문해력의 독해 3원리**

글과 문장의 정보를 이해하는 '핵심 내용 정리하기', 글의 구조를 파악하는 '짜임 이해하기', 이해한 내용을 종합적으로 간추리는 '내용 요약하기'의 3단계 독해 원리를 알기 쉽게 이해할 수 있어요.

1~6주차 독해 원리를 적용해요

지문 독해와 분석

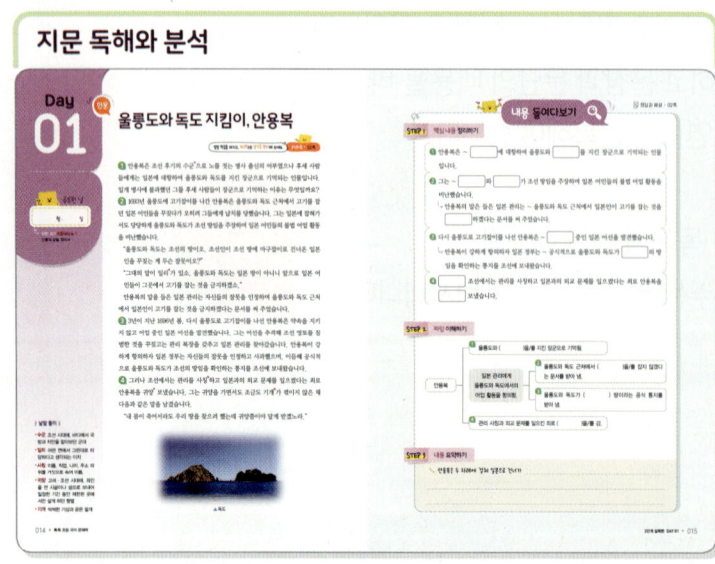

❶ **지문 독해**

인문, 사회, 과학, 예체능, 언어 등 다양한 분야의 재미 있고 유익한 정보들을 읽을 수 있어요.

❷ **내용 들여다보기**

독해 3원리에 따라 지문의 내용을 단계별로 완벽하게 분석하고 정리하는 연습을 반복적으로 할 수 있어요.

문제로 확인하기

학교 시험이나 수능에서 출제되는 원리와 유형에 따라 문제를 구성하였어요. 문제 풀이를 통해 이해력과 사고력, 문제 해결 능력을 기를 수 있어요.

어휘력 다지기

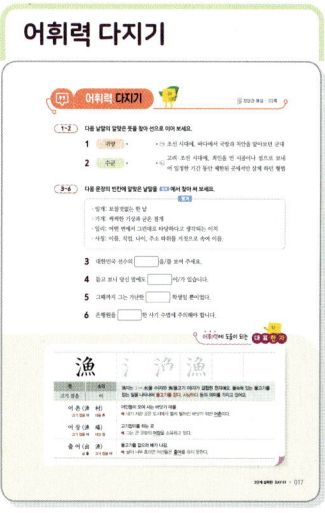

- 앞에서 지문을 읽으면서 학습한 낱말의 의미와 쓰임을 재미있는 문제를 통해 확인할 수 있어요.
- 지문 속 낱말을 이루는 필수 기초 한자들도 함께 익힐 수 있어요.

정답과 해설

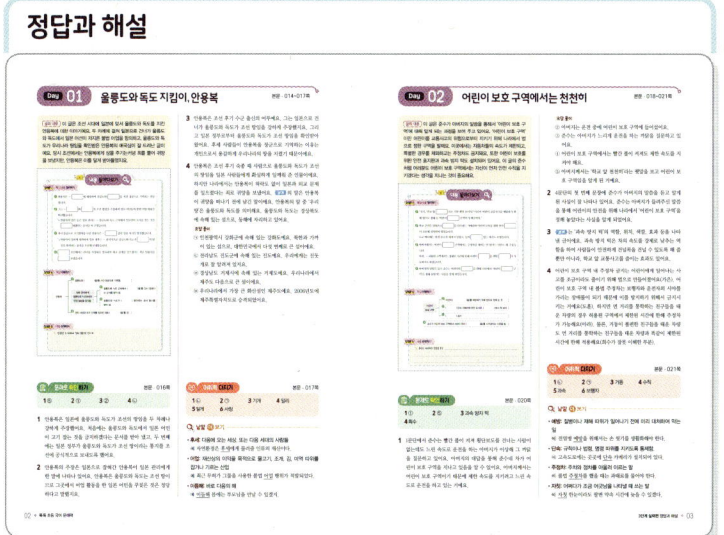

- '내용 들여다보기'의 답안을 한눈에 확인할 수 있어요.
- '문제로 확인하기'와 '어휘력 다지기'의 정답을 확인하고 정답인 이유를 알기 쉽게 이해할 수 있어요.

워크북 자기 주도형 심화 학습 노트

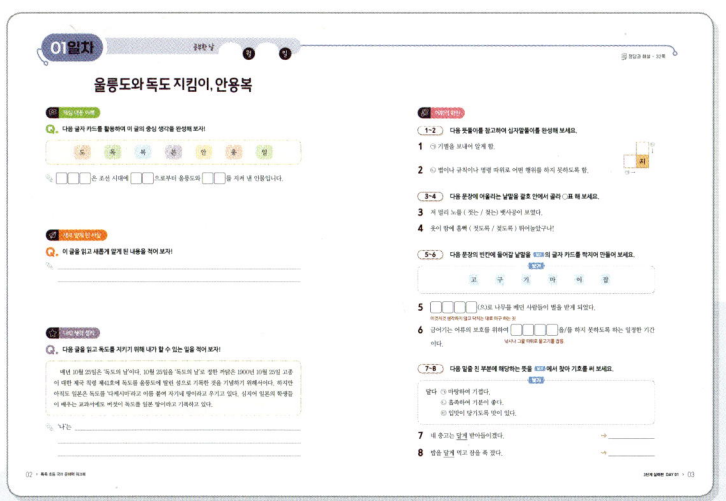

- 일차별 지문에 대한 핵심 내용을 정리하고, 새로 알게 된 사실과, 자신의 생각을 노트에 정리해 보세요.
- 재미있는 문제 풀이로 자신의 어휘력을 테스트해 보세요.

이 책의 차례

주

 공부한 날

주

주

○ **정답과 해설**

똑똑 초등 국어 문해력의
독해 3원리

원리 ❶ **핵심 내용 정리하기**

글의 화제를 파악해 보아요.

우리는 다른 사람의 말을 들을 때 이야깃거리에 집중하지요. 글을 읽는 것 또한 다르지 않아요. 글을 올바르게 이해하기 위해서는 우선 무엇에 대해 말하는 것인지를 파악할 수 있어야 합니다. 흔히 이를 이야기의 중심 재료, 또는 화제라고 합니다. 한 편의 글이 중심 화제에 대해 이야기하는 것이라고 한다면, 중심 화제는 당연히 글에 자주 등장할 수밖에 없겠죠? 따라서 글에 자주 등장하는 말이 나오면, 우선 글의 중심 화제와 관련이 깊다는 점을 생각할 수 있어야 해요.

그럼, 다음 글에서 가장 많이 등장하는 낱말이 무엇인지 살펴볼까요?

메밀은 한해살이 식량 작물로 씨앗을 뿌린 후 그 결실을 거두는 기간이 70일 전후로 다른 작물에 비해 짧아요. 메밀은 거친 땅에서도 잘 자라며, 병과 벌레가 잘 생기지 않는답니다. 이런 장점 때문에 메밀은 농사 기간이 짧고 메마른 북부 지방과 중부 지방의 산지에서 많이 재배되었어요. 가뭄이나 홍수 등으로 흉년이 들었을 때 재배하고 수확할 수 있는 작물로도 이용되어 우리 선조의 삶에 큰 도움을 주었어요.

이 글은 무엇에 대해 이야기하고 있을까요? 우선 이 글에서 가장 많이 등장하는 낱말은 '메밀'이에요. 그렇다면 중심 화제 역시 '메밀'과 관련 있는 것임을 짐작할 수 있어야 해요.

중심 화제의 경우에는 글 전체의 내용을 포함하여야 하는데, 이 글은 메밀의 장점과 재배 환경, 메밀의 이용 가치 등에 대해 말하고 있으므로 중심 화제는 '메밀의 특성'이라고 정리할 수 있겠죠.

문장을 이루는 기본 구조를 확인해 보아요.

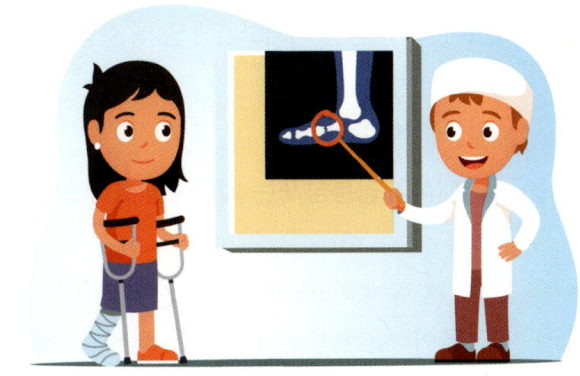

　사람의 몸을 엑스레이 사진기로 찍으면 우리 몸의 골격인 뼈의 구조를 확인할 수 있어요. 우리의 몸은 이러한 뼈의 구조에 근육과 살이 붙어 만들어진 것이라 할 수 있지요. 문장에도 기본 골격이있는데, 이 기본 골격에 꾸미는 말 등의 살이 붙게 되면 단순한 문장이 복잡한 형태의 문장이 되는 거예요.

　그렇다면 문장의 기본 골격이 무엇인지를 파악하는 것은 문장의 내용을 이해하는 데 매우 중요하다고 할 수 있겠죠? 문장은 기본적으로 '무엇이 어찌하다', '무엇이 어떠하다', '무엇이 무엇이다'의 세 가지 형태로 되어 있어요.

무엇이 어찌하다.	아이가 웃는다.
무엇이 어떠하다.	산이 푸르다.
무엇이 무엇이다.	우리는 초등학생이다.

　위 문장들보다 복잡해 보이는 문장들은 기본 형태에 추가 정보가 덧붙은 것이라고 이해하면 쉬워요. 만약 복잡한 문장을 만났을 때는 문장을 기본 형태대로 간추리려고 노력해 보세요. 그리고 중요한 정보들을 추려 보세요. 글을 이해하는 것이 한결 쉬워진다는 것을 느낄 수 있을 거예요.

원리 ❷ 짜임 이해하기

　낱말이 모여 문장을 이루고, 문장이 모여 문단을 이뤄요. 그리고 여러 문단이 모여 한 편의 글이 되는 거예요. 그렇다면, 한 편의 글을 이해하기 위해서 여러 문단들이 어떻게 연결되어 있는지를 파악하는 것도 중요하다고 할 수 있지요.

글의 설명 방식을 이해해 보아요.

우선 문단의 짜임을 이해하기에 앞서, 설명하는 글에서 주로 사용하는 설명 방식에 대해 살펴보기로 해요.

1) 대상을 비교하는 글

두 대상의 공통점 또는 차이점을 밝혀 설명하는 글을 말해요.

> 호랑이와 사자의 특징을 비교해 볼까요? 호랑이와 사자는 모두 고양잇과 동물이고 육식 동물이라는 공통점이 있어요. 하지만 호랑이는 혼자 생활하는 반면, 사자는 무리를 지어 생활한다는 차이점이 있지요.

2) 대상을 나누어 설명하는 글

어떤 무리를 공통점을 기준으로 나누어 설명하는 글을 말해요.

> 철새는 계절에 따라 서식지를 이동하는 새를 말해요. 철새는 우리나라에 찾아오는 계절에 따라 크게 여름 철새, 겨울 철새, 나그네새로 나눌 수 있어요.

하나의 대상을 그것을 이루는 부분들로 나누어 설명하는 글도 있어요.

> 예부터 우리나라 땅 전체를 팔도강산이라 불러왔어요. 팔도는 조선 시대에 나눈 행정 구역으로, 1413년 태종 때 우리나라를 함경도, 평안도, 황해도와 경기도, 강원도, 충청도, 전라도, 경상도로 구분했어요.

3) 예를 들어 설명하는 글

어떤 사실이나 현상을 구체적 예를 들어 설명하는 글을 말해요.

> 은행은 돈을 빌려간 사람이 나중에 돈을 갚지 않을 것을 걱정해 돈을 빌리는 사람에게 '담보'를 요구하기도 해요. 예를 들어, 어떤 사람이 은행으로부터 백만 원의 돈을 빌리면서 그의 자동차를 담보로 맡겼다고 해 봅시다. 은행은 돈을 갚기로 약속한 날까지 돈을 빌려간 사람이 갚지 않을 경우 담보인 자동차를 팔아 빌린 돈을 대신하려고 할 거예요.

4) 시간의 흐름에 따라 설명하는 글

사건이 벌어진 순서에 따라 설명하는 글을 말해요.

> [사건❶] 첩의 자식이라는 이유로 재주를 인정받지 못한 홍길동은 집을 떠나 도적의 우두머리가 됩니다.
> [사건❷] 홍길동은 부패한 관리들의 재산을 털어 가난한 사람을 돕습니다.
> [사건❸] 한편 나라에서는 홍길동을 잡기 위해 모든 수단을 동원하게 됩니다.
> [사건❹] 결국 홍길동은 몸을 피해 바다를 건너가 율도국의 왕이 되었습니다.

글의 흐름을 나타내는 말에 주목해 보아요.

글의 곳곳에는 이와 같은 설명 방법 또는 짜임을 드러내는 표현이 숨어 있기도 해요. 글의 앞부분에 '비교해 볼까요?', '나누어 볼 수 있어요' 등의 표현이 사용되었다면, 그 글은 공통점과 차이점을 비교하는 글이거나 대상을 나누어 설명하는 글임을 짐작할 수 있어야 해요.

이어 주는 말의 역할을 생각해 보아요.

문단의 짜임을 생각할 때 눈여겨보아야 하는 것 중에 하나가 '이어 주는 말'이에요. 앞 문단과 뒤 문단이 반대되는 내용이라면, '그러나, 하지만' 등의 이어 주는 말이 쓰일 수 있어요. 앞 문단에서 설명한 내용에 덧붙여 뒤 문단에 새로운 내용을 더할 때에는 이어주는 말로 '그리고, 게다가, 또한' 등의 표현이 쓰일 수 있지요.

원리 ❸ 내용 요약하기

우리의 몸은 음식을 먹고 소화 과정을 통해 그 영양분을 자신의 것으로 만들어요. 글을 읽는 것 또한 다르지 않아요. 우리는 글을 읽고 나서, 그 내용을 자신의 것으로 소화할 수 있어야 해요. 이 과정을 '요약하기'라고 불러요.

글의 내용을 요약하기 위해서는 각 문단의 핵심 내용부터 정리하는 것이 좋아요. 그러고 나서 문단과 문단이 어떻게 연결되고 이어지는지 그 짜임을 이해해야 해요. 이와 같은 과정으로 내용을 잘 간추려 한두 문장으로 짧게 표현하면 돼요.

똑똑 초등 국어 문해력의
써머리 학습법과 효과

---

step 1 핵심 내용 정리하기

지문에서 중요한 정보를 담은 문장들만을 뽑아 글의 흐름이 보이도록 정리했어요.

- 지문을 참고하여 빈칸을 채워 가며 핵심 내용만을 다시 한번 읽어 보세요.

- 지문의 흐름을 나타내는 말, 이어 주는 말 등을 중심으로 내용의 흐름을 한눈에 확인해 보세요.

핵심 내용 정리하기

❶ '원근법'이란 ~ 멀고 가까움을 느낄 수 있도록 ~ 표현하는 방법을 뜻합니다.
　□□□ 원근법에도 동서양의 □□□가 있다는 점, 알고 있나요?

❷ □□□의 원근법에는 투시 원근법과 대기 원근법이 있습니다.
　↳ 투시 원근법은 ~ □□□을 기준으로 입체를 표현하는 방법입니다.
　↳ 대기 원근법은 ~ 색의 □□□를 달리함으로써 거리감을 나타내는 방법입니다.

❸ 동양화에서도 ~ 공간 표현 기법이 사용되었는데, '삼원법'이 바로 그것입니다.
　↳ 고원법은 ~ □□□을 나타내는 것이고, 심원법은 ~ □□□을 나타내는 것입니다. 평원법은 ~ 공간의 □□□를 표현하는 것입니다.
　사물보다 배경이 되는 □□□을 크게 그리는 역원근법도 사용되었답니다.

❹ 서양화는 ~ 풍경을 □□□, 객관적으로 표현하는 경우가 많았습니다.
　□□□ 동양화에서는 ~ 풍경을 □□□으로 표현하는 경우가 많았습니다.
　↳ 자연을 이용하고 □□□할 대상으로 여긴 서양의 가치관과 인간을 자연의 □□□로 여긴 동양의 가치관의 차이에서 비롯된 것으로 볼 수 있습니다.

---

step 2 짜임 이해하기

문단과 문단의 관계와 구성을 이해할 수 있게 구조도로 나타냈어요.

- 빈칸을 채워 가며 각 문단의 소주제를 확인해 보세요.

- 각 문단의 기능과 역할을 중심으로 전체 구조를 이해해 보세요.

짜임 이해하기

❶ 동양과 서양의 원근법의 차이
　❷ 서양화
　　- 투시 원근법: 소실점을 기준으로 함.
　　- 대기 원근법: 색의 (　　)을/를 달리함.
　❸ 동양화
　　- 삼원법: 고원법(높이), 심원법(깊이), 평원법(넓이)
　　- 역원근법: 풍경을 사물보다 (　　) 그림.
　❹ 자연에 대한 동서양의 (　　) 차이

---

step 3 내용 요약하기

지문 전체의 내용을 짧은 한두 문장으로 간추려 써 볼 수 있도록 했어요.

- 지문의 내용을 자신만의 말로 짧게 간추려서 요약 내용을 완성해 보세요.

내용 요약하기

✎ 서양화에서는 투시 원근법과 대기 원근법을 사용하여

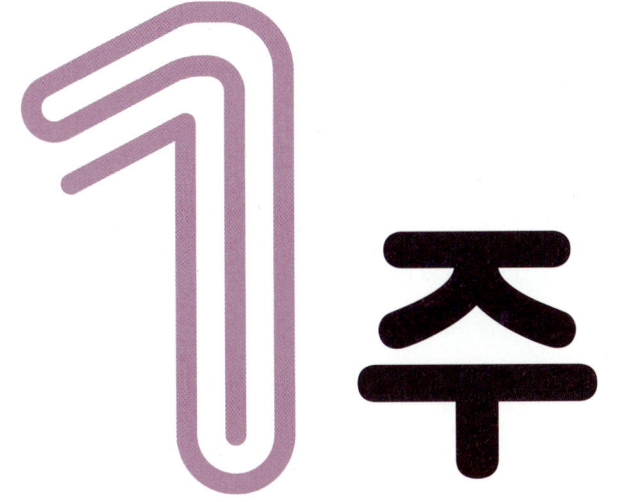

1주

울릉도와 독도 지킴이, 안용복

일일 학습을 마치고, 워크북으로 생각을 정리해 보세요. 워크북 · 02쪽

공부한 날

월   일

관련 교과 **초등국어 6-1**
인물의 삶을 찾아서

1 안용복은 조선 후기의 수군˙으로 노를 젓는 병사 출신의 어부였으나 후세 사람들에게는 일본에 대항하여 울릉도와 독도를 지킨 장군으로 기억되는 인물입니다. 일개 병사에 불과했던 그를 후세 사람들이 장군으로 기억하는 이유는 무엇일까요?

2 1693년 울릉도에 고기잡이를 나간 안용복은 울릉도와 독도 근처에서 고기를 잡던 일본 어민들을 꾸짖다가 오히려 그들에게 납치를 당했습니다. 그는 일본에 잡혀가서도 당당하게 울릉도와 독도가 조선 땅임을 주장하며 일본 어민들의 불법 어업 활동을 비난했습니다.

"울릉도와 독도는 조선의 땅이오. 조선인이 조선 땅에 마구잡이로 건너온 일본인을 꾸짖는 게 무슨 잘못이오?"

"그대의 말이 일리˙가 있소. 울릉도와 독도는 일본 땅이 아니니 앞으로 일본 어민들이 그곳에서 고기를 잡는 것을 금지하겠소."

안용복의 말을 들은 일본 관리는 자신들의 잘못을 인정하며 울릉도와 독도 근처에서 일본인이 고기를 잡는 것을 금지하겠다는 문서를 써 주었습니다.

3 3년이 지난 1696년 봄, 다시 울릉도로 고기잡이를 나선 안용복은 약속을 지키지 않고 어업 중인 일본 어선을 발견했습니다. 그는 어선을 추격해 조선 영토를 침범한 것을 꾸짖고는 관리 복장을 갖추고 일본 관리를 찾아갔습니다. 안용복이 강하게 항의하자 일본 정부는 자신들의 잘못을 인정하고 사과했으며, 이듬해 공식적으로 울릉도와 독도가 조선의 땅임을 확인하는 통지를 조선에 보내왔습니다.

4 그러나 조선에서는 관리를 사칭˙하고 일본과의 외교 문제를 일으켰다는 죄로 안용복을 귀양˙ 보냈습니다. 그는 귀양을 가면서도 조금도 기개˙가 꺾이지 않은 채 다음과 같은 말을 남겼습니다.

"내 몸이 죽어서라도 우리 땅을 찾으려 했는데 귀양쯤이야 달게 받겠노라."

│ 낱말 풀이 │

• **수군** 조선 시대에, 바다에서 국방과 치안을 맡아보던 군대

• **일리** 어떤 면에서 그런대로 타당하다고 생각되는 이치

• **사칭** 이름, 직업, 나이, 주소 따위를 거짓으로 속여 이름.

• **귀양** 고려 · 조선 시대에, 죄인을 먼 시골이나 섬으로 보내어 일정한 기간 동안 제한된 곳에서만 살게 하던 형벌

• **기개** 씩씩한 기상과 굳은 절개

▲ 독도

내용 들여다보기 🔍

STEP 1 핵심 내용 정리하기

❶ 안용복은 ~ [   ]에 대항하여 울릉도와 [   ]를 지킨 장군으로 기억되는 인물입니다.

❷ 그는 ~ [   ]와 [   ]가 조선 땅임을 주장하며 일본 어민들의 불법 어업 활동을 비난했습니다.

↳ 안용복의 말은 들은 일본 관리는 ~ 울릉도와 독도 근처에서 일본인이 고기를 잡는 것을 [   ]하겠다는 문서를 써 주었습니다.

❸ 다시 울릉도로 고기잡이를 나선 안용복은 ~ [   ] 중인 일본 어선을 발견했습니다.

↳ 안용복이 강하게 항의하자 일본 정부는 ~ 공식적으로 울릉도와 독도가 [   ]의 땅임을 확인하는 통지를 조선에 보내왔습니다.

❹ [   ] 조선에서는 관리를 사칭하고 일본과의 외교 문제를 일으켰다는 죄로 안용복을 [   ] 보냈습니다.

STEP 2 짜임 이해하기

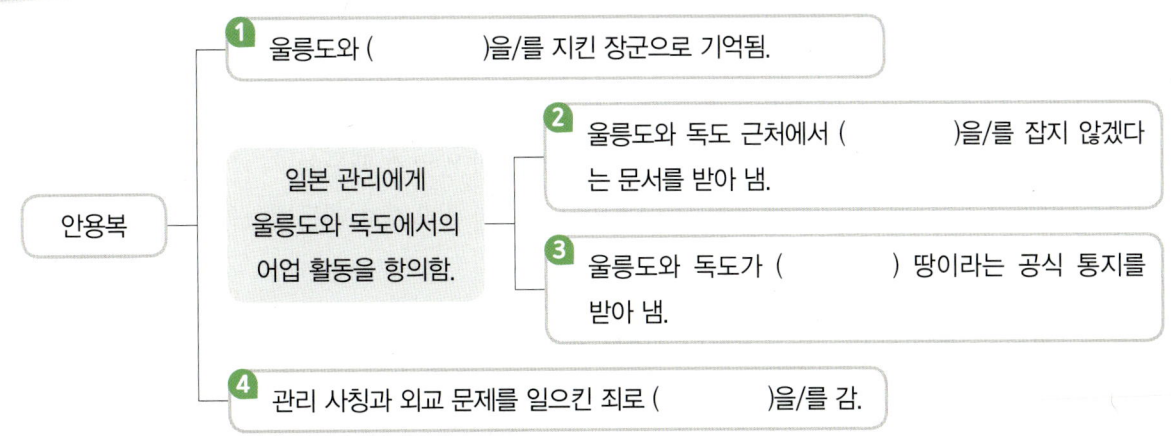

STEP 3 내용 요약하기

✏️ 안용복은 두 차례에 걸쳐 일본으로 건너가 _____

_____

_____

주제 파악 **1** 이 글에서 알 수 있는 안용복의 업적은 무엇인가요? (   )

① 조선과 일본의 교류에 앞장섰다.

② 울릉도와 독도로 가는 길을 개척하였다.

③ 일본 땅이던 울릉도와 독도를 빼앗았다.

④ 억울함을 무릅쓰고 나라의 명령을 따랐다.

⑤ 일본으로부터 울릉도와 독도가 조선 땅임을 확인받았다.

내용 이해 **2** 일본에 잡혀간 안용복이 했던 주장으로 알맞은 것은 무엇인가요? (   )

① 울릉도와 독도는 조선의 땅이다.

② 일본 어민들에게 벌을 내려야 한다.

③ 일본 어민들이 잡은 물고기는 모두 조선의 것이다.

④ 울릉도와 독도에서는 누구도 어업을 해서는 안 된다.

⑤ 조선인도 일본의 바다에서 어업을 할 수 있도록 해야 한다.

내용 추론 **3** 후세 사람들이 안용복을 장군으로 기억하는 이유는 무엇인가요? (   )

① 일본에서 장군으로 인정했기 때문에

② 일본으로부터 우리나라 땅을 지켰기 때문에

③ 안용복이 죽은 후에 장군으로 임명되었기 때문에

④ 귀양을 가면서도 조금도 기개가 꺾이지 않았기 때문에

⑤ 관리를 사칭하고 일본과의 외교 문제를 일으켰기 때문에

상황에 적용 **4** 보기 는 이 글의 안용복이 귀양을 가기 전에 남긴 말입니다. 밑줄 그은 '우리 땅'은 어디를 의미하는지 지도에서 찾아 기호를 써 보세요. (   )

> 보기
>
> "내 몸이 죽어서라도 우리 땅을 찾으려 했는데 귀양쯤 이야 달게 받겠노라."

어휘력 다지기

정답과 해설 · 02쪽

1~2 다음 낱말의 알맞은 뜻을 찾아 선으로 이어 보세요.

1 귀양 ·

· ㉠ 조선 시대에, 바다에서 국방과 치안을 맡아보던 군대

2 수군 ·

· ㉡ 고려·조선 시대에, 죄인을 먼 시골이나 섬으로 보내어 일정한 기간 동안 제한된 곳에서만 살게 하던 형벌

3~6 다음 문장의 빈칸에 알맞은 낱말을 **보기**에서 찾아 써 보세요.

┌─────────── **보기** ───────────┐

· 일개: 보잘것없는 한 낱

· 기개: 씩씩한 기상과 굳은 절개

· 일리: 어떤 면에서 그런대로 타당하다고 생각되는 이치

· 사칭: 이름, 직업, 나이, 주소 따위를 거짓으로 속여 이름.

└──────────────────────────────┘

3 대한민국 선수의 [   ]을/를 보여 주세요.

4 듣고 보니 당신 말에도 [   ]이/가 있습니다.

5 그때까지 그는 가난한 [   ] 학생일 뿐이었다.

6 은행원을 [   ]한 사기 수법에 주의해야 합니다.

어휘력에 도움이 되는 **대표한자**

漁	氵 泹 漁		

뜻	소리	漁자는 氵→ 水(물 수)자와 魚(물고기 어)자가 결합한 한자예요. 물속에 있는 물고기를 잡는 일을 나타내어 **물고기를 잡다, 사냥하다** 등의 의미를 가지고 있어요.
고기 잡을	어	

어 촌 (漁 村) 고기 잡을 어 마을 촌	어민들이 모여 사는 바닷가 마을 ⑩ 내가 자란 곳은 도시에서 멀리 떨어진 바닷가 외딴 **어촌**이다.
어 장 (漁 場) 고기 잡을 어 마당 장	고기잡이를 하는 곳 ⑩ 그는 큰 규모의 **어장**을 소유하고 있다.
출 어 (出 漁) 날 출 고기 잡을 어	물고기를 잡으러 배가 나감. ⑩ 날이 너무 흐리면 어선들은 **출어**를 하지 못한다.

어린이 보호 구역에서는 천천히

일일 학습을 마치고, 워크북으로 생각을 정리해 보세요. 워크북 · 04쪽

공부한 날

월   일

관련 교과 **초등사회 5-1**
인권 존중과 정의로운 사회

1 준수는 빨간 불이 켜져 횡단보도를 건너는 사람이 없는데도 느린 속도로 운전을 하는 아버지가 의아했습니다.

"아버지, 길 건너는 사람도 없는데 왜 속도를 줄이세요?"

"저기, '학교 앞 천천히'라고 적힌 팻말 보이지? 이곳이 어린이 교통사고를 예방하기 위해 법으로 정해 둔 '어린이 보호 구역'이기 때문이야."

2 학교 주변을 살펴보니 과속을 단속하는 카메라와 어린이 보호를 위한 안전 표지판이 곳곳에 설치되어 있었습니다. 도로 바닥에는 안전 문구가 새겨져 있었고, 높이 솟아 있는 자리도 보였습니다.

"아버지, 도로에 노란색 선이 칠해진 부분은 다른 곳보다 높게 솟아 있네요?"

"저건 보행자의 안전을 위해 만든 과속 방지 턱이야. 빨리 달려오던 차들도 과속 방지 턱을 보고 속도를 줄이게 된단다."

3 아버지께서는 어린이 보호 구역에서는 주정차를 해서는 안 된다는 말씀도 해 주셨습니다.

"주정차 차량에 가려서 갑자기 튀어나오는 어린이를 발견하지 못하면 어떻게 되겠니? 자칫 사고가 발생할 수 있으니 주정차를 금지하는 거란다."

다만, 먼 거리를 통학하거나 거동이 불편한 어린이를 배려해서, 허용된 구역에서는 정해진 시간에 한해 어린이 승하차를 위한 주정차가 가능하다고 하셨습니다.

4 아버지의 말씀을 듣고 준수는 어린이의 안전을 위해 나라에서 '어린이 보호 구역'을 정해 놓았다는 사실을 알게 되었습니다. 그리고 어린이 보호 구역에서는 자신이 먼저 안전 수칙을 지켜야겠다고 다짐하였습니다.

| 낱말 풀이 |

• **의아** 의심스럽고 이상함.
• **과속** 자동차 따위의 주행 속도를 너무 빠르게 함.
• **보행자** 걸어서 길거리를 왕래하는 사람
• **거동** 몸을 움직임.
• **수칙** 행동이나 절차에 관하여 지켜야 할 사항을 정한 규칙

내용 들여다보기

STEP 1 핵심 내용 정리하기

❶ "저기, '학교 앞 [   ]'라고 적힌 팻말 보이지? 이곳이 어린이 교통사고를 예방하기 위해 법으로 정해 둔 '어린이 [   ] 구역'이기 때문이야."

❷ 학교 주변을 살펴보니 [   ]을 단속하는 카메라와 어린이 보호를 위한 안전 [   ] 이 곳곳에 설치되어 있었습니다.
도로 바닥에는 안전 문구가 새겨져 있었고, 높이 [   ] 있는 자리도 보였습니다.

❸ 아버지께서는 어린이 [   ] 구역에서는 주정차를 해서는 안 된다는 말씀도 해 주셨습니다.
다만, ~ 허용된 구역에서는 정해진 시간에 한해 어린이 [   ]를 위한 [   ]가 가능하다고 하셨습니다.

❹ 아버지의 말씀을 듣고 준수는 어린이의 [   ]을 위해 나라에서 '어린이 [   ] 구역'을 정해 놓았다는 사실을 알게 되었습니다.

STEP 2 짜임 이해하기

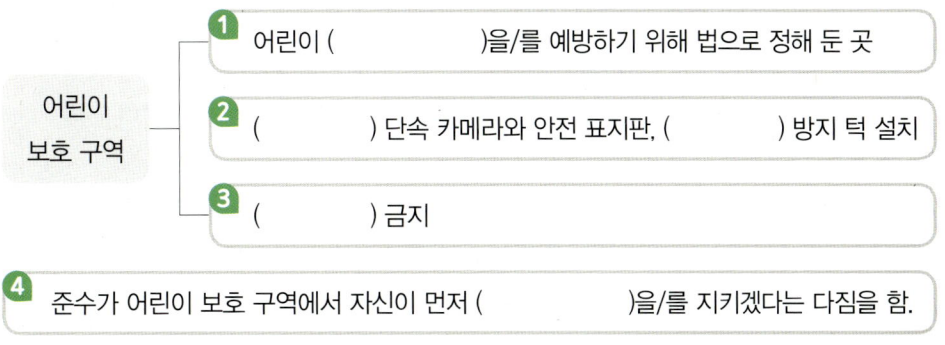

어린이
보호 구역
- ❶ 어린이 ([   ])을/를 예방하기 위해 법으로 정해 둔 곳
- ❷ ([   ]) 단속 카메라와 안전 표지판, ([   ]) 방지 턱 설치
- ❸ ([   ]) 금지

❹ 준수가 어린이 보호 구역에서 자신이 먼저 ([   ])을/를 지키겠다는 다짐을 함.

STEP 3 내용 요약하기

✎ 준수는 아버지의 말씀을 듣고

주제 파악 **1** 아버지께서 횡단보도를 건너는 사람이 없는데도 느린 속도로 운전을 한 까닭은 무엇인가요? (   )

① 어린이 보호 구역이기 때문에

② 주정차할 곳을 찾고 있기 때문에

③ 준수가 쉬지 않고 말을 시켰기 때문에

④ 빨간 불이 켜진 지 얼마 지나지 않았기 때문에

⑤ '학교 앞 천천히'라는 팻말이 보이지 않았기 때문에

내용 이해 **2** 아버지의 말씀을 듣고 준수가 알게 된 사실은 무엇인가요? (   )

① 도로에는 노란색 선을 칠해야 한다는 것

② 학교 근처에서는 주정차가 전혀 불가능하다는 것

③ 어린이 보호 구역에서는 보행자보다 운전자가 우선이라는 것

④ 신호등의 빨간 불이 켜지면 횡단보도를 건너지 말아야 한다는 것

⑤ 어린이의 안전을 위해 나라에서 '어린이 보호 구역'을 정해 놓았다는 것

내용 추론 **3** 이 글을 바탕으로 볼 때 보기 의 '나'는 무엇인지 써 보세요.

┌─ **보기** ─┐

• '나'는 도로에서 차의 속도를 낮추는 역할을 합니다.

• '나'는 도로의 다른 곳보다 조금 위로 솟아 있습니다.

• '나'는 주로 노란색 선으로 되어 있어 운전하는 사람들 눈에 띄기가 쉽습니다.

• '나'로 인해 사람들이 건널목을 안전하게 건널 수 있습니다.

답 _____

비판과 평가 **4** 이 글을 읽은 친구 중 '어린이 보호 구역에서의 주정차'에 대해 잘못 이해한 친구는 누구인지 써 보세요. (   )

• **가은**: 사고 예방을 위해 법으로 금지되어 있어.

• **도훈**: 주정차 차량에 가려서 갑자기 튀어나오는 어린이를 발견하지 못하는 경우를 방지하기 위해서야.

• **아라**: 하지만 먼 거리를 통학하는 친구들을 태운 차량은 허용된 구역 안에서 정해진 시간에는 주정차가 가능해.

• **희수**: 거동이 불편한 친구들을 태운 차량은 종일 주정차가 가능하다고 해.

1~2 다음 낱말의 알맞은 뜻을 찾아 선으로 이어 보세요.

1 배려 •

• ㉠ 의심스럽고 이상함.

2 의아 •

• ㉡ 도와주거나 보살펴 주려고 마음을 씀.

3~6 다음 문장의 빈칸에 알맞은 낱말을 [보기]에서 찾아 써 보세요.

[보기]

• 거동: 몸을 움직임.
• 보행자: 걸어서 길거리를 왕래하는 사람
• 과속: 자동차 따위의 주행 속도를 너무 빠르게 함.
• 수칙: 행동이나 절차에 관하여 지켜야 할 사항을 정한 규칙

3 ☐ 이/가 수상한 사람을 발견하면 즉시 112에 신고 바랍니다.

4 감염병 예방을 위해서는 개인 방역 ☐ 을/를 잘 지켜야 합니다.

5 위험천만하게 ☐ 운전을 하던 운전자가 경찰의 추격 끝에 붙잡혔다.

6 건널목의 그늘막은 ☐ 이/가 햇볕이나 비를 피할 수 있도록 설치한 것이다.

어휘력에 도움이 되는 **대표한자**

止 ｜ ⼘ 止

뜻	소리	止자는 사람의 발 모양을 본떠 만든 한자예요. 발걸음이 멈추었다는 뜻을 나타내어 **그치다, 멈추다** 등의 의미를 가지고 있어요.
그칠	지	

지 혈 (止 血) 그칠 지 · 피 혈	나오던 피가 멈춤. 또는 나오던 피를 멈춤. ⑩ **지혈**을 위해 상처 부위를 붕대로 묶었다.
정 지 (停 止) 머무를 정 · 그칠 지	움직이고 있던 것이 멎거나 그침. 또는 중도에서 멎거나 그치게 함. ⑩ 그는 교통 법규를 지키지 않아 운전면허 **정지**를 당했다.
폐 지 (廢 止) 폐할 폐 · 그칠 지	실시하여 오던 제도나 법규, 일 따위를 그만두거나 없앰. ⑩ 사형 제도의 **폐지**를 요구하는 목소리가 높아지고 있다.

오름 이야기

일일 학습을 마치고, 워크북으로 생각을 정리해 보세요.   워크북 · 06쪽

① 제주도는 화산 폭발로 만들어진 화산섬입니다. 한라산의 화산이 폭발한 뒤에도 남아 있던 열 때문에 크고 작은 폭발이 다시 일어나면서 한라산 주변에 자그마한 언덕들이 생겨났습니다. 그 수가 무려 368개에 이르는데, 이를 제주도에서는 '산봉우리'라는 의미로 '오름'이라고 합니다.

② 오름은 저마다 크기와 형태가 달라 독특한 제주도의 자연미를 보여 줍니다. 육지의 산과 달리 오름의 꼭대기에는 용암˙이 솟구쳐 뿜어 나오면서 생긴 분화구인 '굼부리'가 있습니다. 밑에서 올려다보면 부드러운 산등성이처럼 보이지만, 정상에 다다르면 굼부리의 모습이 드러나면서 주변 풍경의 아름다움에 빠져들게 됩니다.

③ 제주도의 많은 오름 중 '거문오름'은 우리나라 최초로 유네스코 세계 자연 유산에 등재˙된 곳입니다. 울창한 숲이 너무 깊어 검게 보인다고 하여 '거문오름'이란 이름을 갖게 되었다고 전해지는데, 실제로도 깊은 굼부리에 숲이 빽빽하게 들어서 있어 경이로움을 자아냅니다. 거문오름이 유네스코 세계 자연 유산에 등재된 이유는 용암이 폭발하면서 형성된 여러 개의 동굴 때문이라고 합니다.

④ 제주도 사람들은 오름에서 태어나 오름으로 돌아간다고 할 만큼 오름을 생활 터전의 일부로 받아들이며 살아갑니다. 오름은 빗물이 땅에 머무는 시간을 길게 해 줌으로써 토양 침식˙에 의한 자연재해의 예방에도 큰 몫을 하기 때문에 오름 주변에 마을을 이루어 농사를 짓고 소와 말을 방목˙하며 살아갑니다.

⑤ 최근에는 지친 몸과 마음을 다스리기 위해 제주도의 오름을 찾는 관광객들이 늘고 있습니다. 제주도 사람들의 생활 터전인 오름의 가치를 훼손˙하지 않고 오름의 진면목을 즐길 줄 아는 마음가짐이 필요한 때입니다.

| 낱말 풀이 |

• **용암** 화산의 분화구에서 분출된 마그마

• **등재** 기록하여 올림.

• **침식** 비, 하천, 빙하, 바람 따위의 자연 현상이 지표를 깎는 일

• **방목** 가축을 놓아기르는 일

• **훼손** 헐거나 깨뜨려 못 쓰게 만듦.

▲ 용눈이오름

내용 들여다보기 🔍

STEP 1 핵심 내용 정리하기

1 한라산의 화산이 폭발한 뒤에도 남아 있던 열 때문에 ~ 한라산 주변에 자그마한 [   ]

들이 생겨났습니다.

이를 제주도에서는 '산봉우리'라는 의미로 '[   ]'이라고 합니다.

2 오름은 저마다 크기와 형태가 달라 독특한 제주도의 [   ]를 보여 줍니다.

오름의 꼭대기에는 ~ '[   ]'가 있습니다.

3 제주도의 많은 오름 중 '[   ]'은 우리나라 최초로 유네스코 세계 자연 유산에 등재

된 곳입니다.

↳ [   ]이 폭발하면서 형성된 여러 개의 [   ] 때문이라고 합니다.

4 오름은 ~ 토양 침식에 의한 [   ]의 예방에도 큰 몫을 하기 때문에 오름 주변에 마

을을 이루어 ~ 살아갑니다.

5 오름의 가치를 [   ]하지 않고 오름의 [   ]을 즐길 줄 아는 마음가짐이 필요한

때입니다.

STEP 2 짜임 이해하기

1 (   ) 폭발로 형성된
한라산 주변의 언덕들

2 (   )와/과 (   )에
따라 독특한 자연미를 보여 줌.

오름

3 (   ) – 우리나라 최초
유네스코 세계 자연 유산

4 (   ) 사람들의
생활 터전의 일부

5 (   )의 가치를 훼손하지 않고 진면목을 즐길 줄 아는 마음가짐이 필요함.

STEP 3 내용 요약하기

✏️ 오름은 화산 폭발로 만들어진 _____

_____

화제 파악 **1** '오름'에 대한 설명으로 잘못된 것은 무엇인가요? (   )

① 크기와 형태가 일정하다.

② 꼭대기에는 굼부리가 있다.

③ '산봉우리'라는 의미를 지니고 있다.

④ 한라산 주변에 있는 368개의 작은 언덕들이다.

⑤ 한라산의 화산 폭발 후 크고 작은 폭발이 다시 일어나면서 생겨났다.

내용 이해 **2** '거문오름'이 유네스코 세계 자연 유산에 등재된 까닭은 무엇인가요? (   )

① 꼭대기에 분화구가 있기 때문에

② 자연재해 예방에 큰 도움을 주기 때문에

③ 울창한 숲이 매우 깊어 검게 보이기 때문에

④ 깊은 굼부리에 숲이 빽빽하게 들어서 있기 때문에

⑤ 용암이 폭발하면서 형성된 여러 개의 동굴 때문에

내용 추론 **3** 다음 말에서 알 수 있는 사실은 무엇인가요? (   )

> 제주도에는 오름에서 태어나 오름으로 돌아간다는 말이 있다.

① 오름은 유네스코 세계 자연 유산이다.

② 오름의 진면목은 제주도 사람들만 안다.

③ 오름을 찾는 관광객들이 늘어나고 있다.

④ 오름은 제주도 사람들의 생활 터전이다.

⑤ 제주도 사람들이 오름을 신성하게 여기지 않는다.

상황에 적용 **4** 이 글을 바탕으로 에서 설명하고 있는 것이 무엇인지 써 보세요.

(   )

보기

• 화산체의 일부에 열려 있는 용암과 화산 가스 등의 분출구를 뜻하는 제주도 방언이다.

• 화산이 솟구쳐 뿜어 나오면서 오름의 꼭대기에 생겨났다.

▲ 금오름

1~2 다음 낱말의 알맞은 뜻을 찾아 선으로 이어 보세요.

1 용암 •

2 침식 •

• ㉠ 화산의 분화구에서 분출된 마그마

• ㉡ 비, 하천, 빙하, 바람 따위의 자연 현상이 지표를 깎는 일

3~6 다음 문장의 빈칸에 알맞은 낱말을 보기에서 찾아 써 보세요.

───── 보기 ─────

• 등재: 기록하여 올림.
• 방목: 가축을 놓아기르는 일
• 훼손: 헐거나 깨뜨려 못 쓰게 만듦.
• 화산: 땅속의 가스, 마그마 따위가 지각의 터진 틈을 통하여 지표로 분출하는 지점

3 울릉도는 [　　　] 활동으로 형성된 섬이다.

4 휴양림의 [　　　] 이/가 우려되어 당분간 출입을 제한하겠습니다.

5 '한국의 갯벌'이 세 번째 도전 만에 유네스코 세계 자연 유산에 [　　　] 되었다.

6 봄이 되자 겨우내 축사에서 지내던 소들이 풀밭에서 [　　　] 생활을 시작하였다.

어휘력에 도움이 되는 **대 표 한 자**

島   𠂤 鳥 島

뜻	소리
섬	도

島자는 鳥(새 조)자와 山(산 산)자가 결합한 한자예요. 섬 위에 새가 앉아 있는 듯한 모습을 나타내어 섬의 의미를 나타내는데, 섬 중에서도 큰 섬을 뜻한답니다.

도 서 (島 嶼)
섬 도　섬 서

크고 작은 온갖 섬
예 기록적인 폭우로 인해 **도서** 지방으로 가는 배가 끊기게 되었다.

반 도 (半 島)
반 반　섬 도

삼면이 바다로 둘러싸이고 한 면은 육지에 이어진 땅
예 이탈리아도 우리나라와 같은 **반도** 국가이다.

무 인 도 (無 人 島)
없을 무　사람 인　섬 도

사람이 살지 않는 섬
예 로빈슨 크루소는 **무인도**에서 살아남기 위해 온갖 고생을 하였다.

개성 있는 멋 글씨를 만나다

일일 학습을 마치고, 워크북으로 생각을 정리해 보세요.   워크북 · 08쪽

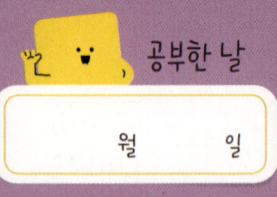 공부한 날

월   일

1 우리는 종종 광고의 문구나 책 표지의 제목을 볼 때 개성˙이 넘치는 붓글씨 느낌의 멋진 글씨체를 접하게 됩니다. 한글의 자음과 모음이 묘한 조화를 이루어 마치 손으로 글씨를 그린 것 같은 느낌을 받습니다. 이것이 오늘날 새로운 디자인 분야로 주목˙받고 있는 캘리그래피입니다.

2 캘리그래피란 글이 지니고 있는 뜻을 살리면서 멋을 내어 새로운 글씨체를 창조하는 활동을 말합니다. 서양에서는 꽃 장식으로 쓴 글씨를 의미하며, 우리나라와 중국, 일본 등에서는 붓에 의해 예술적 가치를 높게 구현˙한 서예를 의미합니다.

3 캘리그래피는 단순히 읽히는 데 그치는 글자가 아니라 뜻을 지닌 이미지로 표현됩니다. 이렇듯 상업성과 예술성을 함께 지녔기 때문에 상대방과 감성˙적으로 소통˙하는 데 매우 적합합니다. 글씨체의 모양만 보아도 호기심˙을 불러일으켜 상품의 특징과 성격이 쉽게 전달되므로 기억에 더 오래 남게 되기 때문입니다.

4 캘리그래피는 붓을 잡는 힘과 붓을 움직이는 속도, 붓의 기울기, 무게 중심, 강조와 변화, 통일성 등에 따라 다양하게 표현할 수 있습니다. 독특한 번짐과 선의 움직임, 여백의 균형 등을 개성 있게 표현함으로써 차분한 마음을 유지할 수 있으며 성취감도 느낄 수 있습니다.

5 캘리그래피는 생각을 담은 글자를 틀에 얽매이지 않고 자유롭게 표현할 수 있는 예술입니다. 이 세상에 하나뿐인 나만의 멋진 글씨체를 가지고 싶다면 캘리그래피에 도전해 보는 것은 어떨까요?

| 낱말 풀이 |

• **개성** 다른 사람이나 개체와 구별되는 고유의 특성

• **주목** 관심을 가지고 주의 깊게 살핌.

• **구현** 어떤 내용이 구체적인 사실로 나타나게 함.

• **감성** 감각과 감정으로 세상을 알아보고 판단하는 기능

• **소통** 뜻이 서로 통하여 오해가 없음.

• **호기심** 새롭고 신기한 것을 좋아하거나 모르는 것을 알고 싶어 하는 마음

내용 들여다보기 🔍

STEP 1　핵심 내용 정리하기

❶ 우리는 종종 ~ 개성이 넘치는 [　　　] 느낌의 멋진 글씨체를 접하게 됩니다.

↳ 이것이 오늘날 새로운 디자인 분야로 주목받고 있는 [　　　]입니다.

❷ 캘리그래피란 글이 지니고 있는 [　　　]을 살리면서 [　　　]을 내어 새로운 글씨체를 창조하는 활동을 말합니다.

❸ 캘리그래피는 ~ 뜻을 지닌 [　　　]로 표현됩니다.

↳ 이렇듯 [　　　]과 [　　　]을 함께 지녔기 때문에 상대방과 감성적으로 소통하는 데 매우 적합합니다.

❹ 캘리그래피는 붓을 잡는 [　　　]과 붓을 움직이는 [　　　], ~ 등에 따라 다양하게 표현할 수 있습니다.

❺ 캘리그래피는 [　　　]을 담은 글자를 [　　　]에 얽매이지 않고 자유롭게 표현할 수 있는 예술입니다.

STEP 2　짜임 이해하기

❶ (　　　　　)은/는 오늘날 새로운 디자인 분야로 주목받고 있음.

❷ 뜻을 살리면서 멋을 내어 새로운 (　　　)을/를 창조

❸ (　　　)을/를 지닌 이미지로 표현

캘리그래피

❹ 붓을 잡는 힘과 붓을 움직이는 속도, 붓의 기울기 등에 따라 (　　　)하게 표현

❺ 생각을 담은 글자를 틀에 얽매이지 않고 (　　　)롭게 표현

STEP 3　내용 요약하기

✏ 캘리그래피는 글이 지니고 있는

화제 파악 **1** **캘리그래피에 대한 설명으로 잘못된 것은 무엇인가요? (   )**

① 붓글씨 느낌의 글씨체이다.

② 상업성과 예술성을 함께 지닌다.

③ 동양에서는 꽃 장식으로 쓴 글씨를 의미한다.

④ 마치 손으로 글씨를 그린 것 같은 느낌을 준다.

⑤ 독특한 번짐과 선의 움직임 등을 개성 있게 표현할 수 있다.

내용 이해 **2** **캘리그래피가 감성적인 소통에 적합한 까닭이 아닌 것은 무엇인가요? (   )**

① 멋을 부리지 않기 때문에

② 기억에 더 오래 남기 때문에

③ 뜻을 지닌 이미지로 표현되기 때문에

④ 글씨체의 모양이 호기심을 불러일으키기 때문에

⑤ 상품의 특징과 성격을 쉽게 전달할 수 있기 때문에

내용 추론 **3** **글쓴이가 다음과 같은 생각을 가진 사람들에게 권유한 것은 무엇인가요? (   )**

> 이 세상에 하나뿐인 나만의 글씨체를 가지고 싶다.

① 차분한 마음을 유지해라.

② 캘리그래피를 배워 보라.

③ 글자에 생각을 담지 마라.

④ 붓을 잡는 자세를 고쳐라.

⑤ 모든 일에 성취감을 느껴라.

상황에 적용 **4** **이 글을 바탕으로 보기 의 빈칸에 들어갈 알맞은 말을 써 보세요. (   )**

> **· 보기 ·**
>
> 캘리그래피(Calligraphy)는 그리스어의 캘로스(Kallos, 아름다움)와 그래피(Graphy, 쓰기)가 합쳐져 생겨난 말로, '글씨를 [   ] 쓰는 기술'이라는 뜻을 지니고 있다.

1~2 다음 낱말의 알맞은 뜻을 찾아 선으로 이어 보세요.

1 감성 •

• ㉠ 자극이나 자극의 변화를 느끼는 성질

2 개성 •

• ㉡ 다른 사람이나 개체와 구별되는 고유의 특성

3~6 다음 빈칸에 들어갈 알맞은 말을 보기 에서 찾아 써 보세요.

┌─────────────── 보기 ───────────────┐

• 소통: 뜻이 서로 통하여 오해가 없음.
• 주목: 관심을 가지고 주의 깊게 살핌.
• 구현: 어떤 내용이 구체적인 사실로 나타나게 함.
• 호기심: 새롭고 신기한 것을 좋아하거나 모르는 것을 알고 싶어 하는 마음

└──────────────────────────────────┘

3 곧 회의가 시작되니 모두 [   ]해 주십시오.

4 강아지는 [   ]에 가득 찬 눈빛으로 나를 바라보았다.

5 충분한 [   ]이/가 이루어지면 결론을 이끌어 낼 수 있다.

6 정부는 올바른 사회를 [   ]하기 위해 다양한 정책을 내놓았다.

어휘력에 도움이 되는  대표한자

性	忄	忄	性

뜻	소리	性자는 忄 → 心(마음 심)자와 生(날 생)자가 결합한 한자예요. 사람마다 가지고 있는 타고난 심성을 나타내어 **성품, 성질** 등의 의미를 가지고 있어요.
성품	성	

성 품 (性 品)
성품 성 물건 품

사람의 성질이나 됨됨이
예 이순신 장군은 강직한 **성품**의 소유자다.

성 격 (性 格)
성품 성 격식 격

개인이 가지고 있는 고유의 성질이나 품성
예 진구는 쾌활한 **성격**을 지녀 처음 보는 친구와도 쉽게 친해진다.

천 성 (天 性)
하늘 천 성품 성

본래 타고난 성격이나 성품
예 당신은 **천성**이 참 착하군요.

외래어 같은 순우리말

일일 학습을 마치고, 워크북으로 생각을 정리해 보세요. 워크북 · 10쪽

공부한 날

월   일

관련 교과 **초등국어 5-2**
우리말 지킴이

1 우리말은 순우리말인 고유어와 중국에서 들어온 한자를 바탕으로 하여 만들어진 한자어, 외국에서 들어와 널리 쓰이는 외래어로 구성되어 있습니다. 그런데 우리말의 절반 이상이 한자어로 이루어져 있고, 오늘날 외래어의 사용이 늘어나면서 사람들이 언어의 출처˙를 제대로 이해하지 못하는 경우가 많아졌습니다.

2 "멜빵이 달린 치마와 빨간 양말이 잘 어울리는구나!"

사람들에게 위의 문장에서 고유어를 찾아보라고 하면 '양말'을 고르는 경우가 많습니다. 하지만 양말의 '양(洋)'은 서양을 뜻하는 한자이고, '말(襪)'은 버선을 뜻하는 한자입니다. 개화기˙ 때 들어온 서양 문물이 버선과 쓰임이 비슷하다고 해서 붙여진 한자어 이름이지요. 위의 문장에서 고유어는 '바지, 치마 따위가 흘러내리지 않도록 어깨에 걸치는 끈'의 뜻을 지닌 '멜빵'과 '허리부터 다리 부분까지 하나로 이어져 가랑이가 없는 아래옷'의 뜻을 지닌 '치마'입니다.

3 이처럼 우리말에는 외래어로 착각하기 쉬운 고유어들이 있습니다. 운동 경기가 끝나고 승리한 팀에서 감독˙이나 수훈˙ 선수를 여러 명이 들어서 올렸다 내렸다 하는 모습을 본 일이 있을 것입니다. 이러한 행위를 하는 것을 '헹가래를 치다'라고 하는데, 이때 '헹가래'는 고유어에 해당합니다.

4 반면에 고유어로 착각하기 쉬운 외래어도 있습니다. 학교 운동장에는 그네, 미끄럼틀, 시소, 구름다리 등 다양한 놀이 시설이 설치되어 있습니다. 놀이 시설의 이름들은 얼핏˙ 보면 모두 고유어로 되어 있는 것처럼 보이지만, 이 중 '시소'는 영어 단어인 'seesaw(시소)'를 그대로 가져와서 쓰게 된 외래어입니다.

5 한자어나 외래어는 고유어와 함께 우리말에 해당하는 말입니다. 각각의 특징과 차이점을 이해하면 한층˙ 더 재미있는 언어생활을 할 수 있을 것입니다.

| **낱말 풀이** |

• **출처** 사물이나 말 따위가 생기거나 나온 근거

• **개화기** 1876년의 강화도 조약 이후 조선 사회가 근대적 사회로 개혁되어 가던 시기

• **감독** 영화나 연극, 운동 경기 따위에서 일의 전체를 지휘하며 실질적으로 책임을 맡은 사람

• **수훈** 뛰어난 공로

• **얼핏** 어느 순간에 잠깐

• **한층** 일정한 정도에서 한 단계 더

내용 들여다보기 🔍

STEP 1   핵심 내용 정리하기

❶ 우리말은 ~ [   ]와 ~ [   ], ~ 외래어로 [   ]되어 있습니다.

❷ "멜빵이 달린 치마와 빨간 양말이 잘 어울리는구나!"

↳ 양말의 '양'은 ~ 한자이고, '말'은 ~ 한자입니다. 개화기 때 ~ 버선과 쓰임이 비슷하다

고 해서 붙여진 [   ] 이름이지요.

↳ [   ]는 ~ '[   ]'과 ~ '치마'입니다.

❸ [   ] 우리말에는 [   ]로 착각하기 쉬운 고유어들이 있습니다.

↳ 승리한 팀에서 ~ '헹가래를 치다'라고 하는데, 이때 '[   ]'는 고유어에 해당합니다.

❹ [   ] 고유어로 착각하기 쉬운 외래어도 있습니다.

↳ '[   ]'는 영어 단어인 'seesaw'를 그대로 가져와서 쓰게 된 외래어입니다.

❺ 한자어나 외래어는 고유어와 함께 [   ]에 해당하는 말입니다.

STEP 2   짜임 이해하기

❶ 고유어 + 한자어 + 외래어

❷ 양말 – (   )
멜빵, 치마 – (   )

우리말

❸ 헹가래 – (   )

❹ 시소 – (   )

❺ 고유어, 한자어, 외래어의 특징과 차이점 이해 → 재미있는 (   )

STEP 3   내용 요약하기

✎ 우리말은 고유어, _____

내용 이해 **1** 이 글의 내용을 잘못 이해한 것은 무엇인가요? (   )

① 한자어나 외래어는 우리말에 해당하지 않는다.

② 우리말에는 고유어로 착각하기 쉬운 외래어가 있다.

③ 우리말에는 외래어로 착각하기 쉬운 고유어들이 있다.

④ 외래어는 외국에서 들어와 국어에서 널리 쓰이는 말을 말한다.

⑤ 고유어, 한자어, 외래어의 특징과 차이점을 이해하면 재미있는 언어생활을 할 수 있다.

내용 이해 **2** 사람들이 언어의 출처를 제대로 이해하지 못하는 경우가 많아진 까닭을 모두 골라 보세요. (   )

① 순우리말이 없기 때문에

② 외래어의 사용이 늘어났기 때문에

③ 외국인들이 우리말을 사용하기 때문에

④ 우리말을 소중하게 생각하지 않기 때문에

⑤ 우리말의 절반 이상이 한자어로 이루어져 있기 때문에

내용 추론 **3** 이 글을 바탕으로 다음 ㉠~㉢을 고유어, 한자어, 외래어로 구분해 보세요.

> ㉠버스를 타고 ㉡등교하면서 아름다운 ㉢하늘을 보게 되었어요.

[1] 고유어 – (   ) **[2]** 한자어 – (   ) **[3]** 외래어 – (   )

상황에 적용 **4** 이 글의 내용과 보기 를 참고하여 다음 낱말들이 외래어와 외국어 중 어떤 것에 해당하는지 ○표 해 보세요.

> ─ 보기 ─
>
> 외래어와 외국어는 모두 외국에서 들어온 말이지만, 둘에는 차이가 있어요. 먼저 외래어는 '빵', '컴퓨터', '아이스크림'처럼 대신 쓰일 수 있는 우리말이 없어 마치 국어처럼 쓰이는 말을 가리켜요. 하지만 외국어는 '무비(movie, 영화)', '언박싱(unboxing, 개봉)', '엘리베이터(elevator, 승강기)'처럼 대신 쓰일 수 있는 우리말이 있어 국어로 정착되지 않은 말을 가리켜요.

[1] 댄스 – (외래어 / 외국어)   **[2]** 테스트 – (외래어 / 외국어)

[3] 바나나 – (외래어 / 외국어)   **[4]** 핸드폰 – (외래어 / 외국어)

[5] 레스토랑 – (외래어 / 외국어)

1~2 다음 낱말의 알맞은 뜻을 찾아 선으로 이어 보세요.

1 얼핏 •

• ㉠ 어느 순간에 잠깐

2 한층 •

• ㉡ 일정한 정도에서 한 단계 더

3~6 다음 빈칸에 들어갈 알맞은 말을 [보기]에서 찾아 써 보세요.

┌─────────── 보기 ───────────┐

• 수훈: 뛰어난 공로
• 출처: 사물이나 말 따위가 생기거나 나온 근거
• 개화기: 1876년의 강화도 조약 이후 조선 사회가 근대적 사회로 개혁되어 가던 시기
• 감독: 영화나 연극, 운동 경기 따위에서 일의 전체를 지휘하며 실질적으로 책임을 맡은 사람

└────────────────────────────┘

3 이번 축구 경기는 [ ] 교체 후 처음으로 치러지는 것이다.

4 [ ]을/를 알 수 없는 현수막들이 거리 곳곳마다 걸려 있었다.

5 영실이는 우리 반이 체육 대회에서 우승을 하는 데 [ ]을/를 세웠다.

6 우리는 체험관에서 타임머신을 타고 [ ] 때 종로 거리로 시간 이동을 하였다.

어휘력에 도움이 되는  **대표한자**

化	亻	亻	化

化자는 亻→人(사람 인)자와 匕(비수 비)자가 결합한 한자예요. 두 사람이 서로 엇갈려 있는 모습을 나타내어 **되다**의 의미를 가지고 있어요.

뜻	소리	
될	화	

화 학 (化 學) 될 화 배울 학	자연 과학의 한 분야. 물질의 구조, 성질 및 변화 따위를 연구함. 예 이번 주 화요일에 **화학** 실험을 할 것이다.
동 화 (同 化) 같을 동 될 화	성질, 양식, 사상 따위가 다르던 것이 서로 같게 됨. 예 동아리 활동을 오래 하면서 분위기에 **동화**가 된 듯하다.
변 화 (變 化) 변할 변 될 화	사물의 성질, 모양, 상태 따위가 바뀌어 달라짐. 예 색상의 **변화**만 주면 더 멋있겠다.

독도는 정말 '외로운 섬 하나'일까?

'울릉도 동남쪽 뱃길 따라 이백 리♪ 외로운 섬 하나 새들의 고향♬'으로 시작하는 '독도는 우리 땅' 노래를 들어 본 적이 있을 거예요. 그런데 이 가사 중 '외로운 섬 하나'라는 부분은 사실과 다른 내용이랍니다. 독도는 동도와 서도라는 비교적 큰 두 섬과 여러 개의 작은 섬들로 이루어져 있어요. 즉, 실제로는 섬 하나로 이루어진 것이 아니라는 거죠. 독도의 동도에는 독도를 지키는 독도 경비대가 있고, 서도에는 독도 주민과 공무원이 살고 있다고 해요.

한라산 꼭대기엔 무엇이 있을까?

제주도는 한라산의 화산 폭발로 분출된 용암이 쌓이고 쌓여 만들어진 섬이에요. 한라산 꼭대기에도 오름들처럼 분화구가 있는데, 여기에 물이 고여 큰 호수를 이루고 있어요. 먼 옛날 흰 사슴들이 떼를 지어 놀며 이곳의 물을 마셨다는 데서 '백록담(白鹿潭)'이라는 이름이 붙여졌답니다. 실제로 한라산에는 예쁜 사슴이 자주 출몰한다고 하네요. 한겨울에 펑펑 눈이 오면 백록담에 소복소복 눈이 쌓이는데, 그 눈이 여름철까지 남아 있어 절경을 이룬다고 해요. 한 번쯤은 직접 보고 싶어지지 않나요?

'미안'은 순우리말일까?

우리말을 이루는 순우리말, 한자어, 외래어 중 가장 많은 비중을 차지하는 말은 순우리말이 아니라 한자어랍니다. 우리가 일상에서 순우리말로 착각하고 사용하는 한자어가 굉장히 많다고 해요. 흔히 친구에게 사과할 때 사용하는 '미안해'라는 말도, '미안(未安, 남에게 대하여 마음이 편치 못하고 부끄러움.)'이라는 한자어가 사용된 말이랍니다. 마치 순우리말 같죠? 그리고 어떤 모양이 매우 정교하고 세밀함을 나타내는 '오밀조밀(奧密稠密)'이라는 말도 마치 순우리말처럼 느껴지지만 한자어라고 해요.

2주

인문

나부터 실천하는 지하철 예절

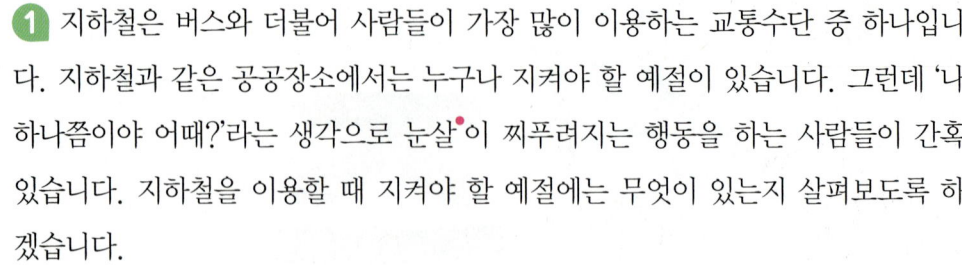

일일 학습을 마치고, 워크북으로 생각을 정리해 보세요.   워크북 · 12쪽

공부한 날

월   일

관련 교과 **초등도덕 5-1**
바르고 떳떳하게

❶ 지하철은 버스와 더불어 사람들이 가장 많이 이용하는 교통수단 중 하나입니다. 지하철과 같은 공공장소에서는 누구나 지켜야 할 예절이 있습니다. 그런데 '나하나쯤이야 어때?'라는 생각으로 눈살●이 찌푸려지는 행동을 하는 사람들이 간혹 있습니다. 지하철을 이용할 때 지켜야 할 예절에는 무엇이 있는지 살펴보도록 하겠습니다.

❷ 첫째, 지하철 안에 있는 사람들이 먼저 내리고 난 후에 탑승●합니다. 이때 지하철의 문을 막지 말고 양옆에 줄을 서서 기다립니다. 사람이 내리기도 전에 타게 되면 질서가 흐트러져 자칫 사고가 발생할 위험이 커집니다.

❸ 둘째, 교통 약자●에게 자리를 내어 줍니다. 특히 노약자석과 임산부석은 필요로 하는 사람들을 위해 자리를 비워 둡니다. 만약 모든 자리가 꽉 차 있고 내가 자리에 앉아 있을 때는 노약자나 임산부, 장애인, 아기를 안은 사람 등에게 내가 먼저 자리를 양보하는 마음이 필요합니다.

❹ 셋째, 다른 사람에게 불쾌감을 주는 행동을 하지 않습니다. 기침할 때는 고개를 돌려 팔로 입을 가리고 하고, 통화는 급한 일이 아니면 자제●합니다. 휴대폰으로 노래를 듣거나 동영상을 볼 때는 반드시 이어폰●을 사용하고, 자리에 앉아 있을 때는 다리를 꼬거나 벌리지 않습니다. 지하철에서 서 있게 되면 등에 멘 가방은 앞으로 돌려 메고, 좌석에 앉게 될 때는 가방을 무릎 위에 둡니다.

❺ 지하철 예절은 안전하고 쾌적●한 지하철 환경을 만들기 위해 모두가 함께 지켜야 할 의무입니다. 지하철 예절을 나부터 실천한다면, 누구나 행복한 마음으로 지하철을 이용하게 될 것입니다.

| **낱말 풀이** |

• **눈살** 두 눈썹 사이에 잡히는 주름
• **탑승** 배나 비행기, 차 따위에 올라탐.
• **교통 약자** 교통수단을 이용하거나 도로를 다닐 때 신체적 또는 인지적 기능이 다른 사람보다 더 약한 사람
• **자제** 자기의 감정이나 욕망을 스스로 억제함.
• **이어폰** 귀에 끼우거나 밀착할 수 있게 된, 전기 신호를 음향 신호로 변환하는 소형 장치
• **쾌적** 기분이 상쾌하고 즐거움.

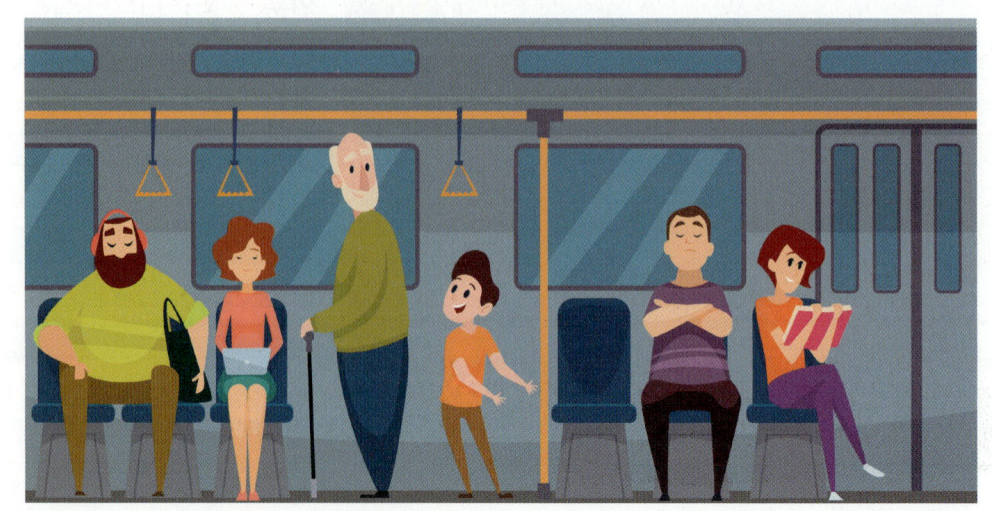

내용 들여다보기

STEP 1 핵심 내용 정리하기

① 지하철은 ~ 사람들이 가장 많이 이용하는 [   ] 중 하나입니다.

지하철과 같은 [   ]에서는 누구나 지켜야 할 [   ]이 있습니다.

② [   ], 지하철 안에 있는 사람들이 먼저 내리고 난 후에 [   ]합니다.

③ [   ], [   ]에게 자리를 내어 줍니다.

↳ 특히 [   ]과 [   ]은 ~ 자리를 비워 둡니다.

④ [   ], 다른 사람에게 [   ]을 주는 행동을 하지 않습니다.

↳ [   ]할 때는 ~ 가리고 하고, [   ]는 ~ 자제합니다.

↳ [   ]을 사용하고, ~ [   ]를 꼬거나 벌리지 않습니다.

↳ 등에 멘 [   ]은 앞으로 돌려 메고, ~ 무릎 위에 둡니다.

⑤ 지하철 예절은 안전하고 쾌적한 지하철 환경을 만들기 위해 모두가 함께 지켜야 할 [   ]입니다.

STEP 2 짜임 이해하기

① (   )을/를 이용할 때 지켜야 할 예절

② 지하철 안에 있는 사람들이 먼저 내리고 난 후에 탑승함.

③ 교통 약자에게 (   )을/를 내어 줌.

④ 다른 사람에게 (   )을/를 주는 행동을 하지 않음.

⑤ 지하철 (   ) 실천 → 누구나 (   )한 마음으로 지하철 이용

STEP 3 내용 요약하기

✎ 지하철을 이용할 때는

주제 파악 **1** 이 글의 중심 생각은 무엇인가요? (   )

① 대중교통을 생활화하자.

② 웃어른을 공경해야 한다.

③ 지하철 예절은 나부터 실천하자.

④ 지하철에서는 개인위생이 중요하다.

⑤ 지하철은 안전하고 쾌적한 교통수단이다.

내용 이해 **2** 지하철을 이용할 때 지켜할 예절로 옳은 것은 무엇인가요? (   )

① 서 있게 되면 가방은 뒤로 돌려 멘다.

② 통화는 급한 일이 아니면 하지 않는다.

③ 안에 있는 사람이 내리기 전에 타야 한다.

④ 자리에 앉게 될 때는 다리를 꼬아서 앉는다.

⑤ 노약자석이나 임산부석이 비어 있으면 앉는다.

비판과 평가 **3** 다음은 지하철 예절에 대해 나눈 대화입니다. 알맞지 <u>않은</u> 말을 한 친구는 누구인가요?

(   )

① 희원: 큰소리로 떠들거나 통화를 해서는 안 돼.

② 성주: 교통 약자들은 노약자석만 이용하게 해야 해.

③ 지수: 다른 사람에게 불편을 끼치지 않도록 조심해야 해.

④ 예담: 공공장소이므로 자기 편한 대로만 행동해서는 안 돼.

⑤ 경민: 임산부가 아닌 사람이 임산부석에 앉는 것은 옳지 않아.

상황에 적용 **4** 보기 의 빈칸에 들어갈 알맞은 말을 써 보세요.

보기

"지하철 [   ]에서 걷거나 뛰지 마세요!"

답 _____

1~2 다음 낱말의 알맞은 뜻을 찾아 선으로 이어 보세요.

1 자제 •

• ㉠ 기분이 상쾌하고 즐거움.

2 쾌적 •

• ㉡ 자기의 감정이나 욕망을 스스로 억제함.

3~6 다음 빈칸에 들어갈 알맞은 말을 보기 에서 찾아 써 보세요.

> **보기**
>
> • 눈살: 두 눈썹 사이에 잡히는 주름
> • 탑승: 배나 비행기, 차 따위에 올라탐.
> • 이어폰: 귀에 끼우거나 밀착할 수 있게 된, 전기 신호를 음향 신호로 변환하는 소형 장치
> • 교통 약자: 교통수단을 이용하거나 도로를 다닐 때 신체적 또는 인지적 기능이 다른 사람보다 더 약한 사람

3 이곳은 [   ] 보호 구역입니다.

4 지금부터 [   ] 수속을 하겠습니다.

5 [   ] 을/를 오래 사용하면 청력에 좋지 않습니다.

6 그의 무례한 행동은 저절로 [   ] 을/를 찌푸리게 했다.

어휘력에 도움이 되는

節

뜻	소리	節자는 竹(대나무 죽)자와 卽(곧 즉)자가 결합한 한자예요. 대나무의 마디를 나타내어
마디	절	마디, 관절, 예절 등의 의미를 가지고 있어요.

절 기 (節 氣)
마디 절 / 기운 기
한 해를 스물넷으로 나눈, 계절의 표준이 되는 것
예 우리나라의 대표적인 **절기**로는 입춘, 입하, 입추, 입동 등이 있다.

계 절 (季 節)
계절 계 / 마디 절
규칙적으로 되풀이되는 자연 현상에 따라 일 년을 구분한 것
예 가을은 독서의 **계절**이다.

명 절 (名 節)
이름 명 / 마디 절
해마다 일정하게 지키어 즐기거나 기념하는 때. 설날, 대보름날, 단오, 추석, 동짓날 등
예 **명절**을 맞아 온 가족이 한자리에 모였다.

오늘은 어린이날, 우리들 세상

일일 학습을 마치고, 워크북으로 생각을 정리해 보세요.   워크북 · 14쪽

1 우리나라의 어린이날은 1923년에 방정환을 비롯한 색동회가 정한 5월 1일이 시초˙입니다. 그러나 어린이날 행사가 거듭될수록 어린이들의 저항˙ 정신이 높아지자 이를 두려워한 일제의 탄압˙으로 1939년에 중단되었습니다. 그러다가 광복 이듬해 5월 5일로 변경되었고, 1975년에 국가 공휴일로 지정되었습니다.

2 중국과 북한, 몽골의 어린이날은 6월 1일입니다. 그런데 북한의 어린이날은 우리나라와 달리 유치원생까지만을 대상으로 합니다. 몽골에서는 어린이날과 어머니의 날을 함께 기념하는데, 전통 의상이나 예쁜 옷을 입고 열두 띠의 동물 모양의 풍선을 길거리에 띄웁니다. 일본의 어린이날은 남자 어린이날과 여자 어린이날로 나뉩니다. 여자 어린이날은 3월 3일로 일본 궁중˙ 옷차림을 본떠 만든 인형을 집에 놓고 건강하게 자라기를 기원˙합니다. 남자 어린이날은 5월 5일인데, 이날 갑옷과 투구를 갖춘 인형을 집에 놓고 천으로 만든 잉어 장식을 밖에 매달아 놓습니다.

3 튀르키예에서는 독립 기념일인 4월 13일을 어린이날로 정해 함께 기념하고 있습니다. 아르헨티나 같은 경우는 8월 셋째 주 토요일을 어린이날로 정해 매년 날짜가 바뀌는 특징이 있습니다. 가봉을 비롯한 아프리카의 많은 나라에서는 크리스마스인 12월 25일을 어린이날로 정해 놓고 있습니다. 프랑스와 영국, 미국 등은 따로 어린이날이 정해져 있지 않습니다. 이는 1년 365일을 어린이날로 생각하고 늘 어린이들을 소중하게 여겨야 한다고 생각하기 때문입니다.

4 매년 11월 20일은 국제 연합이 정한 '세계 어린이날'입니다. 나라마다 어린이날은 조금씩 다르지만, 어린이에게 최선을 다하려는 인류의 마음은 한결같습니다.

▌ 낱말 풀이 ▌

• **시초** 맨 처음
• **저항** 어떤 힘이나 조건에 굽히지 아니하고 거역하거나 버팀.
• **탄압** 권력이나 무력 따위로 억지로 눌러 꼼짝 못 하게 함.
• **궁중** 대궐 안
• **기원** 바라는 일이 이루어지기를 빎.

STEP 1 핵심 내용 정리하기

1 우리나라의 어린이날은 1923년에 [   ]을 비롯한 색동회가 정한 5월 1일이 시초입니다.

↳ [   ] 광복 이듬해 [   ]월 [   ]일로 변경되었고, 1975년에 국가 공휴일로 지정되었습니다.

2 중국과 북한, 몽골의 어린이날은 [   ]월 [   ]일입니다.

[   ]의 어린이날은 남자 어린이날과 여자 어린이날로 나뉩니다.

3 튀르키예에서는 ~ [   ]월 [   ]일을 어린이날로 ~ 기념하고 있습니다.

아르헨티나 ~ 8월 셋째 주 [   ]을 어린이날로 정해 ~ 있습니다.

아프리카의 많은 나라에서는 크리스마스인 [   ]월 [   ]일을 어린이날로 정해 놓고 있습니다.

프랑스와 [   ], 미국 등은 따로 어린이날이 정해져 있지 않습니다.

4 매년 [   ]월 [   ]일은 국제 연합이 정한 '세계 어린이날'입니다.

STEP 2 짜임 이해하기

어린이날

1 우리나라 – 5월 (   )일(1923년) → 5월 (   )일(1946년), 국가 공휴일 지정(1975년)

2 중국, 북한, 몽골 – (   )월 1일 / 일본 – 3월 (   )일(여자), 5월 5일(남자)

3 · 튀르키예 – 4월 13일 / 아르헨티나 – (   )월 셋째 주 토요일
· 아프리카 나라들 – (   )월 (   )일
· 프랑스, 영국, 미국 – 어린이날이 정해져 있지 않음.

4 세계 어린이날(국제 연합) – (   )월 (   )일

STEP 3 내용 요약하기

✎ 나라마다 어린이날은

내용 이해 **1** 이 글의 내용으로 옳은 것은 무엇인가요? (   )

① 중국의 어린이날은 유치원생을 대상으로 한다.

② 몽골의 어린이날은 남자와 여자로 구분되어 있다.

③ 튀르키예에서는 1년 365일을 어린이날로 생각한다.

④ 매년 11월 20일은 국제 연합이 정한 '세계 어린이날'이다.

⑤ 프랑스와 영국, 미국의 어린이날은 크리스마스와 날짜가 같다.

내용 추론 **2** 1939년에 어린이날 행사가 중단된 까닭은 무엇인가요? (   )

① 색동회가 해체되었기 때문에

② 국가 공휴일로 지정되었기 때문에

③ 방정환 선생이 돌아가셨기 때문에

④ 어린이날 날짜가 변경되었기 때문에

⑤ 일제가 우리 민족의 저항 정신을 탄압했기 때문에

내용 이해 **3** 아르헨티나의 어린이날의 특징은 무엇인가요? (   )

① 매년 날짜가 바뀐다.

② 어머니의 날과 함께 기념한다.

③ 독립 기념일을 어린이날로 정했다.

④ 열두 띠의 동물 모양의 풍선을 길거리에 띄운다.

⑤ 아프리카의 여러 나라와 어린이날 행사를 교류한다.

상황에 적용 **4** 이 글을 바탕으로 보기 의 빈칸에 들어갈 말을 써 보세요.

보기

　'□□□□'라는 말은 나이가 적은 아동들을 대접하거나 격식을 갖추어 이르는 말이다. 옛날에 아동들은 주로 '애기, 어린것, 아이들, 애, 애들' 등으로 불렸고, '어른의 축소판'으로 취급받으며 최소한의 돌봄만 받은 후 곧바로 농사일을 하거나 도시로 나가 공장에서 일을 하였다. 1920년에 방정환 선생은 아동들을 하나의 인격체로 존중해야 한다는 목적에서 '□□□□'라는 말을 처음으로 사용하였다. '늙은이', '젊은이'와 같은 말들에서 확인할 수 있듯 '이'라는 말은 '높은 사람'이라는 뜻을 나타낸다.

답 _____

어휘력 다지기

📄 정답과 해설 • 08쪽

1~2 다음 낱말의 알맞은 뜻을 찾아 선으로 이어 보세요.

1 기원 •

• ㉠ 바라는 일이 이루어지기를 빎.

2 탄압 •

• ㉡ 권력이나 무력 따위로 억지로 눌러 꼼짝 못 하게 함.

3~6 다음 빈칸에 들어갈 알맞은 말을 보기에서 찾아 써 보세요.

┌─────────── 보기 ───────────┐

• 궁중: 대궐 안

• 시초: 맨 처음

• 저항: 어떤 힘이나 조건에 굽히지 아니하고 거역하거나 버팀.

• 국제 연합: 세계 평화와 안전을 위해 1945년에 만들어진 국제 평화 기구

└────────────────────────┘

3 말다툼의 [   ]은/는 서로의 오해에서 비롯되었다.

4 3.1 운동은 민족주의를 넘어선 비폭력 [   ] 운동이었다.

5 신선로는 [   ]의 잔치 음식 중 대표적인 요리로 꼽힌다.

6 [   ]이/가 자리하고 있는 뉴욕에서 세계 평화 회의가 열렸다.

 어휘력에 도움이 되는 대표한자

初　　ネ　初　初

뜻	소리
처음	초

初자는 ネ → 衣(옷 의)자와 刀(칼 도)자가 결합한 한자예요. 옷을 만들 때는 가장 먼저 칼로 천을 베어야 한다는 것을 나타내어 **처음, 시작** 등의 의미를 가지고 있어요.

초 면 (初 面)
처음초　낯면

처음으로 대하는 얼굴. 또는 처음 만나는 처지
예 **초면**에 실례가 많았습니다.

초 심 (初 心)
처음초　마음심

처음에 먹은 마음
예 그는 타성에 빠질 때면 항상 **초심**으로 돌아가려고 노력했다.

최 초 (最 初)
가장최　처음초

맨 처음
예 거북선은 세계 **최초**의 철갑선이다.

과학

마스크의 유래

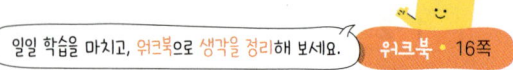
일일 학습을 마치고, 워크북으로 생각을 정리해 보세요.
워크북 · 16쪽

1 코로나바이러스감염증－19의 확산으로 우리 삶에 가장 직접적인 변화를 가져온 것은 바로 마스크 착용˙ 의무화입니다. 이전에도 감기나 미세 먼지, 황사 등에 대비하여 마스크를 쓰는 사람들이 있었지만, 이는 개인의 의지에 따른 선택 사항일 뿐이었습니다. 마스크는 이제 필수 생활용품이 되었습니다. 그러면 마스크는 언제, 누가 발명했으며 어떻게 발전해 왔을까요?

2 고대 그리스에서는 전쟁에서 불을 질러 공격하는 방식에 맞서 연기에 질식˙당하지 않기 위해 동물의 오줌통으로 입과 코를 가렸다는 기록이 전해집니다. 또 17세기에 흑사병이라는 전염병이 퍼졌을 때 의사들이 새 부리처럼 생긴 방독면˙을 썼다는 기록도 있습니다.

3 오늘날처럼 천에 끈을 달아 사용하는 마스크는 1836년 영국의 제프리스가 발명하였습니다. 하지만 이 마스크는 폐가 좋지 않아 질병을 앓는 환자들이 숨을 편안하게 쉬도록 하기 위해 만든 것으로, 입만 가리는 용도로 사용되었습니다.

4 마스크가 방역˙의 용도로 등장한 계기는 '현대 세균학의 아버지'로 불리는 파스퇴르의 연구 결과와 관련됩니다. 그는 눈으로는 볼 수 없는 아주 작은 생물과 질병 사이의 일정한 관계를 밝혀 마스크가 방역에 도움이 된다는 사실을 밝혀냈습니다. 이 연구 결과를 바탕으로 하여 1899년 영국에서는 호흡이 가능한 마스크를 개발하였고, 프랑스에서는 천을 여섯 겹으로 한 마스크로 개량하였습니다.

5 코로나바이러스감염증－19가 기승˙을 부릴 때에도 마스크는 가장 확실한 백신˙ 역할을 하였습니다. 철저한 개인위생을 위해서도 손 씻기와 더불어 마스크의 생활화는 멈추지 않고 계속되어야 합니다.

┃ 낱말 풀이

•**착용** 의복, 모자, 신발, 액세서리 따위를 입거나, 쓰거나, 신거나 차거나 함.

•**질식** 숨통이 막히거나 산소가 부족하여 숨을 쉴 수 없게 됨.

•**방독면** 독가스, 세균, 방사성 물질 따위가 시각·청각·호흡 기관에 피해를 주지 못하도록 얼굴을 보호하는 기구

•**방역** 감염병이 발생하거나 유행하는 것을 미리 막는 일

•**기승** 기운이나 힘 따위가 성해서 좀처럼 누그러들지 않음.

•**백신** 전염병에 대하여 인공적으로 면역을 주기 위해 생체에 투여하는 항원의 하나

내용 들여다보기 🔍

STEP 1 핵심 내용 정리하기

① 코로나바이러스감염증 – 19의 확산으로 우리 삶에 가장 직접적인 변화를 가져온 것은 바로

[   ] 착용 의무화입니다.

[   ] 마스크는 언제, 누가 발명했으며 어떻게 발전해 왔을까요?

② 고대 그리스에서는 전쟁에서 ~ 연기에 질식당하지 않기 위해 동물의 [   ]으로 입과

코를 가렸다는 기록이 전해집니다.

[   ] 17세기에 [   ]이라는 전염병이 퍼졌을 때 의사들이 새 부리처럼 생긴 방

독면을 썼다는 기록도 있습니다.

③ 천에 [   ]을 달아 사용하는 마스크는 [   ]년 영국의 제프리스가 발명하였습

니다.

④ 마스크가 [   ]의 용도로 등장한 계기는 ~ [   ]의 연구 결과와 관련됩니다.

⑤ 철저한 개인위생을 위해서도 ~ 마스크의 [   ]는 멈추지 않고 계속되어야 합니다.

STEP 2 짜임 이해하기

② 고대 그리스 – 동물의 (   )(으)로 입과 코를 가림.
17세기 – 흑사병이 퍼졌을 때 의사들이 (   )을/를 씀.

① (   )의
발명과 발전

③ 1836년 영국의 (   )이/가 천에 끈을 단 마스크를 발명함.

④ (   )의 연구로 마스크가 (   )의 용도로 등장함.

④ 마스크의 (   )은/는 멈추지 않고 계속되어야 함.

STEP 3 내용 요약하기

✎ 마스크의 유래는 고대 그리스로 거슬러 올라가지만 _____

주제 파악

1 이 글에서 글쓴이의 주장은 무엇인가요? (   )

① 백신 개발에 힘쓰자.

② 마스크 착용을 생활화하자.

③ 마스크의 유래를 제대로 알자.

④ 미세 먼지와 황사에 대비하자.

⑤ 마스크 착용을 개인의 선택에 맡기자.

내용 이해

2 코로나바이러스감염증-19의 확산이 우리 삶에 가져온 가장 직접적인 변화는 무엇인가요? (   )

① 미세 먼지가 줄어들었다.

② 감기가 유행하게 되었다.

③ 마스크 생산량이 감소하였다.

④ 온 국민이 마스크를 착용하게 되었다.

⑤ 마스크의 효과에 대한 궁금증이 커졌다.

내용 이해

3 파스퇴르에 대한 설명으로 잘못된 것을 모두 골라 보세요. (   )

① '현대 세균학의 아버지'로 불린다.

② 최초로 천에 끈을 달아 사용하는 마스크를 발명하였다.

③ 폐병 환자들의 입만 가리는 용도로 마스크를 개발하였다.

④ 마스크가 방역의 용도로 등장하는 계기가 되는 연구를 하였다.

⑤ 눈으로는 볼 수 없는 아주 작은 생물과 질병 사이의 일정한 관계를 밝혀냈다.

비판과 평가

4 보기 에서 개인위생의 관리가 잘못된 친구는 누구인지 이름을 써 보세요.

(   )

> **보기**
>
> • **기영**: 나는 기침을 할 때 휴지나 옷소매로 입을 가리고 해.
>
> • **준수**: 나는 화장실에서 볼일을 보고 난 후에 항상 손을 씻어.
>
> • **소라**: 나는 식사 후에 바로 입을 헹구고 양치를 하는 습관이 있어.
>
> • **도균**: 나는 눈이나 코, 입 등이 간지러울 때 참지 않고 손으로 긁어.
>
> • **현정**: 나는 미세 먼지나 황사가 심할 때 외출을 하게 되면 마스크를 착용해.

1~2 다음 낱말의 알맞은 뜻을 찾아 선으로 이어 보세요.

1 기승 •

• ㉠ 기운이나 힘 따위가 성해서 좀처럼 누그러들지 않음.

2 질식 •

• ㉡ 숨통이 막히거나 산소가 부족하여 숨을 쉴 수 없게 됨.

3~6 다음 빈칸에 들어갈 알맞은 말을 보기 에서 찾아 써 보세요.

보기

• 방역: 감염병이 발생하거나 유행하는 것을 미리 막는 일
• 착용: 의복, 모자, 신발, 액세서리 따위를 입거나, 쓰거나, 신거나 차거나 함.
• 백신: 전염병에 대하여 인공적으로 면역을 주기 위해 생체에 투여하는 항원의 하나
• 방독면: 독가스, 세균, 방사성 물질 따위가 시각·청각·호흡 기관에 피해를 주지 못하도록 얼굴을 보호하는 기구

3 모두 탑승하셨다면 안전띠 [   ]을/를 해 주십시오.

4 감염병 [   ] 접종을 하기 위해 사람들이 줄을 섰다.

5 감염병의 유행이 계속되자 정부는 [   ] 대책을 새롭게 세웠다.

6 시민들은 소방관이 건넨 [   ]을/를 쓰고 화재 현장을 벗어났다.

어휘력에 도움이 되는 **대표한자**

關	門 關 關
뜻 / 관계할	소리 / 관	關자는 門(문 문)자, 絲(실 사)자, 卝(쌍상투 관)자가 결합한 한자예요. 처음에는 '닫다, 가두다'의 뜻을 나타냈으나 시간이 지나면서 **관계하다**의 의미를 가지게 되었어요.

관 심 (關 心) 관계할 관 마음 심	어떤 것에 마음이 끌려 주의를 기울임. 예 대한민국 문화에 대한 세계인들의 관심은 대단했다.
관 련 (關 聯) 관계할 관 잇닿을 련	둘 이상의 사람, 사물, 현상 따위가 서로 관계를 맺어 매여 있음. 또는 그 관계 예 그는 이번 사건과 밀접한 관련이 있는 인물이다.
상 관 (相 關) 서로 상 관계할 관	서로 관련을 가짐. 예 이 일은 나와 아무런 상관이 없다.

예체능

전통 음식을 찾아서-비빔밥

일일 학습을 마치고, 워크북으로 생각을 정리해 보세요.   워크북 · 18쪽

1 비빔밥이 언제부터 시작되었는지는 정확하게 알려져 있지 않지만, 비빔밥의 유래˙에는 크게 세 가지 설˙이 있습니다.

첫째, 밥과 고기, 생선, 나물 등을 갖추어 제사를 지낸 후 후손들이 밥을 비벼서 나누어 먹은 데서 비롯되었다는 설입니다. 둘째, 음식을 남기지 않고 새해를 맞이하기 위해서 한 해의 마지막 날 밤에 남은 밥과 반찬을 비벼 먹던 풍습˙에서 비롯되었다는 설입니다. 셋째, 들에서 일을 할 때 시간과 노동력을 아끼기 위해 음식 재료를 들로 가지고 나가 밥에 비벼 먹은 데서 비롯되었다는 설입니다.

2 음식을 연구하는 사람들은 비빔밥을 맛이 좋을 뿐만 아니라 여러 가지 영양소˙가 골고루 들어 있어 매우 균형 잡힌 음식이라고 입을 모아 이야기합니다. 비빔밥에 들어가는 여러 종류의 나물과 양념들이 쌀밥에 부족한 영양소를 보충해 주며, 채소를 데친 나물들은 소화 작용에 탁월˙한 효과가 있다고 합니다.

3 전라북도 전주, 경상남도 진주, 황해도 해주 등은 비빔밥으로 유명한 고장들입니다. 전주비빔밥은 뜸을 들일 때 콩나물을 밥솥에 넣어 익힌 후 솥 안에서 밥과 뒤섞고, 육회와 햇김, 녹말묵, 쑥갓 등을 곁들입니다. 진주비빔밥은 숙주나물, 시금치 속잎, 어린 고사리나물과 가늘게 찢은 도라지나물을 쓰고 선짓국을 곁들입니다. 해주 비빔밥은 기름에 볶은 밥을 소금으로 간하고 버섯, 고사리, 김 등을 얹어 먹습니다.

4 비빔밥은 한식의 세계화를 이야기할 때 가장 먼저 떠올리는 음식으로, 비행기 안에서도 제공˙되는 세계적인 음식이 되었습니다. 세계 어디에 내놓아도 빠지지 않는 우리나라의 전통 음식, 그것이 바로 비빔밥입니다.

┃ 낱말 풀이 ┃

• **유래** 사물이나 일이 생겨남.

• **설** 견해, 주의, 학설 따위를 이르는 말

• **풍습** 풍속과 습관을 아울러 이르는 말

• **영양소** 성장을 촉진하고 생리적 과정에 필요한 에너지를 공급하는 영양분이 있는 물질

• **탁월** 남보다 두드러지게 뛰어남.

• **제공** 무엇을 내주거나 갖다 바침.

내용 들여다보기

STEP 1 핵심 내용 정리하기

❶ 비빔밥이 언제부터 시작되었는지는 정확하게 알려져 있지 않지만, 비빔밥의 [   ]에는 크게 세 가지 설이 있습니다.

❷ 음식을 연구하는 사람들은 비빔밥을 [   ]이 좋을 뿐만 아니라 ~ [   ]가 골고루 들어 있어 매우 균형 잡힌 음식이라고 입을 모아 이야기합니다.

❸ 전주비빔밥은 ~ [   ]을 밥솥에 넣어 익힌 후 솥 안에서 [   ]과 뒤섞고, 육회와 햇김, 녹말묵, 쑥갓 등을 곁들입니다.

진주비빔밥은 숙주나물, 시금치 속잎, 어린 고사리나물과 가늘게 찢은 도라지나물을 쓰고 [   ]을 곁들입니다.

해주 비빔밥은 기름에 볶은 밥을 [   ]으로 간하고 버섯, 고사리, 김 등을 얹어 먹습니다.

❹ 세계 어디에 내놓아도 빠지지 않는 우리나라의 전통 음식, 그것이 바로 [   ]입니다.

STEP 2 짜임 이해하기

❶ 비빔밥의 (   ) — • (   ) 후 후손들이 밥을 비벼서 나누어 먹었다는 설
• 한 해의 마지막 날에 남은 밥과 반찬을 비벼 먹었다는 설
• (   )와/과 노동력을 아끼기 위해 음식 재료를 들로 가지고 나가 밥에 비벼 먹었다는 설

❷ 비빔밥의 특징 — (   )이/가 좋고 (   )이/가 골고루 들어 있는 균형 잡힌 음식임.

❸ 비빔밥으로 유명한 고장들 — (   ), 진주, (   )

❹ 비빔밥은 세계적인 우리나라의 (   ) 음식임.

STEP 3 내용 요약하기

✎ 비빔밥은 맛이 좋을 뿐만 아니라 _____

화제 파악 **1** 비빔밥에 대한 설명으로 <u>잘못된</u> 것은 무엇인가요? (   )

① 조선 시대부터 먹기 시작하였다.

② 유래에는 크게 세 가지 설이 있다.

③ 비행기 안에서도 제공되는 세계적인 음식이다.

④ 맛이 좋고 영양소가 골고루 들어 있는 균형 잡힌 음식이다.

⑤ 한식의 세계화를 이야기할 때 가장 먼저 떠올리는 음식이다.

 2 각 고장들의 비빔밥의 특징을 찾아 선으로 이어 보세요.

[1]   전주비빔밥   •

•ⓐ 기름에 볶은 밥을 소금으로 간하고 버섯, 고사리, 김 등을 얹는다.

[2]   진주비빔밥   •

•ⓑ 숙주나물, 시금치 속잎, 어린 고사리나물 과 가늘게 찢은 도라지나물을 쓰고 선짓 국을 곁들인다.

[3]   해주 비빔밥   •

•ⓒ 콩나물을 밥솥에 넣어 익힌 후 솥 안에서 밥과 뒤섞고, 육회와 햇김, 녹말묵, 쑥갓 등을 곁들인다.

내용 추론 **3** 비빔밥에서 채소를 데친 나물들이 갖는 효과는 무엇인가요? (   )

① 살균 작용   ② 해독 작용

③ 소화 작용   ④ 피로 회복 작용

⑤ 노화 방지 작용

상황에 적용 **4** 이 글의 '비빔밥'과 보기 의 '잡채'의 공통점을 정리하여 아래 빈칸에 알맞은 말을 쓰세요.

> **보기**
>
> 잡채는 대표적인 잔치 음식입니다. 잡채의 재료로는 당면과 소고기를 비롯하여 당근과 양파, 시금치, 목이버섯, 느타리버섯 등의 각종 채소가 사용됩니다. 소고기와 여러 가지 채소를 잘게 썰어 볶은 후에 삶은 당면을 넣고 양념을 하여 버무리면 잡채가 완성됩니다.

➡ 잡채와 비빔밥은 여러 가지 (   )을/를 (   )(으)로 하여 만드는 음식이다.

1~2 다음 낱말의 알맞은 뜻을 찾아 선으로 이어 보세요.

1 유래 •

2 탁월 •

• ㉠ 사물이나 일이 생겨남.

• ㉡ 남보다 두드러지게 뛰어남.

3~6 다음 빈칸에 들어갈 알맞은 말을 **보기** 에서 찾아 써 보세요.

> ─── **보기** ───
>
> • 제공: 무엇을 내주거나 갖다 바침.
> • 설: 견해, 주의, 학설 따위를 이르는 말
> • 풍습: 풍속과 습관을 아울러 이르는 말
> • 영양소: 성장을 촉진하고 생리적 과정에 필요한 에너지를 공급하는 영양분이 있는 물질

3 사은품 ☐ 행사는 어제 끝났습니다.

4 다른 민족의 전통과 ☐ 도 존중해야 한다.

5 음식을 골고루 먹어야 필요한 ☐ 을/를 섭취할 수 있다.

6 이 문제에 대해서는 학자들마다 ☐ 을/를 달리하고 있다.

어휘력에 도움이 되는 **대표 한자**

勞	炑 炓 勞

뜻	소리	勞자는 火(불 화)자, ⼍(덮을 멱)자, 力(힘 력)자가 결합한 한자예요. 불을 밝혀 열심히 일하고 있는 모습을 나타내어 **일하다**의 의미를 가지고 있어요.
일할	로(노)	

노 동 (勞 動) 일할 노 움직일 동	몸을 움직여 일을 함. 예 그는 **노동**을 끝내고 집으로 돌아갔다.
과 로 (過 勞) 지날 과 일할 로	몸이 고달플 정도로 지나치게 일함. 예 건강에 해로우니 절대 **과로**하지 마세요.
공 로 (功 勞) 공 공 일할 로	일을 마치거나 목적을 이루는 데 들인 노력과 수고 예 이순신 장군은 전쟁터에서 높은 **공로**를 세웠다.

내 생각을 펼쳐요

일일 학습을 마치고, 워크북으로 생각을 정리해 보세요. 워크북 · 20쪽

1 **사회자:** 최근 우리나라의 전체 가구 중 15%인 312만 9천여 가구에서 반려동물을 키우고 있다는 통계°가 나왔습니다. 그래서 이번 시간에는 "공원 내 반려동물의 출입을 금지해야 하는가?"라는 주제로 토론°을 진행해 보려고 합니다. 이에 대해 찬성과 반대 의견을 가진 분들은 손을 들어 발언°해 주시기 바랍니다.

2 **철민:** 반려동물은 사람들이 정서적으로 의지하고자 가까이 두고 기르는 동물로 가족과 같은 존재입니다. 반려동물의 공원 출입을 반대하는 사람들은 개인위생을 가장 큰 이유로 듭니다. 하지만 반려동물을 동반°하는 보호자들 대부분은 목줄 착용과 배설물 처리에 매우 적극적입니다. 간혹 이를 실천하지 않는 몇 사람 때문에 반려동물의 공원 출입을 금지하는 것은 부당°하다고 생각합니다. 규칙을 지키지 않는 사람들을 더욱 강력하게 처벌한다면 반려동물과 함께하는 즐거운 공원 문화를 만들 수 있을 것입니다.

3 **지수:** 반대 이유 중 개인위생이 차지하는 부분도 무시할 수 없지만, 그것이 근본적인 이유가 될 수는 없습니다. 왜냐하면 모든 사람이 반려동물을 좋아하는 것은 아니기 때문입니다. 무서워하는 사람도 있고 알레르기° 반응을 보이는 사람도 있습니다. 자신이 반려동물을 아끼고 사랑한다고 해서 모두가 좋아해 줄 것이라는 생각은 아주 위험합니다. 공원은 사람들이 마음 편하게 휴식을 즐기는 공공장소이므로 반려동물을 꺼리는 사람들을 위해서도 출입을 금지해야 한다고 생각합니다.

4 **사회자:** 찬성과 반대의 의견이 팽팽하군요. 계속해서 토론을 이어 나가도록 하겠습니다.

▌낱말 풀이▐

• **통계** 어떤 현상을 종합적으로 한눈에 알아보기 쉽게 일정한 체계에 따라 숫자로 나타냄.

• **토론** 어떤 문제에 대하여 여러 사람이 각각 의견을 말하며 논의함.

• **발언** 말을 꺼내어 의견을 나타냄.

• **동반** 일을 하거나 길을 가는 따위의 행동을 할 때 함께 짝을 함.

• **부당** 이치에 맞지 아니함.

• **알레르기** 처음에 어떤 물질이 몸속에 들어갔을 때 그것에 반응하는 항체가 생긴 뒤, 다시 같은 물질이 생체에 들어가면 그 물질과 항체가 반응하는 일

내용 들여다보기 🔍

STEP 1 핵심 내용 정리하기

1 사회자: 이번 시간에는 "공원 내 반려동물의 출입을 [   ] 해야 하는가?"라는 주제로 [   ]을 진행해 보려고 합니다.

2 철민: 반려동물을 동반하는 보호자들 대부분은 목줄 착용과 [   ] 처리에 매우 적극적입니다.

규칙을 지키지 않는 사람들을 더욱 강력하게 [   ] 한다면 반려동물과 함께하는 즐거운 공원 문화를 만들 수 있을 것입니다.

3 지수: 반대 이유 중 [   ]이 차지하는 부분도 무시할 수 없지만, 그것이 근본적인 이유가 될 수는 없습니다.

공원은 사람들이 마음 편하게 휴식을 즐기는 [   ]이므로 반려동물을 꺼리는 사람들을 위해서도 출입을 [   ] 해야 한다고 생각합니다.

4 사회자: [   ]과 [   ]의 의견이 팽팽하군요.

STEP 2 짜임 이해하기

1 토론 ( ): 공원 내 반려동물의 출입을 금지해야 하는가?

2 철민 – ( )

근거: ( )을/를 지키지 않는 사람들을 강력하게 처벌한다면 반려동물과 함께하는 즐거운 공원 문화를 만들 수 있기 때문에

3 지수 – ( )

근거: 개인위생뿐만 아니라 ( )을/를 꺼리는 사람들이 마음 편하게 휴식을 즐겨야 하기 때문에

4 ( )이/가 토론이 이어질 것임을 밝힘.

STEP 3 내용 요약하기

✏️ "공원 내 반려동물의 출입을 금지해야 하는가?"라는 주제의 토론에서 철민이는

내용 이해 **1** 이 글에서 사회자의 역할은 무엇인가요? (   )

① 토론 내용을 글로 기록하고 있다.

② 찬성 측에 서서 토론을 진행하고 있다.

③ 토론 내용에서 결론을 이끌어 내고 있다.

④ 토론 주제에 대한 자신의 생각을 펼치고 있다.

⑤ 토론자들에게 발언 기회를 주며 토론을 이끌고 있다.

구조 이해 **2** 이 글에서 확인할 수 있는 말하기의 특징은 무엇인가요? (   )

① 책을 읽고 서로의 생각과 느낌을 나눈다.

② 까닭을 들어 문제 상황을 해결하는 방법을 제안한다.

③ 어떤 주제에 대하여 찬성 측과 반대 측으로 나뉘어 상대방을 설득한다.

④ 어떤 주제에 대하여 여러 가지 의견을 나누고 가장 좋은 해결 방법을 찾는다.

⑤ 듣는 사람들의 공감을 불러일으킬 수 있도록 느낌을 살려 글의 내용을 전달한다.

비판과 평가 **3** 이 글을 읽고 내용을 <u>잘못</u> 이해한 것은 무엇인가요? (   )

① "철민이는 반려동물을 가족처럼 대하는구나."

② "철민이는 토론 주제에 대하여 찬성을 하고 있군."

③ "반려동물의 공원 출입 금지를 놓고 찬반 토론 중이네."

④ "지수는 반려동물이 없는 공원에서 휴식을 즐기고 싶어 해."

⑤ "지수는 반려동물을 좋아하는 사람도 있지만, 싫어하는 사람도 있다고 생각하고 있어."

상황에 적용 **4** 보기 의 내용으로 보아, 혜주는 이 글의 '철민'과 '지수' 중 누구와 생각이 같은지 써 보세요. (   )

┤ 보기 ├

혜주: 공원 안에서 발견되는 분변의 상당수가 주인도 없이 거리를 떠도는 동물의 것이라고 합니다. 공원은 다른 어떤 곳보다 친환경 장소라고 생각합니다. 이런 곳에 반려동물을 동행하지 못하게 하는 것은 이해가 되지 않을 뿐만 아니라 법적 근거도 없습니다.

1~2 다음 낱말의 알맞은 뜻을 찾아 선으로 이어 보세요.

1 발언 •

• ㉠ 말을 꺼내어 의견을 나타냄.

2 토론 •

• ㉡ 어떤 문제에 대하여 여러 사람이 각각 의견을 말하며 논의함.

3~6 다음 빈칸에 들어갈 알맞은 말을 보기 에서 찾아 써 보세요.

┌─────────────── 보기 ───────────────┐

• 부당: 이치에 맞지 아니함.

• 동반: 일을 하거나 길을 가는 따위의 행동을 할 때 함께 짝을 함.

• 통계: 어떤 현상을 한눈에 알아보기 쉽게 일정한 체계에 따라 숫자로 나타냄.

• 알레르기: 처음에 어떤 물질이 몸속에 들어갔을 때 그것에 반응하는 항체가 생긴 뒤, 다시 같은 물질이 생체에 들어가면 그 물질과 항체가 반응하는 일

└──────────────────────────────────┘

3 나는 꽃가루 [ ]이/가 심하다.

4 우리 음식점은 강아지 [ ]이/가 가능합니다.

5 [ ]에 따르면 해마다 1인 가구가 증가하고 있다.

6 다음 달부터 관광객을 대상으로 [ ] 요금 신고 센터를 운영한다.

어휘력에 도움이 되는 **대표 한자**

當	⺌ 𫩏 當			
뜻	**소리**	當자는 尙(오히려 상)자와 田(밭 전)자가 결합한 모습으로, **마땅하다**나 **균형 잡히다**, **맡다**라는 뜻을 가진 글자예요.		
마땅할	당			

당 연 (當 然) 마땅할 당 그럴 연	일의 앞뒤 사정을 놓고 볼 때 마땅히 그러함. 또는 그런 일 예 부모가 자식을 걱정하는 건 **당연**한 일이다.
타 당 (妥 當) 온당할 타 마땅할 당	일의 이치로 보아 옳음. 예 너의 주장은 이 상황에서는 **타당**하지 않다.
정 당 (正 當) 바를 정 마땅할 당	이치에 맞아 올바르고 마땅함. 예 어제 경기에서 심판의 판정은 **정당**하였다.

세계 최초로 어린이날을 만든 나라는 어디일까?

세계에서 가장 먼저 어린이날을 만든 나라는 바로 튀르키예예요. 튀르키예 공화국을 세우는 과정에서 전쟁으로 부모를 잃은 아이들을 위해 독립 기념일을 어린이날로 지정했다고 해요. 어린이날이 되면 튀르키예에서는 큰 축제가 열리는데요, 다른 나라의 어린이들을 초청하여 다양한 행사를 열기도 한답니다. 그리고 이날 튀르키예 어린이 중에서 일일 대통령, 국무총리 등을 선발하여 실제 국회나 정부 기관에서 어린이 관련 정책을 직접 논의하게 한다고 해요.

마스크는 어떻게 바이러스를 막는 걸까?

방역 마스크는 아주 얇고 미세한 섬유들로 이루어진 부직포를 필터로 사용해요. 이 필터에 정전기 처리를 하여 작은 바이러스나 미세 먼지 입자를 끌어당겨 붙게 만들어 우리 몸속에 들어오지 못하게 하는 원리예요. 마스크를 착용한 후 시간이 흐를수록 필터에 붙은 바이러스나 미세 먼지가 많아지고, 마스크 내부의 기온과 외부의 기온 차로 인해 물방울이 맺히게 되는데요. 그러면 호흡이 어려워지고 마스크 내부에 세균이 번식하게 되므로 웬만하면 마스크를 재활용하지 않는 것이 좋아요.

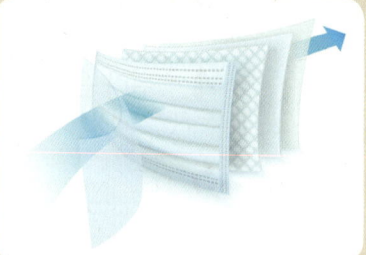

공원에 반려동물을 데려갈 때 주의할 점은 무엇일까?

반려동물과 함께 공원에 입장할 때 꼭 지켜야 할 사항들이 있어요. 첫째, 심한 소음이나 악취가 나게 하는 등 다른 사람에게 혐오감을 주어서는 안 돼요. 둘째, 반려동물의 배설물을 수거하지 않고 방치해서는 안 돼요. 셋째, 반려동물을 통제할 수 있는 줄을 매지 않고 입장하면 안 돼요. 만일 반려동물을 목줄 없이 자유롭게 뛰어놀게 하고 싶다면, 각 지방 자치 단체에서 운영하는 반려동물 놀이터에 데려가면 돼요. 단, 반려동물 놀이터에 입장하기 위해서는 동물 보호 관리 시스템에 반려동물로 등록이 되어 있어야 한다고 하니 참고하세요.

3주

4월에 울려 퍼진 민중의 함성

일일 학습을 마치고, 워크북으로 생각을 정리해 보세요. 워크북 · 22쪽

① 대한민국 제1대 대통령에 당선된 이승만은 헌법을 고쳐 가며 무려 12년 동안 정권을 유지했습니다. 독재에 대한 국민의 불만과 민주주의를 바라는 마음이 커지자 계속해서 권력을 유지하고 싶었던 이승만과 자유당 정권은 1960년 3월 15일 대통령과 부통령을 뽑는 선거에서 심한 부정을 저질렀습니다. 돈으로 표를 사기도 하고, 3인조 또는 5인조로 짝을 이루어 투표를 감시하는가 하면 투표함을 바꿔치기하기도 했습니다.

② 1960년 4월, 경상남도 마산의 학생들과 시민들은 부정 선거에 항의하는 뜻을 보여 주기 위해 시위에 나섰습니다. 이때 경찰에게 최루탄을 맞아 숨진 고등학생 김주열 군의 시신이 마산 앞바다에서 발견되면서 시위는 전국적으로 번져 나가게 되었습니다.

4월 18일, 국회의사당 앞에서 평화적 시위를 마치고 집으로 돌아가던 대학생들이 경찰과 관련된 무리로부터 폭행을 당하여 쓰러지자 민심은 이승만 정권으로부터 완전히 등을 돌렸습니다.

③ 다음날인 4월 19일, 수천 명의 국민이 경무대(지금의 청와대) 앞에서 퇴진을 외치며 시위를 벌이는 모습에 위협을 느낀 이승만과 자유당 정권은 총으로 시위대를 진압했습니다. 이때 수많은 사람이 죽고 다치면서 성난 민심은 극에 달했습니다. 4월 26일에 대학교수들의 시위까지 이어지자 마침내 이승만은 대통령직에서 물러날 것을 발표했고, 이로써 자유당 정권이 막을 내렸습니다.

④ 대한민국 헌법에는 "국가의 주권은 국민에게 있고 모든 권력은 국민으로부터 나온다."라는 4.19 혁명의 정신이 깃들어 있습니다. 4월에 울려 퍼진 민중의 함성은 국민 스스로가 부패한 권력을 몰아내고 자유와 민주주의를 얻어 낸 최초의 민주 혁명이라는 의의를 지닙니다.

| 낱말 풀이 |

• 정권 정치상의 권력. 또는 정치를 담당하는 권력

• 독재 민주적인 절차를 부정하고 통치자의 독단으로 행하는 정치

• 민심 백성의 마음

• 퇴진 한 집단의 구성원 전체나 그 책임자가 물러남.

• 진압 강압적인 힘으로 억눌러 진정시킴.

• 혁명 헌법의 범위를 벗어나 국가 기초, 사회 제도, 경제 제도, 조직 따위를 근본적으로 고치는 일

• 부패 정치, 사상, 의식 따위가 타락함.

내용 들여다보기

STEP 1 핵심 내용 정리하기

❶ 이승만은 헌법을 고쳐 가며 무려 12년 동안 [　　　　]을 유지했습니다.

　계속해서 권력을 유지하고 싶었던 이승만과 자유당 정권은 ~ 선거에서 심한 [　　　　]을 저질렀습니다.

❷ 1960년 4월, 경상남도 [　　　　]의 학생들과 시민들은 ~ 시위에 나섰습니다.

　이때 ~ 고등학생 [　　　　]군의 시신이 마산 앞바다에서 발견되면서 시위는 전국적으로 번져 나가게 되었습니다.

❸ [　　　]월 [　　　]일, ~ 이승만과 자유당 정권은 총으로 시위대를 진압했습니다.

　4월 26일에 대학교수들의 시위까지 이어지자 마침내 이승만은 [　　　　]에서 물러날 것을 발표했고, 이로써 자유당 정권이 막을 내렸습니다.

❹ 4월에 울려 퍼진 민중의 함성은 국민 스스로가 부패한 권력을 몰아내고 자유와 민주주의를 얻어 낸 최초의 [　　　　]이라는 의의를 지닙니다.

STEP 2 짜임 이해하기

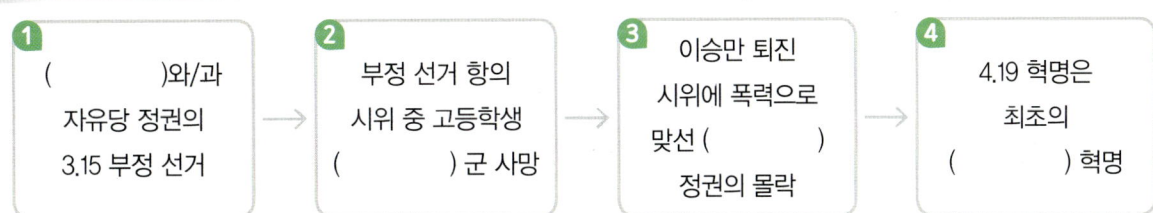

❶ (　　　　)와/과 자유당 정권의 3.15 부정 선거 → ❷ 부정 선거 항의 시위 중 고등학생 (　　　　)군 사망 → ❸ 이승만 퇴진 시위에 폭력으로 맞선 (　　　　) 정권의 몰락 → ❹ 4.19 혁명은 최초의 (　　　　) 혁명

STEP 3 내용 요약하기

✎ 4.19 혁명은 학생을 비롯한 국민들이 _____

_____

_____

구조 이해 **1** 4.19 혁명의 과정에 맞게 기호를 순서대로 써 보세요. (   )

> ㉠ 이승만이 대통령직에서 물러날 것을 발표하였다.
> ㉡ 이승만과 자유당 정권은 총으로 시위대를 진압하였다.
> ㉢ 수천 명의 국민이 경무대 앞에서 퇴진을 외치며 시위를 벌였다.
> ㉣ 최루탄에 맞아 숨진 고등학생 김주열 군의 시신이 마산 앞바다에서 발견되었다.

내용 이해 **2** 3.15 부정 선거에 해당하는 내용을 모두 골라 보세요. (   )

① 돈으로 표를 샀다.
② 투표자를 감시하였다.
③ 투표함을 바꿔치기하였다.
④ 선거 날짜를 갑자기 변경하였다.
⑤ 불법적으로 헌법 내용을 고쳤다.

주제 파악 **3** 4.19 혁명의 의의는 무엇인가요? (   )

① 선거 결과로 독재 정권을 심판한 민주 혁명이다.
② 강대국의 힘을 빌려 독재 정권을 몰아낸 민주 혁명이다.
③ 강력한 군사력으로 외국의 간섭을 물리친 군사 혁명이다.
④ 군인들이 부패한 정권을 무력으로 진압한 군사 혁명이다.
⑤ 국민의 힘으로 자유와 민주주의를 얻어 낸 민주 혁명이다.

비판과 평가 **4** 이 글과 보기 의 글을 읽고 빈칸에 들어갈 알맞은 말을 써 보세요.

> ─ 보기 ─
>
> 　4.19 혁명의 정신은 이후 전두환 군사 정권의 권력에 맞선 1980년 5.18 민주화 운동, 대통령 직접 선거 제도의 정착을 이끌어 낸 1987년 6월 민주 항쟁 등에 큰 영향을 끼쳤다. 이 사건들은 모두 [   ]을/를 쟁취하기 위한 운동이라는 점에서 공통점을 지닌다.

답 _____

1~2 다음 낱말의 알맞은 뜻을 찾아 선으로 이어 보세요.

1 독재 •

2 부패 •

• ㉠ 정치, 사상, 의식 따위가 타락함.

• ㉡ 민주적인 절차를 부정하고 통치자의 독단으로 행하는 정치

3~6 다음 뜻과 글자의 첫소리를 참고하여 알맞은 낱말을 써 보세요.

3 백성의 마음

→ ㅁ ㅅ ＿＿＿＿＿

4 강압적인 힘으로 억눌러 진정시킴.

→ ㅈ ㅇ ＿＿＿＿＿

5 정치상의 권력. 또는 정치를 담당하는 권력

→ ㅈ ㄱ ＿＿＿＿＿

6 한 집단의 구성원 전체나 그 책임자가 물러남.

→ ㅌ ㅈ ＿＿＿＿＿

어휘력에 도움이 되는 **대 표 한 자**

獨	犭	犸	獨

뜻	소리	獨자는 犭 → 犬(개 견)자와 蜀(애벌레 촉)자가 결합한 한자예요. **홀로, 혼자, 외로운 사람** 등의 의미를 가지고 있어요.
홀로	독	

독 거 (獨 居) 홀로 독　살 거	혼자 삶. 또는 홀로 지냄. 예 토요일에 **독거** 어르신을 위한 봉사 활동을 할 예정이다.
독 학 (獨 學) 홀로 독　배울 학	스승이 없이, 또는 학교에 다니지 않고 혼자서 공부함. 예 삼촌은 **독학**으로 외국어 공부를 마쳤다.
단 독 (單 獨) 홑 단　홀로 독	혼자 또는 하나인 상태 예 반환점을 돌면서 그녀가 **단독** 선두로 나섰다.

새 학기 증후군에 대처하는 자세

일일 학습을 마치고, **워크북**으로 생각을 정리해 보세요. 워크북 • 24쪽

① 새 학기가 시작된 지 얼마 되지 않아 아름이는 학교에 가기가 싫어졌습니다. 머리와 배가 자주 아프고 사소한 일에도 부쩍 짜증이 많아졌습니다. 병원에 가도 뚜렷한 원인을 찾지 못했습니다. 아름이가 며칠 동안 등교를 거부하자 부모님은 아름이가 걱정되어 선생님께 상담을 요청해 보기로 하였습니다.

② "그렇지 않아도 아름이 부모님께 연락을 드리려던 참이었어요. 주의˙가 산만해 수업 시간에 집중하지 못하고 친구들하고도 잘 어울리지 못하네요. 아마도 아름이 는 새 학기 증후군˙을 겪고 있는 듯해요. 새 학기는 새로운 시작에 대한 설렘과 긴 장이 공존˙하는 시기예요. 아이들은 낯선 교실과 친구 등 새로운 환경에 적응하는 과정에서 스트레스를 느끼곤 하는데, 이러한 현상을 새 학기 증후군이라고 해요. 특히 고학년이 되면 수업 시간이 늘어나고 공부할 과목이 많아지기 때문에 의외로 많은 아이들이 새 학기 증후군을 겪어요."

③ 선생님께서는 새 학기 증후군을 극복하기 위해서 부모님의 역할이 가장 중요 하다고 하셨습니다. 아름이가 일찍 자고 일찍 일어나는 규칙적인 생활을 할 수 있 도록 환경을 조성해 주어야 하고, 무엇보다 아름이의 감정을 이해하고 그에 공감 해 주어야 한다고 하셨습니다.

④ 이후 아름이 부모님은 아름이가 긍정적인 마음을 지닐 수 있도록 아름이와 많 은 대화를 나누었습니다. 아름이가 느끼는 감정과 그 이유를 묻고, 아름이의 말을 경청˙하며 공감하고 격려해 주었습니다. 또한 요령˙ 있게 공부하는 방법과 반 친구 들에 대한 이야기도 하며 "우리는 항상 너의 편이야.", "작년처럼 올해도 잘 해낼 수 있을 거야."라고 말해 주었습니다. 그러자 아름이는 차츰˙ 아픈 곳이 사라지고, 짜증도 많이 줄었습니다. 나중에는 학교에 갈 생각에 설레는 마음으로 일찍 잠자 리에 들 수 있게 되었답니다.

관련 교과 **초등도덕 5-1**
긍정적인 생활

┃ 낱말 풀이 ┃

• **주의** 어떤 한 곳이나 일에 관심 을 집중하여 기울임.

• **증후군** 몇 가지 증후가 늘 함께 나타나지만, 그 원인이 명확하 지 않거나 단일하지 않은 증상 들을 통틀어 이르는 말

• **공존** 두 가지 이상의 사물이나 현상이 함께 존재함.

• **경청** 귀를 기울여 들음.

• **요령** 일을 하는 데 꼭 필요한 묘한 이치

• **차츰** 어떤 사물의 상태가 시간 의 흐름에 따라 일정한 방향으 로 조금씩 진행하는 모양

내용 들여다보기 🔍

STEP 1 핵심 내용 **정리하기**

❶ [　　　　]가 시작된 지 얼마 되지 않아 아름이는 학교에 가기가 싫어졌습니다.

아름이가 며칠 동안 등교를 [　　　　]하자 ~ 상담을 요청해 보기로 하였습니다.

❷ "아마도 아름이는 새 학기 [　　　　]을 겪고 있는 듯해요.

아이들은 ~ 새로운 환경에 적응하는 과정에서 [　　　　　]를 느끼곤 하는데, 이러한 현

상을 새 학기 증후군이라고 해요."

❸ 선생님께서는 ~ [　　　　]의 역할이 가장 중요하다고 하셨습니다.

　↳ 무엇보다 아름이의 [　　　　]을 이해하고 ~ 공감해 주어야 한다고 하셨습니다.

❹ 이후 아름이 부모님은 ~ 아름이와 많은 대화를 나누었습니다.

　↳ 아름이가 느끼는 감정과 그 이유를 묻고, 아름이의 말을 [　　　　]하며 공감하고

　[　　　　]해 주었습니다.

"우리는 항상 너의 편이야.", "작년처럼 올해도 잘 해낼 수 있을 거야."라고 말해 주었습니다.

　↳ [　　　　] 아름이는 ~ 짜증도 많이 줄었습니다.

STEP 2 짜임 **이해하기**

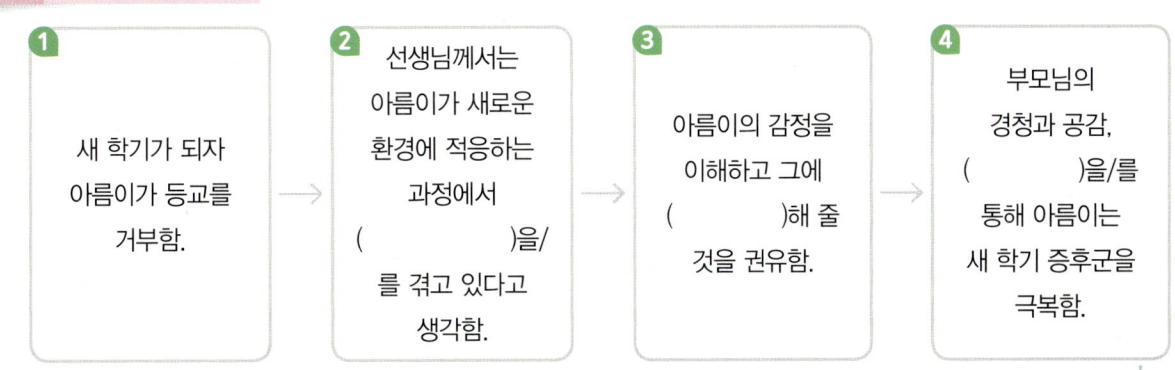

❶	❷	❸	❹
새 학기가 되자 아름이가 등교를 거부함.	선생님께서는 아름이가 새로운 환경에 적응하는 과정에서 (　　　)을/를 겪고 있다고 생각함.	아름이의 감정을 이해하고 그에 (　　　)해 줄 것을 권유함.	부모님의 경청과 공감, (　　　)을/를 통해 아름이는 새 학기 증후군을 극복함.

STEP 3 내용 **요약하기**

✏️ 아름이는 새 학기를 맞아 새로운 환경에 적응하는 과정에서

_____

_____

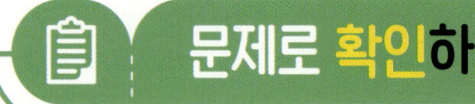 
화제 파악 **1** 이 글에서 알 수 <u>없는</u> 내용은 무엇인가요? (   )

① 새 학기 증후군의 증상
② 새 학기 증후군의 개념
③ 새 학기 증후군의 원인
④ 새 학기 증후군의 극복 방법
⑤ 새 학기 증후군을 치료하는 병원

내용 추론 **2** 새 학기에 느낄 수 있는 감정으로 알맞지 <u>않은</u> 것은 무엇인가요? (   )

① 설렘   ② 낯섦   ③ 성취감
④ 긴장감   ⑤ 불안감

내용 추론 **3** 새 학기 증후군을 겪는 친구에게 해 줄 말로 알맞지 <u>않은</u> 것은 무엇인가요? (   )

① "새로운 반에서도 좋은 친구를 사귈 수 있을 거야."
② "매일 일정한 시간에 잠을 자는 것이 도움이 될 거야."
③ "무슨 일 때문에 짜증이 났는지 이야기해 줄 수 있니?"
④ "어제부터 머리가 아프다고 했는데, 정말 아픈 게 맞니?"
⑤ "누구나 겪을 수 있는 자연스러운 과정이니 너무 걱정할 것 없어."

비판과 평가 **4** 보기 의 빈칸에 공통으로 들어갈 말을 이 글에서 찾아 써 보세요.

> **◀ 보기 ▶**
>
> ☐☐☐☐ (이)란 적응하기 어려운 환경에 처할 때 느끼는 심리적·신체적 긴장 상태를 말합니다. 장기적으로 지속되면 위궤양, 고혈압 등의 신체적 질환을 일으키기도 하고 불면증, 신경증, 우울증 등의 심리적 부적응을 나타내기도 합니다. 성인들뿐만 아니라 아이들도 새 학기에 새로운 교실과 선생님, 친구들에게 적응해야 하는 것에 ☐☐ 을/를 받는 경우가 많습니다.

답 _____

1~3 다음 낱말의 알맞은 뜻을 찾아 선으로 이어 보세요.

1 부쩍 •

• ㉠ 생각이나 기대 또는 예상과 달리.

2 차츰 •

• ㉡ 어떤 사물의 상태가 시간의 흐름에 따라 일정한 방향으로 조금씩 진행하는 모양

3 의외로 •

• ㉢ 어떤 사물이나 현상의 상태, 빈도, 양 따위가 매우 거침새 없이 갑자기 늘거나 주는 모양

4~7 다음 빈칸에 들어갈 알맞은 말을 보기 에서 찾아 써 보세요.

보기
공존　　경청　　요령　　주의

4 귀를 기울여 들음. → _____

5 일을 하는 데 꼭 필요한 묘한 이치 → _____

6 두 가지 이상의 사물이나 현상이 함께 존재함. → _____

7 어떤 한 곳이나 일에 관심을 집중하여 기울임. → _____

○ **어휘력**에 도움이 되는

期	其	期	期		

뜻	소리	期자는 其(그 기)자와 月(달 월)자가 결합한 한자예요. 시간의 흐름을 달의 변하는 모습으로 나타내어 **기약하다, 약속하다** 등의 의미를 가지고 있어요.		
기약할	기			

기 약 (期 約)	때를 정하여 약속함. 또는 그런 약속
기약할 기　맺을 약	예 **기약**도 없이 헤어지게 되었구나.

기 일 (期 日)	정해진 날짜
기약할 기　날 일	예 무슨 일이 있더라도 **기일** 내에 이 일을 끝마쳐라.

시 기 (時 期)	어떤 일이나 현상이 진행되는 시점
때 시　기약할 기	예 가을은 곡식이 무르익는 **시기**이다.

전기 에너지로 차를 움직여요

일일 학습을 마치고, 워크북으로 생각을 정리해 보세요. **워크북 · 26쪽**

1 전기 자동차란 화석 연료*인 휘발유나 경유, 가스 등을 이용하여 움직이는 기존의 내연* 기관 자동차와 달리 전기 에너지를 동력원*으로 사용하여 움직이는 차를 말합니다. 보통 전기 자동차는 플러그를 통해 직접 전기를 충전하여 엔진을 가동시키는 방식을 사용합니다. 높은 전압의 축전지*에 저장된 전력으로 모터를 회전시키며 주행*을 합니다.

2 많은 사람들이 내연 기관 자동차가 만들어진 이후에 전기 자동차가 발명된 것으로 알고 있습니다. 하지만 전기 자동차는 1824년 헝가리 사람에 의해 내연 기관 자동차보다 먼저 개발되었고, 1884년경에는 일상적으로 사용하게 되었습니다. 하지만 당시의 전기 자동차는 처음에 잠깐 인기를 끌다가 사람들에게 외면을 받았습니다. 왜냐하면 충전하는 데 너무 오랜 시간이 걸릴 뿐만 아니라, 주행 가능한 거리가 짧아서 시간이 꽤 걸리는 먼 거리를 타고 다니기는 어려웠기 때문입니다.

3 전기 자동차는 전기 에너지만 사용하기 때문에 배기가스*가 나오지 않는 친환경 자동차입니다. 또한 연료를 폭발시키는 과정이 없기 때문에 소음과 진동이 적어 쾌적한 주행이 가능합니다. 이에 더해 휘발유나 경유를 사용하는 자동차보다 상대적으로 에너지 비용이 적어 경제적이라는 장점도 있습니다.

4 화석 연료는 지구를 오염시키는 온실가스의 주된 원인입니다. 세계적으로 친환경 시대가 도래하면서 자동차 시장에서 전기 자동차가 차지하는 비중이 점점 높아지고 있습니다. 전기 자동차의 대중화는 환경 보호 차원에서도 인류에 큰 도움이 될 것입니다.

┃ 낱말 풀이 ┃

• **화석 연료** 옛날에 생물이 땅속에 묻혀 화석같이 굳어져 오늘날 연료로 이용하는 물질

• **내연** 가솔린 따위의 연료가 기관의 내부에서 폭발하여 연소함.

• **동력원** 수력, 전력, 화력, 원자력, 풍력 따위와 같이 동력의 근원이 되는 에너지

• **축전지** 전기 에너지를 화학 에너지로 바꾸어 모아 두었다가 필요한 때에 전기로 재생하는 장치

• **주행** 주로 동력으로 움직이는 자동차나 열차 따위가 달림.

• **배기가스** 내연 기관 따위에서, 불필요하게 되어 배출하는 가스

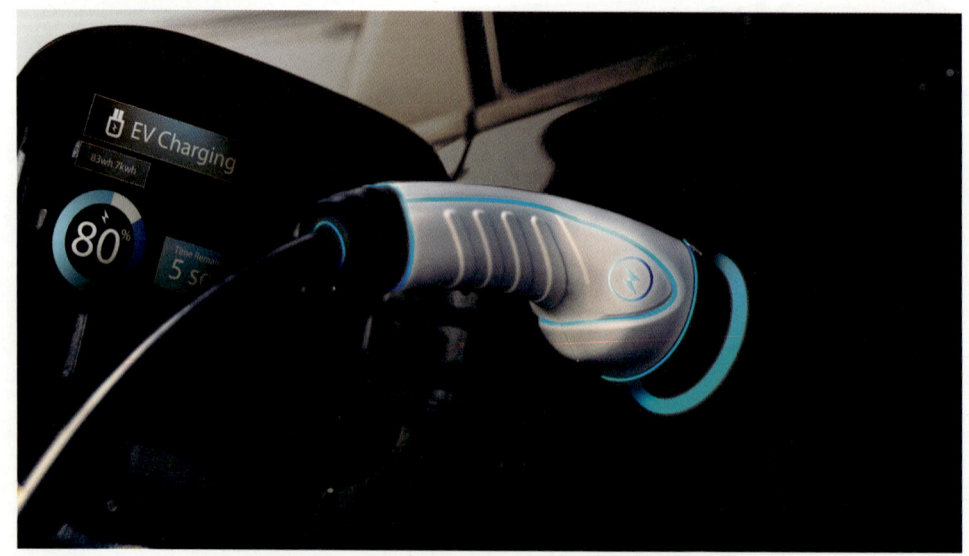

내용 들여다보기

📄 정답과 해설 • 14쪽

STEP 1 핵심 내용 정리하기

❶ 전기 자동차란 ~ 기존의 [   ] 기관 자동차와 달리 [   ] 에너지를 동력원으로 사용하여 움직이는 차를 말합니다.

❷ 전기 자동차는 1824년 ~ 내연 기관 자동차보다 [   ] 개발되었고, 1884년경에는 일상적으로 사용하게 되었습니다.

[   ] 당시의 전기 자동차는 ~ 사람들에게 [   ]을 받았습니다.

↳ [   ] 충전하는 데 너무 [   ] 시간이 걸릴 뿐만 아니라, 주행 가능한 거리가 짧아서 ~ 먼 거리를 타고 다니기는 어려웠기 때문입니다.

❸ 전기 자동차는 ~ 배기가스가 나오지 않는 [   ] 자동차입니다.

또한 ~ 소음과 [   ]이 적어 쾌적한 주행이 가능합니다.

이에 더해 ~ 상대적으로 에너지 비용이 적어 [   ]이라는 [   ]도 있습니다.

❹ 세계적으로 친환경 시대가 도래하면서 ~ 전기 자동차가 차지하는 [   ]이 점점 높아지고 있습니다.

전기 자동차의 [   ]는 환경 보호 차원에서도 인류에 큰 도움이 될 것입니다.

STEP 2 짜임 이해하기

❶ (   ) 에너지로 움직이는 차

❷ (   ) 자동차보다 먼저 개발됨.

전기 자동차

❸ 배기가스가 나오지 않는 (   ) 자동차

❹ 전기 자동차의 (   )은/는 환경 보호에 큰 도움이 됨.

STEP 3 내용 요약하기

✎ 전기 자동차는 전기 에너지를 사용하여 _____

화제 파악 **1** 전기 자동차에 대한 설명으로 <u>잘못된</u> 것은 무엇인가요? (   )

① 전기의 힘으로 움직인다.

② 휘발유나 가스를 이용한다.

③ 내연 기관 자동차보다 먼저 발명되었다.

④ 플러그를 통해 직접 전기를 충전해 엔진을 가동시킨다.

⑤ 높은 전압의 축전지에 저장된 전력으로 모터를 회전하여 주행을 한다.

비판과 평가 **2** 전기 자동차가 개발 초창기에 사람들로부터 외면받은 까닭을 모두 골라 보세요.

(   )

① 가격이 너무 비쌌기 때문에

② 이동 거리가 짧았기 때문에

③ 운전 방식이 까다로웠기 때문에

④ 먼 거리 운행이 힘들었기 때문에

⑤ 충전 시간이 너무 오래 걸렸기 때문에

내용 이해 **3** 전기 자동차의 장점으로 볼 수 <u>없는</u> 것은 무엇인가요? (   )

① 쾌적한 운행이 가능하다.

② 배기가스가 나오지 않는다.

③ 에너지 비용이 경제적이다.

④ 환경 보호에 큰 도움이 된다.

⑤ 연료를 엔진으로 폭발시켜 소음과 진동이 적다.

상황에 적용 **4** 보기 의 ㉠과 ㉡의 공통점은 무엇인지 이 글 **3** 의 낱말을 활용하여 써 보세요.

┌─────────── 보기 ───────────┐

㉠ **전기 자동차**: 높은 전압의 축전지에서 전기 에너지를 전기 모터로 공급하여
　　　　　　　　움직이는 자동차로, 화석 연료를 사용하지 않는 자동차이다.

㉡ **수소 자동차**: 가솔린이나 프로판가스 대신 수소를 연료로 쓰는 자동차로,
　　　　　　　　일산화 탄소, 탄화수소, 질소 산화물 따위가 적게 배출되는
　　　　　　　　자동차이다.

└────────────────────────────┘

➡ 전기 자동차와 수소 자동차는 ＿＿＿＿＿＿＿ 자동차이다.

어휘력 다지기

1~2 다음 낱말의 알맞은 뜻을 찾아 선으로 이어 보세요.

1 배기가스 •

• ㉠ 지구 대기를 오염시켜 온실 효과를 일으키는 가스

2 온실가스 •

• ㉡ 내연 기관 따위에서, 불필요하게 되어 배출하는 가스

3~6 다음 문장의 빈칸에 알맞은 낱말을 **보기**의 글자 카드로 만들어 써 보세요.

보기

| 내 | 동 | 력 | 료 | 석 | 연 | 원 | 주 | 화 | 행 |

3 지구를 위해 친환경 ☐☐☐ 을 사용해야 한다.

수력, 전력, 화력, 원자력, 풍력 따위와 같이 동력의 근원이 되는 에너지

4 그 차는 비록 중고차이지만 ☐☐ 에는 아무 문제가 없다.

주로 동력으로 움직이는 자동차나 열차 따위가 달림.

5 아버지의 차는 ☐☐ 방식의 엔진을 사용하여 진동이 심하다.

가솔린 따위의 연료가 기관의 내부에서 폭발하여 연소함.

6 ☐☐☐☐ 가 지배하던 세계 경제가 청정에너지 기반으로 바뀌고 있다.

옛날에 생물이 땅속에 묻혀 화석같이 굳어져 오늘날 연료로 이용하는 물질

어휘력에 도움이 되는 **대 표 한 자**

充

一 亠 充

뜻	소리
채울	충

充자는 배가 불룩한 사람을 그린 한자예요. 사람의 불룩한 배를 강조해서 나타내어 **채우다, 가득 차다** 등의 의미를 가지고 있어요.

충분(充 分)
채울 충 나눌 분

모자람이 없이 넉넉함.
예 그 문제를 푸는 데는 10분이면 **충분**했다.

충족(充 足)
채울 충 발 족

일정한 분량을 채워 모자람이 없게 함.
예 선생님께 모르는 것을 질문하여 호기심을 **충족**했다.

보충(補 充)
기울 보 채울 충

부족한 것을 보태어 채움.
예 땀을 많이 흘리는 여름철에는 특히 수분을 **보충**해야 한다.

Day 14

예체능

그림에서 사람 사는 냄새가 나요

일일 학습을 마치고, 워크북으로 생각을 정리해 보세요. 워크북 • 28쪽

공부한 날

월   일

1 김홍도와 신윤복은 모두 조선 후기의 화가로, 한 시대를 살아가는 사람들의 생활상이나 유행 등을 담은 풍속화를 그린 것으로 유명합니다. 두 사람은 같은 시대를 살았지만, 그들이 그린 풍속화는 느낌이 전혀 다릅니다. 김홍도가 주로 해학˙과 풍자˙를 섞어 서민들의 소박하고 자연스러운 모습을 그림으로 표현하였다면, 신윤복은 주로 여인의 모습이나 양반층의 풍류, 남녀 간의 사랑을 그림으로 대담˙하게 표현하였습니다.

2 김홍도는 중인˙ 출신이었지만, 그림 실력이 워낙 뛰어나 그림에 관한 일을 맡아보던 관아인 도화서에서 일을 했습니다. 김홍도는 인물화, 산수화 등 여러 분야에서 뛰어난 실력을 나타냈지만, 특히 풍속화 분야에서 두드러진 업적을 남겼습니다. 그의 풍속화는 대체로 배경이 생략된 채 꽉 짜인 원형˙ 구도를 이룹니다. 그리고 그 구도 안에서 서민들의 소박한 일상생활이 거친 듯한 선으로 솔직하게 드러납니다. 김홍도의 대표 작품으로는 「씨름」과 「춤추는 아이」 등이 있습니다.

3 신윤복은 대대로 그림을 그린 집안에서 태어났기 때문에 어려서부터 도화서에서 일을 할 수 있었습니다. 하지만 그의 그림을 받아들이기에는 당시 사회 분위기가 너무 엄격했기에 결국 도화서에서 쫓겨났습니다. 신윤복의 그림은 섬세한 선과 화려한 채색˙이 특징입니다. 사실적으로 그려낸 배경과 인물 등을 통해 조선 후기 옷의 꾸밈새나 생활상 등을 엿볼 수 있습니다. 신윤복의 대표 작품으로는 「미인도」와 「단오풍정」 등이 있습니다.

4 김홍도와 신윤복의 풍속화에는 조선 후기를 살아가는 다양한 사람들이 보입니다. 그림을 통해 꾸미지 않은 시대상을 만날 수 있다니 이 얼마나 설레는 일인가요?

낱말 풀이

• **해학** 익살스럽고도 품위가 있는 말이나 행동

• **풍자** 현실의 부정적 현상이나 모순 따위를 빗대어 비웃으면서 나타냄.

• **대담** 담력이 크고 용감함.

• **중인** 조선 시대에, 양반과 평민의 중간에 있던 신분 계급

• **원형** 둥근 모양

• **채색** 그림 따위에 색을 칠함.

▲ 김홍도, 「씨름」

▲ 신윤복, 「미인도」

내용 들여다보기

STEP 1 핵심 내용 정리하기

❶ 김홍도와 신윤복은 조선 후기의 화가로, ~ [   ]를 그린 것으로 유명합니다.

　↳ 김홍도가 주로 해학과 [   ]를 섞어 서민들의 ~ 모습을 그림으로 표현하였다면,
　　신윤복은 주로 여인의 모습이나 양반층의 [   ], 남녀 간의 사랑을 ~ 표현하였습
　　니다.

❷ [   ]는 ~ 특히 풍속화 분야에서 두드러진 업적을 남겼습니다.

　↳ 그의 풍속화는 대체로 배경이 [   ]된 채 꽉 짜인 원형 구도를 이룹니다.

　↳ [   ]들의 소박한 일상생활이 거친 듯한 선으로 솔직하게 드러납니다.

❸ 신윤복의 그림은 섬세한 [   ]과 화려한 [   ]이 특징입니다.

　↳ [   ]으로 그려낸 배경과 인물 등을 통해 조선 후기 옷의 꾸밈새나 [   ] 등
　　을 엿볼 수 있습니다.

❹ 김홍도와 신윤복의 풍속화에는 조선 후기를 살아가는 다양한 사람들이 보입니다.

STEP 2 짜임 이해하기

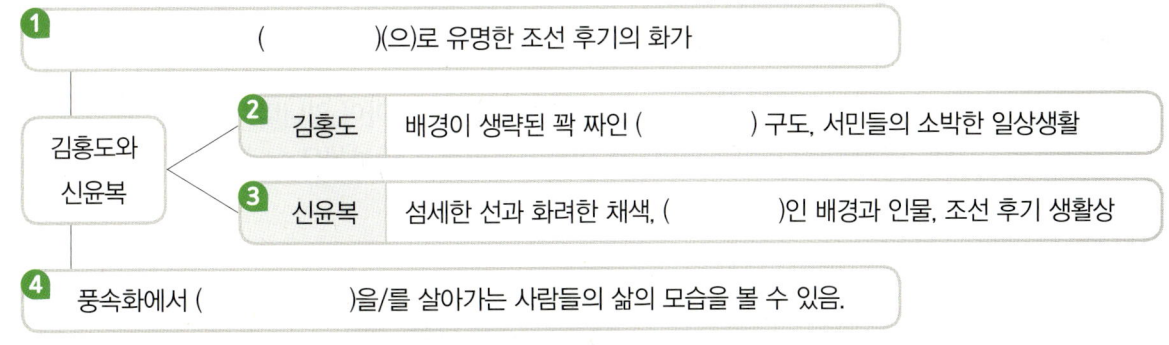

❶ (　　　　　)(으)로 유명한 조선 후기의 화가

김홍도와 신윤복

❷ 김홍도 | 배경이 생략된 꽉 짜인 (　　　　) 구도, 서민들의 소박한 일상생활

❸ 신윤복 | 섬세한 선과 화려한 채색, (　　　　)인 배경과 인물, 조선 후기 생활상

❹ 풍속화에서 (　　　　)을/를 살아가는 사람들의 삶의 모습을 볼 수 있음.

STEP 3 내용 요약하기

✎ 김홍도와 신윤복은 조선 후기의 풍속화가로,

주제 파악 **1** 김홍도와 신윤복의 공통점이 <u>아닌</u> 것은 무엇인가요? (   )

① 조선 후기의 화가이다.

② 도화서에서 일을 한 적이 있다.

③ 그림을 통해 꾸미지 않은 시대상을 만날 수 있다.

④ 같은 시대를 살았기 때문에 그림의 느낌이 비슷하다.

⑤ 당시 사람들의 생활 모습이나 유행 등을 담은 그림을 그렸다.

내용 이해 **2** 김홍도 그림의 특징으로 알맞은 것은 무엇인가요? (   )

① 채색이 화려하다.

② 선이 섬세하게 드러난다.

③ 양반층의 풍류를 소재로 하였다.

④ 남녀 간의 사랑을 대담하게 표현하였다.

⑤ 서민들의 소박한 모습을 자연스럽게 표현하였다.

내용 추론 **3** 신윤복이 도화서에서 쫓겨난 배경으로 알맞은 것은 무엇인가요? (   )

① 집안이 몰락했기 때문에

② 김홍도와 어울려 지냈기 때문에

③ 풍속화를 그리지 않았기 때문에

④ 조선이 엄격한 유교 사회였기 때문에

⑤ 어려서부터 도화서에서 일을 했기 때문에

상황에 적용 **4** 보기 의 그림은 김홍도의 대표적인 풍속화 「춤추는 아이」입니다. 이 글을 바탕으로 할 때 그림의 구도가 어떤 모양으로 이루어져 있는지 써 보세요.

보기

▲ 김홍도, 「춤추는 아이」

답 _____

1~2 다음 낱말의 알맞은 뜻을 찾아 선으로 이어 보세요.

1 풍자 •

• ㉠ 익살스럽고도 품위가 있는 말이나 행동

2 해학 •

• ㉡ 현실의 부정적 현상이나 모순 따위를 빗대어 비웃으면서 나타냄.

3~6 다음 빈칸에 들어갈 알맞은 말을 **보기** 에서 찾아 써 보세요.

> **보기**
> • 원형: 둥근 모양
> • 대담: 담력이 크고 용감함.
> • 채색: 그림 따위에 색을 칠함.
> • 중인: 조선 시대에, 양반과 평민의 중간에 있던 신분 계급

3 조선 시대의 의관, 역관 등은 [　　　] 신분이었다.

4 콜로세움은 이탈리아 로마에 있는 고대의 [　　　] 경기장이다.

5 소매치기를 잡은 시민의 [　　　] 한 용기에 많은 사람들이 박수를 보냈다.

6 그 그림은 아직 [　　　] 이/가 되지 않았지만 작가만의 개성이 살아 있었다.

어휘력에 도움이 되는 **대표한자**

相   木 丬 相

뜻	소리	相자는 木(나무 목)자와 目(눈 목)자가 결합한 한자예요. 나무를 눈으로 바라보고 있는
서로	상	모습을 나타내어 서로라는 의미를 가지고 있어요.

상 대 (相 對)
서로 상 · 대답할 대
서로 마주 대하거나 겨룸. 또는 그런 대상
예 내일 우리 팀과 맞붙을 **상대**는 실력이 만만치가 않다.

상 호 (相 互)
서로 상 · 서로 호
상대가 되는 이쪽과 저쪽 모두
예 우리는 **상호** 관심사에 대해 의견을 교환했다.

양 상 (樣 相)
모양 양 · 서로 상
사물이나 현상의 모양이나 상태
예 현대 사회로 오면서 삶의 **양상**이 많이 달라졌다.

가는 말이 고와야 오는 말이 곱다

일일 학습을 마치고, 워크북으로 생각을 정리해 보세요.   워크북 • 30쪽

① 조선 후기에 박상길이라는 나이 지긋한 백정*이 장터에 푸줏간*을 차렸습니다. 평생 아껴 모은 재산으로 자신의 가게를 차린 박상길은 고된 일이지만 신이 났습니다. 주위에서 인심을 많이 얻은 탓에 장사도 제법 잘되었습니다.

② 어느 날 이웃 동네에 사는 양반 두 사람이 상길이의 푸줏간에 고기를 사러 들렀습니다. 그중 첫 번째 양반이 거드름을 피우며 먼저 고기를 주문했습니다.

"이봐, 상길이, 쇠고기 한 근만 잘라 봐라."

"네, 나리. 알겠습니다."

상길은 능숙*한 칼 솜씨로 고기를 베어 주었습니다.

③ 이번에는 함께 온 두 번째 양반이 고기를 주문했습니다.

상대방이 비록 천한 신분이기는 하지만, 나이 지긋한 사람에게 말을 함부로 놓기가 거북했던* 두 번째 양반은 다음과 같이 말했습니다.

"박 서방*, 그동안 잘 계셨나? 나도 쇠고기 한 근 주시게나."

"네, 나리. 알겠습니다."

이번에도 상길은 능숙한 칼 솜씨로 고기를 잘라 주었습니다.

④ 그런데 먼저 고기를 주문한 첫 번째 양반이 보니 두 번째 양반의 고기가 자기 것보다 곱절*이나 더 많아 보였습니다. 화가 치민 첫 번째 양반이 박상길을 향해 크게 소리치며 따져 물었습니다.

"이놈아, 똑같이 쇠고기 한 근씩을 샀는데 어째서 이 사람의 고기는 그렇게 양이 많고 내 고기는 이렇게 양이 적으냐?"

그러자 상길이 대답했습니다.

"그야 손님 고기는 상길이가 자른 것이고, 이 어른의 고기는 박 서방이 자른 것이니 다를 수밖에요."

| 낱말 풀이 |

• **백정** 옛날에, 소나 돼지 등을 잡는 일을 직업으로 하던 사람

• **푸줏간** 예전에, 쇠고기나 돼지고기 따위의 고기를 끊어 팔던 가게

• **능숙** 능하고 익숙함.

• **거북하다** 마음이 어색하고 겸연쩍어 편하지 않다.

• **서방** 벼슬이 없는 사람의 성 뒤에 붙여 이르는 말

• **곱절** 어떤 수나 양을 두 번 합한 만큼

STEP 1 핵심 내용 정리하기

① 조선 후기에 박상길이라는 나이 지긋한 [   ]이 장터에 푸줏간을 차렸습니다.

② 어느 날 ~ [   ] 두 사람이 ~ 상길이의 푸줏간에 고기를 사러 들렀습니다.

그중 첫 번째 양반이 [   ]을 피우며 먼저 고기를 주문했습니다.

↳ "이봐, [   ], 쇠고기 한 근만 잘라 봐라."

③ [   ] 지긋한 사람에게 말을 함부로 놓기가 거북했던 두 번째 양반은 다음과 같이 말했습니다.

↳ "[   ], 그동안 잘 계셨나? 나도 쇠고기 한 근 주시게나."

④ [   ] 먼저 고기를 주문한 첫 번째 양반이 보니 두 번째 양반의 고기가 자기 것보다

[   ]이나 더 많아 보였습니다.

"이놈아, 똑같이 쇠고기 한 근씩을 샀는데 어째서 이 사람의 고기는 그렇게 양이 많고 내 고기는 이렇게 양이 적으냐?"

"그야 손님 고기는 [   ]가 자른 것이고, 이 어른의 고기는 [   ]이 자른 것이니 다를 수밖에요."

STEP 2 짜임 이해하기

① 장터에 (   )을/를 차림.

② 첫 번째 양반 – "(   )"(이)라고 부르며 고기를 주문함.

박상길

③ 두 번째 양반 – "(   )"(이)라고 부르며 고기를 주문함.

④ (   )이/가 자른 고기가 (   )이/가 자른 고기보다 (   )(이)나 많음.

STEP 3 내용 요약하기

✎ 박상길의 푸줏간에 고기를 사러 온 두 양반 중 _____

_____

화제 파악 **1** 이 글에 또 다른 제목을 붙일 때 가장 어울리는 것은 무엇인가요? (   )

① 양반과 백정   ② 고기 사는 방법

③ 박상길의 푸줏간   ④ 푸줏간의 쇠고기

⑤ 상길이와 박 서방

내용 추론 **2** 두 번째 양반의 성격으로 알맞은 것은 무엇인가요? (   )

① 욕심이 많다.

② 아랫사람을 업신여긴다.

③ 상대방을 배려할 줄 안다.

④ 남 앞에 나서는 것을 좋아한다.

⑤ 약한 사람에게 자기의 힘을 뽐낸다.

주제 파악 **3** 이 글이 주는 교훈은 무엇인가요? (   )

① 웃어른을 공경해야 한다.

② 일은 기분 좋게 해야 한다.

③ 장사는 공정하게 해야 한다.

④ 주변 사람들과 화목하게 지내야 한다.

⑤ 말 한마디라도 함부로 해서는 안 된다.

상황에 적용 **4** 이 글을 바탕으로 할 때 보기의 속담들이 공통으로 지니고 있는 의미가 무엇인지 빈 칸에 알맞은 내용을 써 보세요.

┌─────────────── 보기 ───────────────┐

• 말이 씨가 된다.

• 말 한마디에 천 냥 빚도 갚는다.

• 말이란 아 해 다르고 어 해 다르다.

• 낮말은 새가 듣고 밤말은 쥐가 듣는다.

└────────────────────────────────────┘

→ 말은 ＿＿＿＿＿＿＿＿＿＿＿＿＿＿＿＿ 해야 한다.

1~2 다음 낱말의 알맞은 뜻을 찾아 선으로 이어 보세요.

1 거북하다 •　　　　　• ㉠ 능하고 익숙하다.

2 능숙하다 •　　　　　• ㉡ 마음이 어색하고 겸연쩍어 편하지 않다.

3~6 다음 문장의 빈칸에 알맞은 낱말을 [보기]의 글자 카드로 만들어 써 보세요.

> **보기**
>
> 간　곱　방　백　서　절　정　줏　푸

3 ☐☐☐ 에는 온갖 고기가 걸려 있었다.
예전에, 쇠고기나 돼지고기 따위의 고기를 끊어 팔던 가게

4 쌀 생산량이 작년보다 ☐☐ 이나 늘었다.
어떤 수나 양을 두 번 합한 만큼

5 "☐☐ 이 가마를 타면 동네 개가 짖는다."라는 속담이 있다.
옛날에, 소나 돼지 등을 잡는 일을 직업으로 하던 사람

6 김 ☐☐ 은 다섯 번 만에 문과에 합격해 마침내 벼슬길에 올랐다.
벼슬이 없는 사람의 성 뒤에 붙여 이르는 말

어휘력에 도움이 되는 **대표한자**

産	文　产　産	
뜻 / **소리**		産자는 文(글월 문)자, 厂(기슭 엄)자, 生(날 생)자가 결합한 한자예요. 집에서 아이를 낳는 것을 나타내어 **낳다**의 의미를 가지고 있어요.
낳을 / 산		
산 지 (産 地) 낳을 산　땅 지	생산되어 나오는 곳 ⑩ 제주도는 귤 **산지**로 유명하다.	
생 산 (生 産) 날 생　낳을 산	인간이 생활하는 데 필요한 각종 물건을 만들어 냄. ⑩ 중동은 세계적인 석유 **생산** 지역이다.	
출 산 (出 産) 날 출　낳을 산	아이를 낳음. ⑩ 고모가 어제 쌍둥이를 **출산**하였다.	

미국이 채택하고 있는 선거 방식은 무엇일까?

미국의 대통령 선거는 국민이 대통령 선거인단을 선출하고, 대통령 선거인단이 대통령을 선출하는 방식으로 이루어져요. 형식상 간접 선거라고 할 수 있지요. 그렇지만 대통령 선거인단은 반드시 자신이 속한 정당의 대통령 후보에게 투표를 하므로 내용상으로는 직접 선거와 크게 다르지 않아요. 미국이 이러한 선거인단 제도를 채택한 이유는, 여러 개의 주(state)가 연합하여 이루어진 연방제 국가이기 때문이에요. 인구가 적은 주의 권리를 보호하는 것이 중요하고, 주별로 선거인단을 뽑아 이들이 대통령을 선출하도록 하면 지역의 민심을 그대로 반영할 수 있기 때문이죠.

곧 하늘을 나는 택시를 탈 수 있게 될까?

영화에서 하늘을 나는 자동차를 본 적 있을 거예요. 상상 속에서나 가능했던 하늘을 나는 자동차가 현실에서 실현될 날이 머지않은 것으로 보여요. 프랑스가 2024년 파리 올림픽에서 하늘을 나는 택시를 운항할 예정이라고 발표했고, 국내 유수의 기업들도 앞다투어 도심 항공 모빌리티(UAM) 시장에 뛰어들고 있어요. 도심 항공 모빌리티는 기존의 항공기와 다르게 전기 동력을 사용하여 친환경적인 교통수단이에요. 지구를 위해서라도 내연 기관을 대체할 수 있는 친환경 교통수단들이 발전해 나가야 해요.

'말'과 관련된 속담에는 무엇이 있을까?

우리나라에는 '말'과 관련된 속담이 많아요. 그만큼 말이 우리 삶에서 큰 비중을 차지하기 때문이에요. 혹시 '낮말은 새가 듣고 밤말은 쥐가 듣는다.'라는 속담 들어 보았나요? 아무리 비밀스럽게 하는 말이라도 남의 귀에 들어가기 쉬우니 항상 말을 조심해야 한다는 뜻이에요. '말이란 아 해 다르고 어 해 다르다.'라는 속담은 같은 내용이라도 표현하는 데 따라서 아주 다르게 들린다는 뜻이에요. 가급적이면 같은 말이라도 친절하게 이야기하는 게 좋겠죠? 이 밖에도 여러 속담들이 '말'을 삼가고 조심해야 한다는 교훈을 주고 있어요.

4주

인문

조선 시대의 공공 기관

일일 학습을 마치고, 위크북으로 생각을 정리해 보세요.  위크북 · 32쪽

공부한 날

월   일

관련 교과 **초등사회 6-1**
옛사람들의 문화

1 '공공(公共)'이란 '국가나 사회의 구성원°에게 두루 관계되는 것'을 뜻하므로, 공공 기관은 모든 사람의 이익을 위해 만들어진 곳이라고 할 수 있습니다. 오늘날 우리 주변에 있는 많은 공공 기관들은 우리의 생활을 편리하게 만들어 줍니다. 그런데 조선 시대에도 이러한 역할을 하는 공공 기관들이 존재했다고 합니다. 어떤 곳들이 있었을까요?

2 먼저 '포도청'은 범죄자를 잡거나 다스리는 일을 맡아보던 관청°으로, 한성(서울)과 경기를 좌우로 나누어 좌포도청과 우포도청을 두었다고 합니다. 오늘날의 경찰서와 비슷한 역할을 했던 곳입니다. 포도청은 성종 임금 때 만들어진 기관으로, 죄를 지은 사람을 잡아들여 백성의 안전과 나라의 평화를 지켰습니다.

3 그리고 '진휼청'이라는 곳도 있었습니다. 진휼청은 흉년이 들었을 때에 백성을 구제°하기 위해 설치°한 관청입니다. 평상시에는 곡물의 가격을 조정°하는 업무를 하다가, 흉년이나 재난이 발생하면 굶주린 백성에게 나라의 곡식을 꾸어 주거나 나누어 주는 업무를 수행했습니다.

4 또 '혜민서'는 가난한 백성을 무료로 치료하고 여자들에게 침술을 가르치는 일을 맡아보던 관청이었습니다. 혜민서는 세조 임금 때부터 고종 임금 때까지 존재했던 기관으로, 오늘날의 보건소와 비슷한 역할을 했던 곳입니다. 하지만 혜민서는 한성에만 설치되었기 때문에 지방 백성은 이용하기 어려웠습니다.

5 이 밖에도 오늘날의 소방서 역할을 담당했던 '금화도감', 주민 센터와 비슷한 역할을 했던 '향청' 등의 공공 기관이 있었습니다.

| 낱말 풀이 |

- **구성원** 어떤 조직이나 단체를 이루고 있는 사람
- **관청** 국가의 사무를 집행하는 국가 기관
- **구제** 자연적인 재해나 사회적인 피해를 당하여 어려운 처지에 있는 사람을 도와줌.
- **설치** 어떤 일을 하는 데 필요한 기관이나 설비 따위를 베풀어 둠.
- **조정** 어떤 기준이나 실정에 맞게 정돈함.

내용 들여다보기 🔍

STEP 1 핵심 내용 정리하기

❶ 공공 기관은 [　　　　　]의 이익을 위해 만들어진 곳이라고 할 수 있습니다.

조선 시대에도 이러한 [　　　　]을 하는 공공 기관들이 존재했다고 합니다.

❷ [　　　　] '포도청'은 범죄자를 잡거나 다스리는 일을 ~ 합니다.

↳ 오늘날의 [　　　　]와 비슷한 역할을 했던 곳입니다.

❸ 진휼청은 흉년이 들었을 때에 백성을 [　　　　]하기 위해 설치한 관청입니다.

❹ [　　　　] '혜민서'는 가난한 백성을 무료로 치료하고 여자들에게 [　　　　]을 가르치는

일을 맡아보던 관청이었습니다.

↳ 오늘날의 [　　　　]와 비슷한 역할을 했던 곳입니다.

❺ [　　　　] 오늘날의 [　　　　] 역할을 담당했던 '금화도감', 주민 센터와 비슷한 역할

을 했던 '향청' 등의 공공 기관이 있었습니다.

STEP 2 짜임 이해하기

조선 시대의 공공 기관

❶ 공공 기관의
의미

❷ (　　　　) – 경찰서 역할
범죄자를 잡거나 다스림.

❸ 진휼청
(　　　　) 때 백성을 구제함.

❹ 혜민서 – 보건소 역할
가난한 백성을 무료로 (　　　　)함.

❺ 금화도감 – (　　　　) 역할
(　　　　) – 주민 센터 역할

STEP 3 내용 요약하기

✏️ 조선 시대에는 범죄자를 잡거나 _____

_____

_____

주제 파악 **1** **이 글에서 가장 중요한 내용은 무엇인가요? (　　　)**

① 공공 기관의 역할
② 포도청에서 하던 일
③ 진휼청이 설치된 이유
④ 공공 기관이 설치되는 장소
⑤ 조선 시대 공공 기관의 종류

내용 이해 **2** **이 글의 '포도청'에 대한 내용으로 알맞지 않은 것은 무엇인가요? (　　　)**

① 범죄자를 잡거나 다스렸다.
② 성종 임금 때 만들어진 기관이다.
③ 고종 임금 때까지 존재했던 기관이다.
④ 백성의 안전과 나라의 평화를 지켰다.
⑤ 좌포도청과 우포도청으로 나뉘어 있었다.

비판과 평가 **3** **이 글의 내용을 제대로 이해하지 못한 친구는 누구인가요? (　　　)**

① 신재: 향청은 오늘날의 주민 센터 역할을 하는 곳이었어.
② 유나: 진휼청은 흉년이 들었을 때에 백성을 구제하는 곳이었어.
③ 정민: 혜민서는 가난한 백성들을 무료로 치료해 주는 곳이었어.
④ 경호: 혜민서는 오늘날의 보건소처럼 전 국민이 이용할 수 있었어.
⑤ 현수: 진휼청과 혜민서로 볼 때 조선은 가난한 백성을 도우려고 노력했어.

상황에 적용 **4** **이 글을 바탕으로 할 때, 다음 ㉠~㉥ 중 연결이 잘못된 것의 기호를 써 보세요.**
(　　　)

상황	담당 기관	
	오늘날	조선 시대
불이 났을 때	소방서 ········· ㉠	금화도감 ······ ㉡
범죄가 발생했을 때	경찰서 ········· ㉢	포도청 ········· ㉣
흉년이 들었을 때	한국은행 ······ ㉤	진휼청 ········· ㉥

1~4 다음 뜻과 글자의 첫소리를 참고하여 빈칸에 들어갈 낱말을 써 보세요.

1 뜻밖에 일어난 재앙과 고난 → ㅈ ㄴ _____

2 국가의 사무를 집행하는 국가 기관 → ㄱ ㅊ _____

3 농작물이 예년에 비하여 잘되지 아니하여 굶주리게 된 해 → ㅎ ㄴ _____

4 어떤 조직이나 단체를 이루고 있는 사람 → ㄱ ㅅ ㅇ _____

5~7 다음 문장의 빈칸에 알맞은 낱말을 보기 에서 찾아 문장에 맞게 고쳐 써 보세요.

보기

• 조정하다: 어떤 기준이나 실정에 맞게 정돈하다.
• 설치하다: 어떤 일을 하는 데 필요한 기관이나 설비 따위를 베풀어 두다.
• 구제하다: 자연적인 재해나 사회적인 피해를 당하여 어려운 처지에 있는 사람을 도와주다.

5 교실에 에어컨을 새로 [   ] 준다고 한다.

6 수해를 입은 주민들을 [   ] 위해 정부가 나섰다.

7 학교 규칙도 학생들의 의견을 반영하여 [   ] 필요가 있다.

어휘력에 도움이 되는 **대 표 한 자**

價	価 価 價

뜻	소리	價자는 값, 가격이라는 의미를 가지고 있어요. 이 글자는 '장사하다'라는 의미의 賈(값
값	가	가)자에 人(사람 인)자를 더하여 '가격이란 사람과 사람 간의 거래'라는 뜻을 표현하게 되었어요.

가 치 (價 值)
값 가 / 값 치

사물이 지니고 있는 쓸모
예 우리나라의 자연은 외국인에게 자랑할 만한 **가치**가 있다.

고 가 (高 價)
높을 고 / 값 가

비싼 가격. 또는 값이 비싼 것
예 그는 **고가**의 선물을 사 가지고 왔다.

단 가 (單 價)
홑 단 / 값 가

물건 한 단위의 가격
예 이 공책은 **단가**가 얼마입니까?

탄소 배출권을 사고팔아요

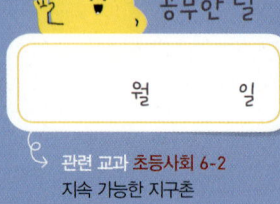

일일 학습을 마치고, 워크북으로 생각을 정리해 보세요. 워크북 · 34쪽

❶ '지구 온난화'는 지구의 기온이 높아지는 현상을 말합니다. 우리나라도 해마다 여름이 더워지고, 가뭄과 홍수 등 기상 이변˙이 날로 극심해지고 있는데, 이는 모두 지구 온난화 때문에 생기는 일입니다. 현재 전 세계는 UN 기후 변화 협약(UNFCCC) 등의 기구를 만들어 지구 온난화를 늦추기 위해 여러 가지 노력을 하고 있습니다.

❷ 지구 온난화를 일으키고 심화˙시키는 주요 원인은 이산화 탄소, 메탄 등의 온실가스입니다. 이러한 온실가스의 배출˙을 줄이기 위한 정책 중 하나가 '탄소 배출권 거래 제도'입니다.

❸ 탄소 배출권은 온실가스 감축˙을 위해 1997년 UN 기후 변화 협약 총회에서 채택한 '교토 의정서'에 따라 생겨난 개념입니다. 탄소 배출권 거래란, 모든 나라나 기업에 일정 기간 동안 일정량의 온실가스를 배출할 권리를 나누어 주고, 나라나 기업 간에 배출권을 거래할 수 있도록 한 것입니다.

❹ 탄소 배출권은 UN 기후 변화 협약에서 발급하며, 상품처럼 사고팔 수 있습니다. 온실가스 배출량이 많은 국가나 기업은 기술 개발을 통해 배출량 자체를 줄이거나, 배출량이 적어 배출권이 남은 국가나 기업으로부터 그 권리를 사서 사용해야 합니다. 우리나라에서는 2012년에 '온실가스 배출권 할당 및 거래에 관한 법률'이 제정˙되어 2015년부터 탄소 배출권 거래 제도를 시행하고 있습니다.

❺ 2018년을 기준으로, 우리나라의 온실가스 배출량은 UN 기후 변화 협약 국가 중 11위, 경제 협력 개발 기구(OECD) 국가 중 5위를 차지하였습니다. 이에 우리나라는 2020년 10월 '탄소 중립'을 선언하고 본격적으로 탄소 감축에 나서고 있습니다.

| **낱말 풀이** |

•**이변** 예상하지 못한 사태나 괴이한 변고

•**심화** 정도나 경지가 점점 깊어짐.

•**배출** 안에서 밖으로 밀어 내보냄.

•**감축** 덜어서 줄임.

•**제정** 제도나 법률 따위를 만들어서 정함.

내용 들여다보기

STEP 1 핵심 내용 정리하기

1 '지구 온난화'는 지구의 [   ]이 높아지는 현상을 말합니다.

현재 전 세계는 ~ 지구 온난화를 늦추기 위해 여러 가지 노력을 하고 있습니다.

2 지구 온난화를 일으키고 심화시키는 주요 [   ]은 ~ 온실가스입니다.

온실가스의 배출을 줄이기 위한 정책 중 하나가 '[   ] 제도'입니다.

3 탄소 배출권 거래란, ~ 온실가스를 배출할 [   ]를 ~ 거래할 수 있도록 한 것입니다.

4 온실가스 배출량이 많은 국가나 기업은 ~ 배출량이 적어 [   ]이 남은 국가나 기업으로부터 그 권리를 사서 사용해야 합니다.

우리나라에서는 ~ [   ]부터 탄소 배출권 거래 제도를 시행하고 있습니다.

5 우리나라는 2020년 10월 '[   ]'을 선언하고 본격적으로 탄소 감축에 나서고 있습니다.

STEP 2 짜임 이해하기

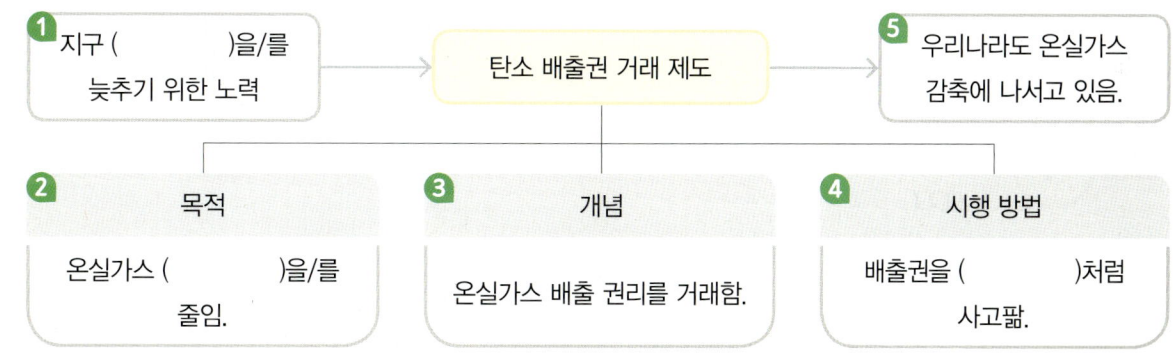

1 지구 (   )을/를 늦추기 위한 노력 → 탄소 배출권 거래 제도 → 5 우리나라도 온실가스 감축에 나서고 있음.

2 목적
온실가스 (   )을/를 줄임.

3 개념
온실가스 배출 권리를 거래함.

4 시행 방법
배출권을 (   )처럼 사고팖.

STEP 3 내용 요약하기

✎ 탄소 배출권 거래 제도는 지구 온난화를 일으키는

주제 파악 **1** 이 글에서 가장 중요하게 설명하고 있는 것은 무엇인가요? (   )

① 온실가스의 종류

② 기상 이변의 원인

③ 지구 온난화의 문제점

④ 탄소 배출권 거래 제도

⑤ UN 기후 변화 협약의 역할

내용 이해 **2** 이 글의 내용으로 알맞지 <u>않은</u> 것은 무엇인가요? (   )

① 지구 온난화의 주요 원인은 온실가스이다.

② 지구 온난화는 지구의 기온이 높아지는 현상이다.

③ 탄소 배출권은 UN 기후 변화 협약에서 발급한다.

④ 탄소 배출권은 1997년 교토 의정서에 따라 생겨난 개념이다.

⑤ 우리나라는 2012년부터 탄소 배출권 거래 제도를 시행하고 있다.

내용 추론 **3** 이 글을 바탕으로 다음 빈칸에 들어갈 말을 써 보세요.

> UN 기후 변화 협약은 ＿＿＿＿＿＿＿＿＿＿＿＿ 위해 설립된 기구이다.

· 답 ＿＿＿＿＿＿＿＿＿＿＿＿＿＿＿＿

상황에 적용 **4** 이 글의 '탄소 배출권 거래 제도'와 보기 의 '탄소 중립'의 공통점이 <u>아닌</u> 것은 무엇인가요? (   )

> **보기**
>
> 　탄소 중립이란, 인간의 활동에 의한 온실가스 배출을 최대한 줄이고, 배출된 온실가스는 흡수하거나 제거해서 실질적인 배출량이 0이 되게 하는 것이다. 즉 배출되는 온실가스와 흡수되는 온실가스의 양을 같게 하여 탄소의 순 배출량이 0이 되게 하는 것이다.

① 지구 온난화를 늦추기 위한 방법이다.

② 기후 위기를 극복하기 위한 방법이다.

③ 온실가스 배출을 줄이기 위한 방법이다.

④ 우리나라에서도 시행하고 있는 방법이다.

⑤ 온실가스를 배출할 권리를 사고파는 방법이다.

1~4 다음 낱말의 알맞은 뜻을 찾아 선으로 이어 보세요.

1 감축 •

• ㉠ 덜어서 줄임.

2 발급 •

• ㉡ 안에서 밖으로 밀어 내보냄.

3 배출 •

• ㉢ 정도나 경지가 점점 깊어짐.

4 심화 •

• ㉣ 증명서 따위를 발행하여 줌.

5~8 다음 밑줄 친 말과 바꿔 쓸 수 있는 낱말을 보기 에서 찾아 써 보세요.

보기

이변 　　 제정 　　 중립 　　 할당

5 세 사람은 장사를 마치고 이익금의 갈라 나눈 몫을 받았다. 　　(　　　　)

6 토론의 사회자는 어느 편에도 치우치지 않는 중간적인 입장을 지켜야 한다.

(　　　　)

7 그가 대회에서 우승한 것은 예상하지 못한 사태나 괴이한 변고가 아니었다.

(　　　　)

8 그 사고를 계기로 하여 국회에서 새로운 교통 법규가 만들어서 정해지게 되었다.

(　　　　)

어휘력에 도움이 되는  **대 표 한 자**

溫	氵 沿 溫
뜻 / **소리**	溫자는 **따뜻하다**나 **온순하다**라는 의미를 가지고 있어요. 이 글자는 水(물 수)자에 㿿(온화할 온)자를 더하여 '물이 따뜻하다' 또는 '성질이 온화하고 온순하다'라는 뜻을 표현해요.
따뜻할 / **온**	

온 정 (溫 情)
따뜻할 온　뜻 정
따뜻한 사랑이나 인정
예 불우이웃을 돕는 **온정**이 이어지고 있다.

고 온 (高 溫)
높을 고　따뜻할 온
높은 온도
예 날이 갈수록 **고온** 현상이 심해지고 있다.

과학

바나나가 사라진다면

일일 학습을 마치고, 워크북으로 생각을 정리해 보세요.   워크북 · 36쪽

❶ 바나나는 맛도 좋고 영양도 풍부해서 많은 사람들이 좋아하는 과일입니다. 바나나를 먹으면 포만감도 느낄 수 있어서 간식이나 식사 대용으로 먹기도 하지요. 그런데 우리 일상에서 흔히 접할 수 있는 바나나가 멸종•될 수도 있다고 합니다. 왜 그렇게 되었을까요?

❷ 원래 바나나의 종류는 400여 종이었다고 합니다. 이 많은 종류 중 가장 상품 가치가 높은 한 가지의 바나나 종을 선택해서 재배하기 시작했는데, 그것이 '그로미셸(Gros Michel)' 품종이었습니다. 이 바나나는 맛과 향이 진한 데다 크기가 크고 껍질도 두꺼워 전 세계적으로 유통되었다고 합니다. 그러다가 바나나의 뿌리를 감염시키는 곰팡이성 전염병인 파나마 병이 확산•되면서 그로미셸 바나나는 자취•를 감추게 되었습니다.

❸ 그 후 파나마 병에 내성•을 지닌 '캐번디시(Cavendish)'라는 품종의 바나나가 발견되었습니다. 이 바나나는 이전의 그로미셸 품종보다 부족한 점이 많았지만, 대량 생산과 수출에 알맞은 상품성을 갖춘 바나나였습니다. 현재 우리가 즐겨 먹는 바나나가 바로 이 캐번디시 바나나입니다.

❹ 그런데 1980년대부터 변종 파나마 병이 생겨나 캐번디시 바나나를 감염시키고 있습니다. 여러 바나나 생산국에서 농약과 살충제로 이 병을 막으려 애쓰고 있지만, 지구 온난화로 인해 질병이 빠르게 확산되고 있습니다.

❺ 국제 연합 식량 농업 기구(FAO)는 "유전적 다양성이 없는 캐번디시 바나나는 20년 내에 사라질 수도 있다."라고 경고하고 있습니다. 다양한 바나나의 존재 가치를 무시한 대가•가 바나나의 멸종으로 다가오고 있는 것입니다.

낱말 풀이

• 멸종 생물의 한 종류가 아주 없어짐.

• 확산 흩어져 널리 퍼짐.

• 자취 어떤 것이 남긴 표시나 자리

• 내성 환경 조건의 변화에 견딜 수 있는 생물의 성질

• 대가 노력이나 희생을 통하여 얻게 되는 결과

내용 들여다보기 🔍

STEP 1 핵심 내용 정리하기

❶ 바나나가 [   ] 될 수도 있다고 합니다.

[   ] 그렇게 되었을까요?

❷ 원래 바나나의 종류는 400여 종이었다고 합니다.

↳ 이 많은 종류 중 가장 상품 가치가 높은 ~ '그로미셸' 품종이었습니다.

[   ] 바나나의 뿌리를 감염시키는 ~ [   ]이 확산되면서 그로미셸 바나나는 자취를 감추게 되었습니다.

❸ [   ] 파나마 병에 내성을 지닌 '캐번디시'라는 [   ]의 바나나가 발견되었습니다.

↳ 현재 우리가 즐겨 먹는 바나나가 바로 이 캐번디시 바나나입니다.

❹ 그런데 ~ [   ] 파나마 병이 생겨나 캐번디시 바나나를 감염시키고 있습니다.

❺ 국제 연합 식량 농업 기구(FAO)는 "유전적 [   ]이 없는 캐번디시 바나나는 20년 내에 사라질 수도 있다."라고 [   ] 하고 있습니다.

STEP 2 짜임 이해하기

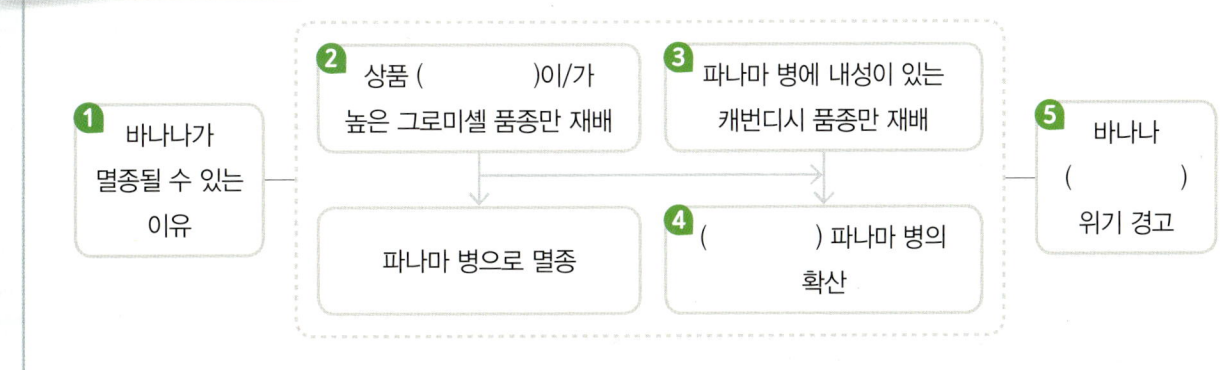

❶ 바나나가 멸종될 수 있는 이유

❷ 상품 (   )이/가 높은 그로미셸 품종만 재배

파나마 병으로 멸종

❸ 파나마 병에 내성이 있는 캐번디시 품종만 재배

❹ (   ) 파나마 병의 확산

❺ 바나나 (   ) 위기 경고

STEP 3 내용 요약하기

✎ 바나나는 원래 400여 종이었으나,

_____

_____

주제 파악 **1** 이 글에서 가장 중요한 내용은 무엇인가요? ( )

① 바나나의 종류 　　　　　② 바나나의 맛과 향
③ 바나나의 재배 방법 　　　④ 바나나의 멸종 위기
⑤ 바나나 전염병의 특징

내용 이해 **2** 이 글의 내용으로 알맞지 <u>않은</u> 것은 무엇인가요? ( )

① 바나나는 맛도 좋고 영양도 풍부하다.
② 원래 바나나의 종류는 400여 종이었다.
③ 파나마 병은 바나나의 뿌리를 감염시키는 전염병이다.
④ 캐번디시 바나나는 그로미셸 바나나보다 품질이 좋다.
⑤ 지구 온난화로 인해 바나나 전염병이 더 빠르게 확산되고 있다.

내용 추론 **3** 이 글로 볼 때 캐번디시 바나나가 선택된 이유로 알맞은 것은 무엇인가요? ( )

① 맛 　　　　　　② 향 　　　　　　③ 크기
④ 다양성 　　　　⑤ 상품성

상황에 적용 **4** 이 글과 보기 의 내용을 참고하여 다음 빈칸에 알맞은 말을 순서대로 써 보세요.

> **보기**
>
> 　생물 다양성은 여러 생물들이 생태계 안에서 조화롭게 어울려 사는 것을 말한다. 생물들은 저마다 다양한 모습과 방식으로 살아가지만 서로 연결되어 있고, 이로써 생태계가 유지된다. 생물 종이 다양하지 않으면 멸종되기 쉽고, 그렇게 되면 다른 생물들과 생태계에 큰 영향을 미치게 된다. 생물 종이 다양하면 어떠한 변화에도 전체 생태계는 안정적으로 유지될 수 있다.

> 　생물 다양성을 보존해야 ( )이/가 ( )
> 된다.

　답 _____

1~3 다음 글자의 첫소리와 뜻을 참고하여 문장의 빈칸에 들어갈 낱말을 써 보세요.

1 ㅁ ㅈ : 생물의 한 종류가 아주 없어짐.

→ 판다는 _____ 위기에 처한 동물이라고 한다.

2 ㅈ ㅊ : 어떤 것이 남긴 표시나 자리

→ 그 사람은 어느새 _____도 없이 사라져 버렸다.

3 ㅍ ㅁ ㄱ : 넘치도록 가득 차 있는 느낌

→ 우리는 식사 후에 과일까지 먹어서 _____을/를 느꼈다.

4~7 다음 문장의 괄호 안에 어울리는 낱말을 골라 ○표 해 보세요.

4 그 머리 모양은 젊은이들 사이에서 (확대 / 확산)되었다.

5 그는 아이들에게 거짓말을 하지 말라고 (경고 / 신고)하였다.

6 원하는 것을 갖기 위해서는 그만큼의 (고가 / 대가)를 치러야 한다.

7 새로 개발된 벼의 품종은 병충해에 강한 (개성 / 내성)을 지니고 있다.

어휘력에 도움이 되는 **대 표 한 자**

種	禾	稻	種		

뜻	소리	種자는 씨, 종자, 종류라는 의미를 가지고 있어요. 이 글자는 禾(벼 화)자와 重(무거울
씨	종	중)자를 더하여 '곡식의 종자' 또는 '종자의 다양한 종류'라는 뜻을 표현해요.

종 자 (種 子) 씨 종 아들 자	식물에서 나온 씨 또는 씨앗 예 농부는 **종자**로 쓸 씨앗을 따로 남겨 둔다고 한다.
신 종 (新 種) 새로울 신 씨 종	새로 발견하였거나 또는 새롭게 개량한 생물의 품종 예 그는 깊은 산속에서 **신종** 식물을 발견했다.
각 종 (各 種) 각각 각 씨 종	온갖 종류. 또는 여러 종류 예 지수는 **각종** 운동 경기에서 우수한 성적을 받았다.

Day 19

예체능

피아노가 현악기라고요?

일일 학습을 마치고, 워크북으로 생각을 정리해 보세요. 워크북 · 38쪽

공부한 날

월   일

1 악기의 종류에는 바이올린이나 기타처럼 현(줄)을 문지르거나 튕겨서 소리를 내는 현악기, 트럼펫이나 리코더처럼 입으로 불어서 관 안의 공기를 진동˙시켜 소리를 내는 관악기, 트라이앵글이나 북처럼 두드려서 소리를 내는 타악기가 있습니다. 그렇다면 피아노는 이 중 어디에 속할까요?

2 피아노는 건반을 두드려 소리를 내므로 타악기라고 생각할 수 있지만, 정확히 말하자면 건반으로 연주하는 현악기입니다. 건반에 연결된 해머가 피아노의 현을 때리면 현의 진동에 의해 만들어진 음이 음향 판에서 증폭˙되어 소리를 내기 때문이죠.

3 이러한 피아노의 특징은 피아노의 구조를 알면 더 확실하게 이해할 수 있습니다. 피아노는 현과 해머, 액션, 댐퍼, 건반 등의 여러 가지 부품˙으로 구성되어 있습니다. 이 중 소리를 내는 장치와 소리를 잡아 주는 장치를 알아봅시다.

4 먼저 소리를 내는 장치를 살펴봅시다. 첫째, 피아노의 '현'은 가늘고 긴 줄로 되어 있습니다. 낮은 음의 현은 구리선으로, 높은 음의 현은 철선으로 만들어 서로 다른 소리를 내도록 합니다. 둘째, '액션'은 각 건반마다 하나씩 있는데, 사람이 건반을 누르면 '해머'가 현을 때릴 수 있게 해 주는 연결 장치입니다. 액션에 해머를 끼워 건반에 연결합니다. 한편, 소리를 잡아 주는 장치로는 '댐퍼'가 있습니다. 댐퍼는 현의 진동을 흡수˙해서 가장 좋은 소리가 나게 해 줍니다.

5 피아노는 건반으로 현을 때리는 방식을 사용하여 음의 세기를 미세˙하게 조절할 수 있어서 여러 악기 가운데 가장 많은 용도로 활용되고 있습니다.

낱말 풀이

- **진동** 흔들려 움직임.
- **증폭** 사물의 범위가 늘어나 커짐.
- **부품** 기계 따위의 어떤 부분에 쓰는 물품
- **흡수** 외부에 있는 사람이나 사물 따위를 내부로 모아들임.
- **미세** 분간하기 어려울 정도로 아주 작음.

내용 들여다보기 🔍

STEP 1 핵심 내용 정리하기

1 악기의 종류에는 ~ [　　　], ~ [　　　], ~ 타악기가 있습니다.

　　[　　　　] 피아노는 이 중 어디에 속할까요?

2 피아노는 ~ 정확히 말하자면 건반으로 연주하는 [　　　]입니다.

3 피아노의 특징은 피아노의 [　　　]를 알면 더 확실하게 이해할 수 있습니다.

4 [　　　] 소리를 내는 장치를 살펴봅시다.

　↳ [　　　], 피아노의 '[　　　]'은 가늘고 긴 줄로 되어 있습니다.

　↳ [　　　], '액션'은 ~ 사람이 건반을 누르면 '[　　　]'가 현을 때릴 수 있게 해 주는

　　연결 장치입니다.

　[　　　], 소리를 잡아 주는 ~ [　　　]는 현의 진동을 흡수해서 가장 좋은 소리가 나

게 해 줍니다.

5 피아노는 [　　　]으로 [　　　]을 때리는 방식을 사용하여 ~ 여러 악기 가운데 가장

많은 용도로 활용되고 있습니다.

STEP 2 짜임 이해하기

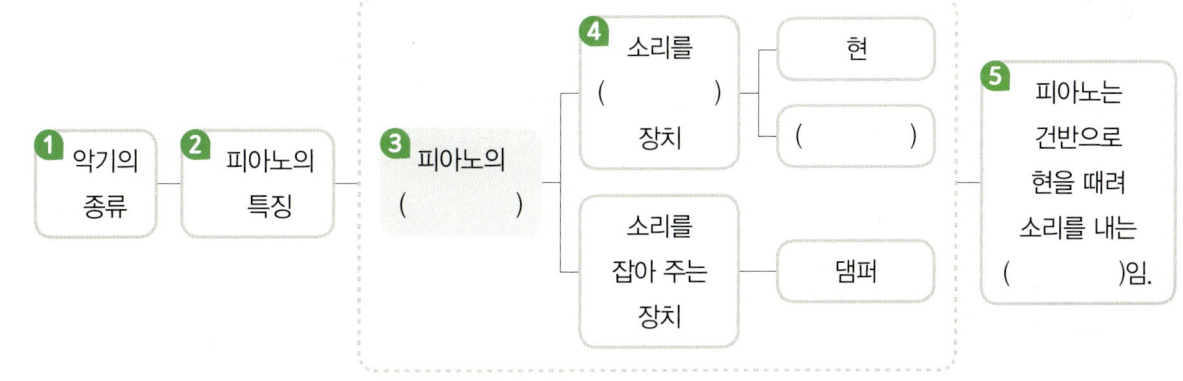

STEP 3 내용 요약하기

✏️ 피아노는 소리를 내는 현과 액션,

주제 파악 **1** 이 글에서 가장 중요한 내용은 무엇인가요? (   )

① 악기의 종류

② 현악기에 속하는 악기

③ 피아노를 만드는 부품

④ 피아노를 연주하는 방법

⑤ 피아노의 구조와 소리를 내는 방식

내용 이해 **2** 이 글의 내용으로 알맞지 <u>않은</u> 것은 무엇인가요? (   )

① 관악기의 예로는 트럼펫과 리코더가 있다.

② 피아노의 현은 소리를 내는 장치에 속한다.

③ 피아노는 실제와 달리 흔히 타악기로 여겨진다.

④ 댐퍼는 피아노의 소리를 잡아 주는 역할을 한다.

⑤ 피아노 건반을 때리는 액션은 해머에 연결되어 있다.

비판과 평가 **3** 이 글과 관련이 <u>없는</u> 내용을 말한 친구는 누구인가요? (   )

① 희준: 피아노는 많은 부품을 사용해서 만들겠군.

② 경수: 피아노 액션의 개수는 현의 개수와 같겠군.

③ 지은: 댐퍼가 없으면 현의 진동을 흡수할 수 없겠군.

④ 가영: 현이 진동하지 않으면 음이 만들어지지 않겠군.

⑤ 민재: 현을 만드는 선의 종류에 따라 다른 음이 나겠군.

상황에 적용 **4** 이 글을 바탕으로 보기 의 ㉠의 이유를 한 문장으로 써 보세요.

┤ 보기 ├

하프시코드는 피아노가 등장하기 전에 사용된 건반 악기입니다. 하프시코드는 건반 뒤에 연결된 현을 가죽으로 된 고리로 튕기는 방식으로 소리를 내는 악기입니다. 이 때문에 하프시코드는 음량의 세기를 미세하게 조절할 수 없었습니다. 이후 ㉠피아노가 등장하면서 하프시코드는 거의 쓰이지 않게 되었습니다.

답 _____

1~4 다음 낱말의 알맞은 뜻을 찾아 선으로 이어 보세요.

1 부품 •

2 용도 •

3 증폭 •

4 진동 •

• ㉠ 흔들려 움직임.

• ㉡ 쓰이는 길이나 곳

• ㉢ 사물의 범위가 늘어나 커짐.

• ㉣ 기계 따위의 어떤 부분에 쓰는 물품

5~7 다음 문장의 빈칸에 알맞은 낱말을 **보기**에서 찾아 문장에 맞게 고쳐 써 보세요.

┤ **보기** ├

• 조절하다: 적당하게 맞추어 나가다.

• 미세하다: 분간하기 어려울 정도로 아주 작다.

• 흡수하다: 외부에 있는 사람이나 사물 따위를 내부로 모아들이다.

5 음식을 할 때에는 재료의 분량을 잘 [   ]한다.

6 그들은 쌍둥이지만 생김새에 [   ] 차이가 있다.

7 학생 시절에는 다양한 지식을 [   ] 것이 중요하다.

어휘력에 도움이 되는

打	亅	扌	打		

뜻	소리	打자는 **치다, 때리다**라는 의미를 가지고 있어요. 打자는 手(손 수)자와 丁(못 정)자가 결
칠	타	합한 모습으로, 마치 손으로 못을 내리치는 듯한 모습을 그린 것과도 같아요.

타 작 (打 作) 칠 타 지을 작	곡식의 이삭을 떨어서 낟알을 거두는 일 예 방학 때 시골에 놀러 가서 할아버지와 함께 벼 **타작**을 했다.
타 자 (打 字) 칠 타 글자 자	타자기나 문서 작성 도구의 글쇠를 눌러 글자를 찍음. 예 나는 한글 타자는 빠르지만 영문 **타자**는 느린 편이다.
연 타 (連 打) 잇닿을 연 칠 타	계속하여 때리거나 침. 예 그는 화가 난 나머지 농구공을 상대로 **연타**를 가했다.

옷, 몇 벌이면 충분할까요?

일일 학습을 마치고, 워크북으로 생각을 정리해 보세요.   워크북 • 40쪽

① 여러분은 '패스트 패션(fast fashion)'이라는 말을 들어 보았나요? 패스트 패션은 최신 유행을 즉시 반영하여 빠르게 만들어 파는 의류 제품을 말합니다. 대량으로 유통시키기 때문에 비교적 가격이 저렴한 것이 특징입니다.

② 유행에 민감한 사람들은 패스트 패션 제품을 좋아합니다. 한 조사에 따르면 이들은 평균적으로 일주일에 1.5회 정도 쇼핑을 하고, 1년에 78벌의 옷을 산다고 합니다. 문제는 이렇게 많은 옷이 빠르게 팔려 나가는 만큼 빠른 속도로 버려지는 옷들도 많다는 것입니다.

③ 패스트 패션 의류의 제작에는 수많은 공정과 노동이 들어갑니다. 예를 들어 대량 생산된 면화로 실을 만들어 천을 짜고 염색하여 옷이 만들어지는데, 제작 기간을 단축하기 위해 많은 노동자가 공장에서 밤낮없이 일을 합니다. 옷의 가격을 낮추기 위해 이들은 값싼 임금을 받을 수밖에 없습니다.

④ 또한 면화를 생산하는 데에는 막대한 양의 물과 살충제가 쓰이므로, 토양과 수질이 오염됩니다. 쉴 새 없는 공장 가동 과정에서 화학 약품이 다량 사용되고, 차와 배를 이용하여 전 세계로 제품을 이동시키는 과정에서 대기 오염도 발생합니다. 게다가 빠르게 바뀌는 유행 때문에 버려지는 엄청난 양의 옷을 처리할 때에도 오염이 발생합니다.

⑤ 이러한 패스트 패션의 문제점이 알려지면서 많은 사람들이 옷을 사는 방식을 바꾸고 있습니다. 유행을 따르기보다는 자신에게 어울리는 좋은 제품을 사서 오래 입겠다는 것입니다. 환경을 덜 오염시키는 옷인지, 옷을 만든 사람들이 적절한 대우를 받는지도 확인하고요. 이는 바로 지속 가능한 세계를 위한 선택입니다.

| 낱말 풀이 |

• **반영** 다른 것에 영향을 받아 어떤 현상을 나타냄.

• **유통** 상품 따위가 생산자에서 소비자에 도착하기까지 여러 단계에서 교환되고 분배되는 활동

• **공정** 한 제품이 완성되기까지 거쳐야 하는 하나하나의 작업 단계

• **단축** 시간이나 거리 따위가 짧게 줄어듦.

• **가동** 사람이나 기계 따위가 움직여 일함.

STEP 1 핵심 내용 정리하기

❶ 패스트 패션은 최신 [   ]을 즉시 반영하여 [   ] 만들어 파는 의류 제품을 말합니다.

❷ [   ]는 ~ 빠른 속도로 [   ] 옷들도 많다는 것입니다.

❸ 패스트 패션 의류의 제작에는 수많은 공정과 노동이 들어갑니다.
　↳ 제작 기간을 [   ]하기 위해 많은 노동자가 ~ 밤낮없이 일을 합니다.
　↳ 옷의 가격을 낮추기 위해 이들은 값싼 [   ]을 받을 수밖에 없습니다.

❹ [   ] 면화를 생산하는 데에는 ~ 토양과 [   ]이 오염됩니다.
　↳ 공장 가동 과정에서 ~ 제품을 [   ]시키는 과정에서 ~ 버려지는 엄청난 양의 [   ]을 처리할 때에도 오염이 발생합니다.

❺ [   ] 패스트 패션의 문제점이 ~ 옷을 사는 [   ]을 바꾸고 있습니다.
　↳ 자신에게 어울리는 좋은 제품을 사서 [   ] 입겠다는 것입니다.
　↳ 환경을 [   ] 오염시키는 옷인지, 옷을 만든 노동자들이 적절한 [   ]를 받는지도 확인하고요.

STEP 2 짜임 이해하기

❶ 패스트 패션의 특징 → ❷ 패스트 패션의 ( ) → ❸ 근로자들의 고된 노동과 낮은 임금 / ❹ 환경 ( ) 발생 → ❺ 옷을 사는 방식에 ( )가 나타남.

STEP 3 내용 요약하기

✎ 패스트 패션은 최신 유행을 반영하여 _____

_____

주제 파악

1 이 글에서 가장 중요한 내용은 무엇인가요? (   )

① 패스트 패션의 특징
② 패스트 패션의 역사
③ 패스트 패션의 장점
④ 패스트 패션의 문제점
⑤ 패스트 패션의 제작 과정

내용 추론

2 이 글을 바탕으로 볼 때 '패스트 패션'과 관련이 <u>없는</u> 것은 무엇인가요? (   )

① 값싼 임금   ② 토양 오염
③ 수질 오염   ④ 대기 오염
⑤ 지속 가능한 세계

비판과 평가

3 이 글의 내용에 대해 <u>잘못</u> 말한 친구는 누구인가요? (   )

① 수은: 패스트 패션 제품은 비교적 가격이 저렴해.
② 민성: 패스트 패션은 최신 유행을 즉시 반영해서 만들어.
③ 경태: 패스트 패션 의류는 다른 옷보다 제작 비용이 많이 들어.
④ 지혜: 많은 패스트 패션 의류가 유행이 바뀌면서 버려지고 있어.
⑤ 호석: 패스트 패션은 대량으로 생산되어 전 세계에 유통되고 있어.

상황에 적용

4 이 글을 읽고 '옷을 사는 방식'을 바꿀 때, 알맞은 방법을 보기 에서 모두 찾아 기호를 써 보세요. (   )

> **보기**
>
> ㉠ 가격이 싼 옷은 사지 않는다.
> ㉡ 품질 좋은 옷을 사서 오래 입는다.
> ㉢ 유명한 국내 기업에서 만든 옷을 산다.
> ㉣ 친환경적으로 만든 옷인지 확인하고 산다.
> ㉤ 유행하는 옷보다 자신에게 어울리는 옷을 산다.

1~4 다음 뜻과 글자의 첫소리를 참고하여 빈칸에 들어갈 낱말을 써 보세요.

1 사람이나 기계 따위가 움직여 일함. → ㄱ ㄷ _____

2 시간이나 거리 따위가 짧게 줄어듦. → ㄷ ㅊ _____

3 다른 것에 영향을 받아 어떤 현상이 나타남. → ㅂ ㅇ _____

4 자극에 빠르게 반응을 보이거나 쉽게 영향을 받음. → ㅁ ㄱ _____

5~8 다음 문장에 어울리는 낱말을 골라 ○표 해 보세요.

5 이 제품의 제작 (공정 / 여정)은 모두 컴퓨터로 조정되고 있다.

6 그는 현재 직장보다 (대우 / 우대)가 좋은 곳으로 옮기려고 한다.

7 (요금 / 임금)이 오르는 속도보다 물가가 오르는 속도가 훨씬 빨라 걱정이다.

8 삼촌은 여러 나라에서 수입한 물건을 전국으로 (유통 / 통과)하는 일을 하신다.

어휘력에 도움이 되는 **대표한자**

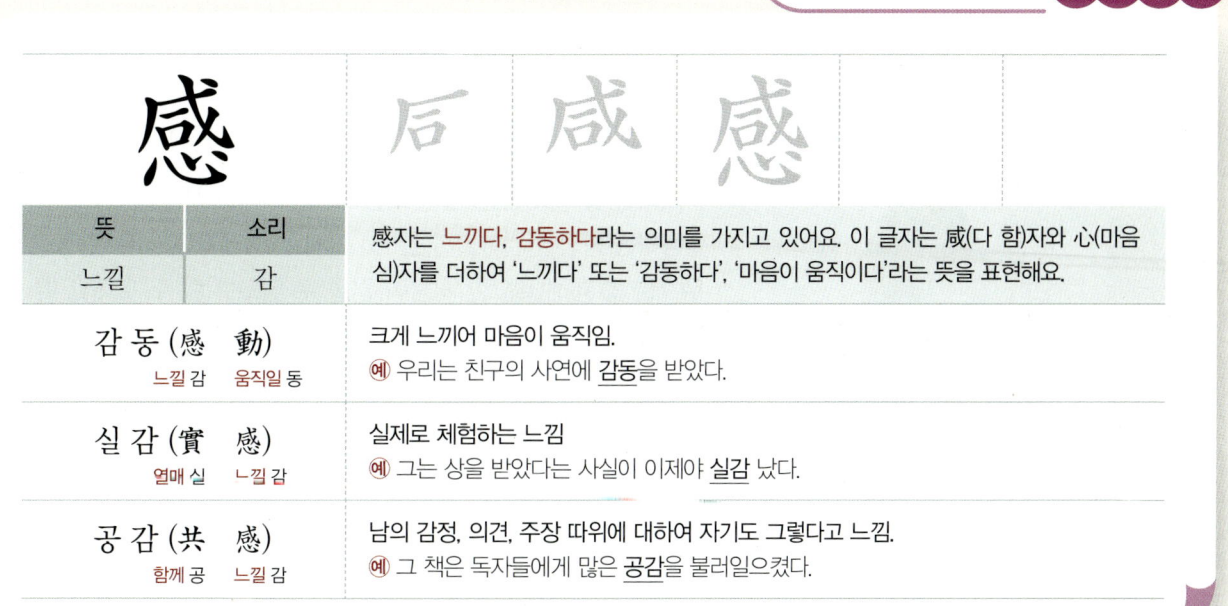

뜻	소리	感자는 **느끼다, 감동하다**라는 의미를 가지고 있어요. 이 글자는 咸(다 함)자와 心(마음 심)자를 더하여 '느끼다' 또는 '감동하다', '마음이 움직이다'라는 뜻을 표현해요.
느낄	감	

感動 (感 動) 느낄 감 움직일 동	크게 느끼어 마음이 움직임. 예 우리는 친구의 사연에 **감동**을 받았다.
실 감 (實 感) 열매 실 느낄 감	실제로 체험하는 느낌 예 그는 상을 받았다는 사실이 이제야 **실감** 났다.
공 감 (共 感) 함께 공 느낄 감	남의 감정, 의견, 주장 따위에 대하여 자기도 그렇다고 느낌. 예 그 책은 독자들에게 많은 **공감**을 불러일으켰다.

조선 시대에도 초등학교가 있었을까?

▲ 김홍도, 「서당」

오늘날의 초등학교에 해당하는 조선 시대의 교육 기관으로 '서당'이 있었어요. 초등학교에서와 같이 글씨 바르게 쓰기, 예의범절 등을 가르치기도 하고, 『천자문』, 『사자소학』과 같은 유학의 기초를 가르치기도 했답니다. 양반 출신의 유학자가 자기 집에서 동네 아이들을 가르치기도 했고, 마을 어른들이 동네 아이들을 가르쳐 줄 선생님을 직접 모셔와 서당을 차리기도 했어요. 서당 공부를 마친 아이들 중 일부는 상위 교육 기관인 향교나 서원, 성균관에 입학해 열심히 공부하고, 과거 시험을 쳐 관리가 되었다고 해요.

＊출처: (그림) 한국저작권위원회

꿀벌이 멸종하면 인간도 멸종한다?

다양한 생물들은 서로 상호 작용하면서 생태계를 안정적으로 유지해요. 생태계의 기능이 저하되는 것은 그 자체로도 큰 문제이지만, 우리 인간에게도 치명적이에요. 아인슈타인은 생전에 "꿀벌이 멸종한다면 수년 내로 인류도 멸종할 것이다."라는 말을 했다고 해요. 지구상에 있는 과일, 곡식류의 대부분은 수술의 화분이 암술에 옮겨 붙어야 번식할 수 있는데, 이러한 과정에서 꿀벌이 굉장히 큰 비중을 맡고 있다고 해요. 그런데 이러한 꿀벌이 멸종 위기에 처해 있고, 그 원인의 끝에는 인류가 있어요. 귀엽고 부지런한 꿀벌의 멸종을 막기 위해서라도 우리는 환경을 보호하는 삶을 살도록 노력해야 해요.

헌 옷을 그냥 버려야 할까?

버려진 옷으로 인한 환경 오염이 극심하다고 해요. 헌 옷을 재활용하는 방법을 알아볼까요? 첫 번째로, 상태가 괜찮은 옷의 경우 기부를 통해 필요한 사람이 입을 수 있도록 할 수 있어요. 두 번째로, 양말 등 작은 의류들의 경우 반려동물의 장난감을 만들어 줄 수도 있어요. 세 번째로, 약간의 바느질을 통해 솜 쿠션 등의 인테리어 제품으로 탈바꿈시킬 수 있어요. 네 번째로, 상태가 아주 안 좋은 옷의 경우 그냥 버리기보다 걸레로 사용하고 버리는 방법이 있어요.

5주

위인들은 어떻게 책을 읽었을까요?

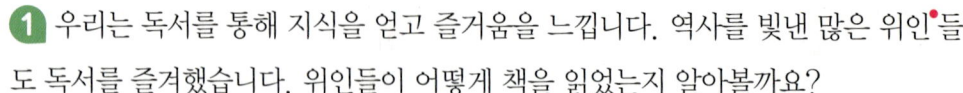
일일 학습을 마치고, 워크북으로 생각을 정리해 보세요. 워크북 · 42쪽

, 공부한 날

월   일

관련 교과 초등국어 5-1
여러 가지 방법으로 읽어요

1 우리는 독서를 통해 지식을 얻고 즐거움을 느낍니다. 역사를 빛낸 많은 위인들도 독서를 즐겨했습니다. 위인들이 어떻게 책을 읽었는지 알아볼까요?

2 세종 대왕은 책을 여러 번 읽는 것을 중요하게 생각했습니다. 한 권의 책을 제대로 읽어서 완전히 이해한다는 것입니다. 이것을 '백독백습(百讀百習)', 즉 '백 번 읽고 백 번 쓴다.'라고 표현했습니다. 또한 그는 책을 자주 읽기 위해 책을 자신과 가까운 곳에 두었습니다. 적은 분량이라도 꾸준히 책을 읽으면 독서가 습관이 된다고 본 것이었습니다.

3 신사임당은 매일 새벽에 일어나 책을 읽을 만큼 독서를 즐겼습니다. 특히 그는 책을 읽을 때 메모를 자주 했습니다. 책을 읽다가 좋은 내용을 발견하면 종이에 적어서 아이들이 볼 수 있게 집 안 곳곳에 붙여 두기도 했습니다. 이렇게 해서 책의 내용을 되새기고 기억에 오래 남길 수 있었습니다.

4 실학 사상가인 다산 정약용은 '정독(精讀)'을 강조했습니다. 정독은 '뜻을 새겨 가며 자세히 읽음.'을 뜻합니다. 그는 책 속에 쓰인 글자와 내용의 뜻을 하나하나 알아 가며 자세하고 꼼꼼하게 읽었습니다. 모르는 부분은 반복해 읽었고, 다른 책을 찾아보거나 다른 사람에게 물어봄으로써 내용을 완전히 이해하려 했습니다.

5 어린이날을 만든 방정환은 어린이가 책을 읽는 좋은 방법으로 "책 안에 나온 내용을 표시했다가 견학을 가는 게 중요하다.", "토론회, 음악회, 재판소 등 학교 밖으로 나가야 한다."라고 말했습니다. 즉, 책을 읽는 것에서 그치지 않고, 직접 현장에 가 보고 경험하는 것이 중요하다고 강조한 것입니다.

| 낱말 풀이 |

• 위인 뛰어나고 훌륭한 사람
• 분량 수효 따위의 많고 적음이나 부피의 크고 작은 정도
• 되새기다 지난 일을 다시 떠올려 곰곰이 생각하다.
• 실학 실생활에 도움이 되는 것을 목표로 한 새로운 학문
• 견학 실지로 보고 그 일에 관한 구체적인 지식을 넓힘.

내용 들여다보기 🔍

핵심 내용 정리하기

1 위인들이 [   ] 책을 읽었는지 알아볼까요?

2 세종 대왕은 책을 [   ] 읽는 것을 중요하게 생각했습니다.

[   ] 그는 책을 자주 읽기 위해 책을 자신과 가까운 곳에 두었습니다.

3 신사임당은 ~ 책을 읽을 때 [   ]를 자주 했습니다.

↳ [   ] 해서 책의 내용을 되새기고 [   ]에 오래 남길 수 있었습니다.

4 정약용은 '정독(精讀)'을 강조했습니다.

↳ 정독은 '뜻을 새겨 가며 자세히 읽음.'을 뜻합니다.

↳ 그는 책 속에 쓰인 [   ]와 내용의 뜻을 하나하나 알아 가며 자세하고 꼼꼼하게 읽었습니다.

5 방정환은 ~ [   ]을 가는 게 중요하다 ~ 말했습니다.

↳ [   ], 책을 읽는 것에서 그치지 않고, 직접 현장에 가 보고 [   ]하는 것이 중요하다고 강조한 것입니다.

짜임 이해하기

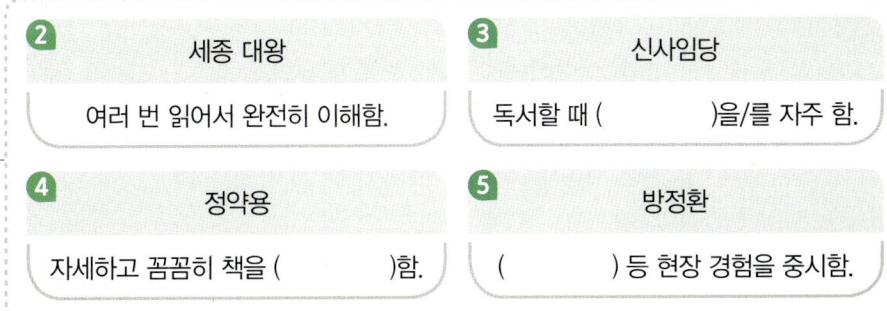

1 위인들의 독서 방법

2 세종 대왕
여러 번 읽어서 완전히 이해함.

3 신사임당
독서할 때 (   )을/를 자주 함.

4 정약용
자세하고 꼼꼼히 책을 (   )함.

5 방정환
(   ) 등 현장 경험을 중시함.

내용 요약하기

✏️ 위인들은 독서를 즐겨했는데, _____

_____

_____

주제 파악 **1** 이 글에서 가장 중요한 내용은 무엇인가요? (　　　)

① 위인들의 업적
② 위인들이 읽은 책
③ 위인들의 생활 습관
④ 위인들의 공부 방법
⑤ 위인들의 독서 방법

내용 이해 **2** '신사임당'이 책의 내용을 오래 기억하기 위해 한 일은 무엇인가요? (　　　)

① 매일 책을 읽는다.
② 새벽에 책을 읽는다.
③ 책을 집 안 곳곳에 둔다.
④ 책을 읽으며 메모를 한다.
⑤ 아이들과 함께 책을 읽는다.

내용 추론 **3** '세종 대왕'과 '정약용'의 독서 방법으로 공통된 것은 무엇인가요? (　　　)

① 책을 가까이 두고 자주 읽는다.
② 도움이 되는 다른 책을 찾아본다.
③ 적은 분량이라도 매일 책을 읽는다.
④ 책의 내용을 다른 사람에게 물어본다.
⑤ 책의 내용을 이해할 때까지 여러 번 읽는다.

상황에 적용 **4** 이 글을 바탕으로 보기 의 '지수'에게 추천할 독서 방법을 생각해 보고, 그 독서 방법을 실천한 위인의 이름을 써 보세요. (　　　　　　)

> **보기**
>
> 　지수는 우리나라 전통 예술을 소개한 책에서 '금동 반가사유상'이라는 작품을 보았어요. 책에 작품의 사진과 작품에 대한 해설이 나와 있었는데, 지수는 작품의 실제 모습을 보면 더 이해가 잘 될 것 같다고 생각했어요. 인터넷에 검색해 보니, 이 작품은 국립 중앙 박물관에 전시되어 있다고 해요.

어휘력 다지기

1~4 다음 낱말의 알맞은 뜻을 찾아 선으로 이어 보세요.

1 견학 •

• ㉠ 뛰어나고 훌륭한 사람

2 분량 •

• ㉡ 실지로 보고 그 일에 관한 구체적인 지식을 넓힘.

3 실학 •

• ㉢ 수효 따위의 많고 적음이나 부피의 크고 작은 정도

4 위인 •

• ㉣ 실생활에 도움이 되는 것을 목표로 한 새로운 학문

5~7 다음 문장의 빈칸에 알맞은 낱말을 **보기** 에서 찾아 문장에 맞게 고쳐 써 보세요.

• 보기 •

- 새기다: 글이나 말의 뜻을 알기 쉽게 풀이하다.
- 되새기다: 지난 일을 다시 떠올려 곰곰이 생각하다.
- 그치다: 더 이상의 진전이 없이 어떤 상태에 머무르다.

5 그는 친구들에게 했던 말실수를 뒤늦게 [   ] 보았다.

6 한자 공부를 할 때에는 글자의 정확한 뜻을 [   ] 한다.

7 게임 시간을 줄이겠다는 동생의 약속은 말로만 [   ] 말았다.

어휘력에 도움이 되는 **대표한자**

讀

뜻	소리
읽을	독

讀자는 **읽다, 이해하다**라는 의미를 가지고 있어요. 이 글자는 言(말씀 언)자와 賣(팔 매)자를 더한 것으로, 돈을 세며 중얼거리는 모습에서 '읽다', '이해하다' 또는 '계산하다'라는 뜻을 표현하게 되었어요.

독 자 (讀 者)
읽을 독 놈 자

책, 신문, 잡지 따위의 글을 읽는 사람
예 그 책의 작가는 **독자**와의 소통을 즐긴다.

다 독 (多 讀)
많을 다 읽을 독

많이 읽음.
예 글을 잘 쓰려면 먼저 **다독**을 해야 한다.

구 독 (購 讀)
살 구 읽을 독

책이나 신문, 잡지 따위를 구입하여 읽음.
예 얼마 전 신문 **구독**을 중단했다.

공정 무역 제품을 찾아보아요

일일 학습을 마치고, 위크북으로 생각을 정리해 보세요.   위크북 • 44쪽

공부한 날

월   일

관련 교과 초등도덕 6-1
함께 살아가는 지구촌

1 우리가 즐겨 먹는 음식 중에는 우리나라가 아닌 외국에서 생산한 것들이 있습니다. 예를 들어 초콜릿, 바나나, 커피 같은 식품은 대부분 외국에서 수입해 온 것들입니다. 이러한 식품들은 우리나라뿐 아니라 전 세계적으로 많이 소비됩니다. 그만큼 원재료인 농산물을 생산하는 농민들도 돈을 많이 벌 것 같은데, 사실 그렇지 않다고 합니다. 그 이유가 무엇인지 커피의 사례를 통해 알아봅시다.

2 커피는 아프리카의 케냐와 우간다, 남아메리카의 브라질과 콜롬비아, 아시아의 인도네시아와 네팔 같은 일부 국가에서 생산되고 있습니다. 그런데 커피 가격 중 생산자인 농민이 벌어들이는 수익˙은 0.5%뿐이라고 합니다. 나머지는 가공비와 유통비 등 판매자와 수입업자들의 몫입니다. 전 세계적으로 많이 팔리는 제품인데도 커피를 재배˙하는 농민들이 가난한 이유가 바로 이것입니다. 이러한 불평등한 구조에 반대하여 커피 재배 농민들에게 적정˙한 수익을 돌려주기 위해 시작된 것이 바로 '착한 소비' 운동입니다. 이 착한 소비 운동은 '공정 무역' 운동으로 이어졌습니다.

3 공정 무역은 저개발국에서 제품을 생산하는 농민들의 경제적 자립과 지속 가능한 발전을 보장˙하기 위해 생산자에게 정당한 대가를 지불˙하는 무역 방식입니다. 또한 제품 생산 과정에서 아동의 노동을 금지하고, 안전한 작업장에서 친환경적으로 생산되는 제품을 취급합니다. 공정 무역 방식에서는 커피 재배 농민들이 가져가는 수익이 커피 가격의 6%까지 증가한다고 합니다.

4 공정 무역을 통해 살 수 있는 제품에는 커피, 초콜릿, 바나나, 설탕, 차와 같은 식품류뿐만 아니라 의류나 가방, 수공예품도 있습니다. 지속 가능한 지구를 위해 많은 사람이 공정 무역 제품을 선택하고 있습니다.

┃ 낱말 풀이 ┃

•**수익** 이익을 거두어들임. 또는 그 이익

•**재배** 식물을 심어 가꿈.

•**적정** 알맞고 바른 정도

•**보장** 어떤 일이 어려움 없이 이루어지도록 조건을 마련하여 보증하거나 보호함.

•**지불** 돈을 내어 줌. 또는 값을 치름.

내용 들여다보기

STEP 1 핵심 내용 정리하기

1 우리가 즐겨 먹는 음식 중에는 ~ 외국에서 생산한 것들이 있습니다.

그만큼 ~ [　　　　]들도 돈을 많이 벌 것 같은데, 사실 그렇지 않다고 합니다.

2 커피 가격 중 생산자인 농민이 벌어들이는 [　　　　]은 0.5%뿐이라고 합니다.

↳ 나머지는 가공비와 유통비 등 판매자와 수입업자들의 몫입니다.

[　　　　] 불평등한 구조에 반대하여 ~ 바로 '착한 소비' 운동입니다.

↳ [　　　] 착한 소비 운동은 '[　　　　]' 운동으로 이어졌습니다.

3 공정 무역은 ~ 생산자에게 [　　　] 한 대가를 지불하는 무역 방식입니다.

↳ 아동의 노동을 금지하고, 안전한 작업장에서 [　　　　]으로 생산되는 제품을 취급합니다.

↳ 공정 무역 방식에서는 ~ 농민들이 가져가는 수익이 커피 가격의 6%까지 증가한다고 합니다.

4 [　　　　]한 지구를 위해 많은 사람이 공정 무역 제품을 선택하고 있습니다.

STEP 2 짜임 이해하기

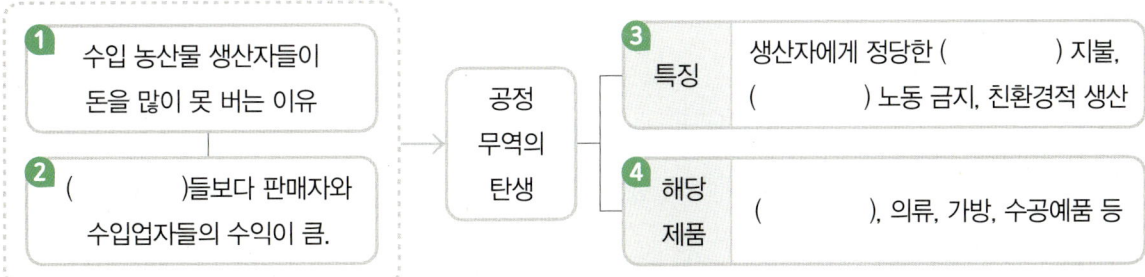

1 수입 농산물 생산자들이 돈을 많이 못 버는 이유

2 (　　　　)들보다 판매자와 수입업자들의 수익이 큼.

→ 공정 무역의 탄생

3 특징 : 생산자에게 정당한 (　　　　) 지불, (　　　　) 노동 금지, 친환경적 생산

4 해당 제품 : (　　　　), 의류, 가방, 수공예품 등

STEP 3 내용 요약하기

✎ 공정 무역이란, 제품을 생산하면서도

구조 이해 **1** 이 글을 읽고 알 수 있는 내용이 <u>아닌</u> 것은 무엇인가요? (   )

① 공정 무역의 의미　　　　　　② 기존 무역의 문제점
③ 공정 무역 제품의 가격　　　　④ 공정 무역 제품의 종류
⑤ 공정 무역이 시작된 이유

내용 추론 **2** 이 글을 바탕으로 볼 때 처음으로 공정 무역 제품이 된 것은 무엇인지 써 보세요.

(   )

비판과 평가 **3** 이 글의 내용을 알맞게 이해하지 <u>못한</u> 친구는 누구인가요? (   )

① 기주: 공정 무역 제품에는 다양한 종류가 있어.
② 나래: 공정 무역 제품을 사면 생산자에게 도움이 돼.
③ 근석: 공정 무역은 환경을 보호하는 일도 중시하고 있어.
④ 소희: 공정 무역 제품이 비싼 것은 수입업자들 때문이야.
⑤ 진영: 공정 무역은 불평등한 무역 구조를 개선하려고 하는 거야.

상황에 적용 **4** 이 글에 나온 다음 내용과 관계 깊은 것을 [보기]에서 모두 골라 번호를 써 보세요.

(   )

> 공정 무역은 제품 생산 과정에서 아동의 노동을 금지하고, 안전한 작업
> 장에서 친환경적으로 생산되는 제품을 취급합니다.

보기

[공정 무역을 위한 10가지 원칙]

① 생산자를 위한 경제적 기회 제공　　② 투명성과 책무성
③ 공정 무역 관행　　　　　　　　　　④ 공정한 가격 지불
⑤ 아동 노동과 강제 노동 금지　　　　⑥ 차별 금지, 성 평등, 단결 자유
⑦ 양호한 노동 조건 보장　　　　　　⑧ 역량 강화 지원
⑨ 공정 무역 옹호 활동　　　　　　　⑩ 환경 존중

－ 아시아 공정 무역 네트워크

1~3 다음 글자의 첫소리와 뜻을 참고하여 문장의 빈칸에 들어갈 낱말을 써 보세요.

1 ㅈ ㅂ : 식물을 심어 가꿈.

→ 농작물은 저마다 _____ 방법이 각기 다르다.

2 ㅈ ㅈ : 알맞고 바른 정도

→ 겨울철 실내 온도는 _____ 수준으로 유지하자.

3 ㅅ ㅇ : 이익을 거두어들임. 또는 그 이익

→ 그는 어떤 일을 하더라도 _____ 을/를 가장 중시한다.

4~7 다음 문장의 괄호 안에 어울리는 낱말을 골라 ○표 해 보세요.

4 우리 회사는 직원들의 휴식 시간을 (보장 / 보존)하고 있다.

5 그는 편의점에서 우유를 사고 카드로 값을 (지불 / 환불)하였다.

6 그는 졸업한 후에 부모님에게서 (자립 / 자원)하기로 결심하였다.

7 일본의 압력에 의해 반강제적으로 맺은 강화도 조약은 대표적인 (불가능 / 불평등) 조약이다.

어휘력에 도움이 되는 **대표한자**

界	田	界	界		

뜻	소리	界자는 지경, 경계라는 의미를 가지고 있어요. 이 글자는 田(밭 전)자와 介(끼일 개)자를
경계	계	더하여 밭과 밭 사이의 '경계'라는 뜻을 나타내고, 한계라는 뜻도 표현해요.

계 면 (界 面) 경계 계 낯 면	서로 맞닿아 있는 두 물질의 경계면 예 주방 세제는 대표적인 **계면** 활성제이다.
한 계 (限 界) 한계 한 경계 계	사물이나 능력, 책임 따위가 실제 작용할 수 있는 범위 예 그는 무리해서 일하다가 결국 **한계**에 부딪쳤다.
외 계 (外 界) 바깥 외 경계 계	지구 밖의 세계 예 **외계** 어느 곳에 생명체가 있을 가능성이 있다.

신 · 재생 에너지란?

일일 학습을 마치고, 워크북으로 생각을 정리해 보세요.   워크북 · 46쪽

① 현재 전 세계 에너지 소비의 80% 이상은 석유, 석탄, 천연가스 등의 화석 연료에 의존하고 있습니다. 그런데 이 화석 연료를 이용할 수 있는 시간이 그리 많이 남지 않은 것 같습니다. 한 석유 회사의 조사에 따르면, 약 100년 후에는 화석 연료가 고갈*될 수 있다고 합니다.

② 그래서 전 세계는 화석 연료를 대체*할 수 있는 에너지를 개발하기 위해 노력하고 있습니다. 신·재생 에너지가 바로 그것입니다. 신·재생 에너지는 신(新)에너지와 재생(再生) 에너지가 합쳐진 말입니다. 각 에너지의 특징과 종류는 다음과 같습니다.

③ 신에너지는 기존의 화석 연료를 변환*시켜 이용하거나 수소, 산소 등의 화학 반응을 통해 생성*되는 전기나 열을 이용하는 에너지를 말합니다. 여기에는 수소 에너지, 연료 전지 등이 포함됩니다. 재생 에너지는 햇빛과 바람, 지열, 강수(물), 식물 연료 등과 같이 재생 가능한 에너지를 변환시켜 이용하는 에너지입니다. 예를 들면 태양 에너지, 풍력 에너지, 수력 에너지 등이 있습니다.

④ 이러한 신·재생 에너지의 장점을 살펴봅시다. 첫째, 신·재생 에너지는 재생이 가능하여 고갈의 위험성이 없습니다. 둘째, 이산화 탄소나 오염 물질을 적게 배출하므로 친환경적입니다. 셋째, 전 세계적으로 고르게 분포*해 있습니다. 한편 개발하는 데 비용이 많이 들어 경제성이 낮고, 발전소 건설에 환경의 영향을 많이 받는다는 것은 신·재생 에너지의 단점으로 꼽힙니다.

⑤ 신·재생 에너지는 화석 연료의 고갈과 환경 오염 문제를 해결하는 대안으로 주목받고 있으며, 현재 단점을 보완하는 연구가 진행되고 있습니다.

▌낱말 풀이 ▌

• **고갈** 어떤 일의 바탕이 되는 돈이나 물자, 소재, 인력 따위가 다하여 없어짐.

• **대체** 다른 것으로 대신함.

• **변환** 달라져서 바뀜. 또는 다르게 하여 바꿈.

• **생성** 사물이 생겨남. 또는 사물이 생겨 이루어지게 함.

• **분포** 일정한 범위에 흩어져 퍼져 있음.

STEP 1　핵심 내용 **정리하기**

❶ 화석 연료를 이용할 수 있는 시간이 그리 많이 남지 않은 것 같습니다.

❷ ⬚ 전 세계는 화석 연료를 ⬚ 할 수 있는 에너지를 개발하기 위해 노력하고 있습니다.

❸ 신에너지는 기존의 화석 연료를 변환시켜 이용하거나 ～ 전기나 열을 이용하는 에너지를 말합니다.

　↳ ⬚ 수소 에너지, 연료 전지 등이 포함됩니다.

　재생 에너지는 ～ 재생 가능한 에너지를 변환시켜 이용하는 에너지입니다.

　↳ ⬚ 태양 에너지, 풍력 에너지, 수력 에너지 등이 있습니다.

❹ 신·재생 에너지의 ⬚ 을 살펴봅시다.

　↳ ⬚ 의 위험성이 없습니다. ～ 친환경적입니다. ～ ⬚ 분포해 있습니다.

　⬚ 개발하는 데 비용이 많이 들어 ⬚ 이 낮고, 발전소 건설에 환경의 영향

　을 많이 받는다는 것은 신·재생 에너지의 ⬚ 으로 꼽힙니다.

❺ 신·재생 에너지는 ～ 현재 단점을 ⬚ 하는 연구가 진행되고 있습니다.

STEP 2　짜임 **이해하기**

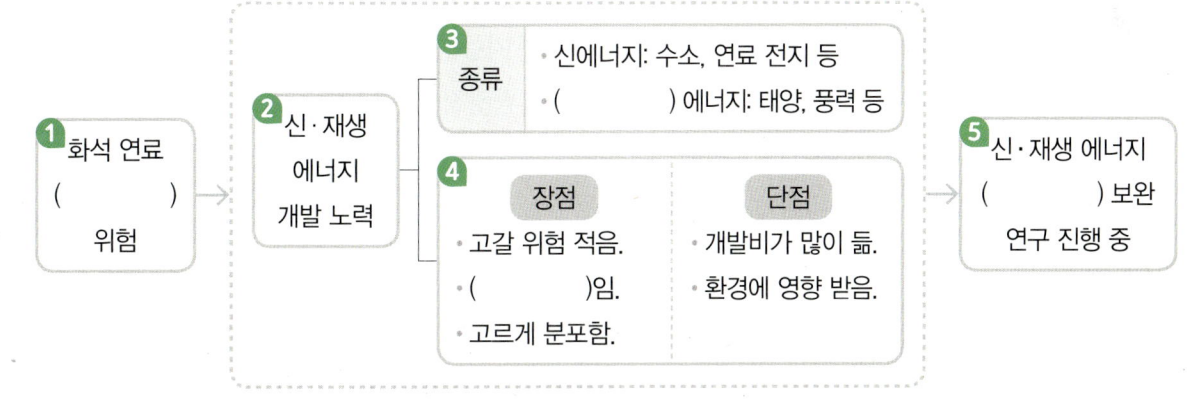

STEP 3　내용 **요약하기**

✏️ 신·재생 에너지는 화석 연료를 대체할ㅤㅤㅤㅤㅤㅤㅤㅤㅤ

주제 파악 **1** 이 글에서 가장 중요한 내용은 무엇인가요? (　　　)

① 에너지의 중요성
② 화석 연료의 문제점
③ 대체 에너지의 종류
④ 에너지를 만드는 방법
⑤ 신·재생 에너지의 특징

내용 이해 **2** 이 글의 내용으로 알맞지 <u>않은</u> 것은 무엇인가요? (　　　)

① 석유, 석탄, 천연가스 등은 화석 연료이다.
② 현재 가장 많이 쓰이는 에너지는 화석 연료이다.
③ 화석 연료를 생산하는 비용이 점점 늘어나고 있다.
④ 신에너지와 재생 에너지를 합쳐 신·재생 에너지라고 한다.
⑤ 신·재생 에너지는 화석 연료의 문제점을 해결하는 대안이다.

비판과 평가 **3** 이 글의 '재생 에너지'에 대해 이해하지 <u>못한</u> 친구는 누구인가요? (　　　)

① 가은: 고갈의 위험성이 별로 없는 에너지야.
② 재승: 햇빛과 물 등을 이용하는 재생 가능한 에너지야.
③ 하나: 오염 물질을 적게 배출하는 친환경적인 에너지야.
④ 우진: 기존의 화석 연료를 변환시켜 이용하는 에너지야.
⑤ 소미: 전 세계에 골고루 있는 자원을 이용하는 에너지야.

상황에 적용 **4** 이 글을 바탕으로 볼 때 〈보기〉의 빈칸에 들어갈 말은 무엇인가요? (　　　)

─── 보기 ───

（　　　　　）에너지는 햇빛을 이용하기 때문에 집의 마당과 옥상 같은 야외 공간이라면 어디든 장치를 설치하여 에너지를 만들어 낼 수 있습니다.

① 수력
② 지열
③ 태양
④ 풍력
⑤ 해양

1~4 다음 낱말의 알맞은 뜻을 찾아 선으로 이어 보세요.

1 변환 •

2 보완 •

3 생성 •

4 의존 •

• ㉠ 사물이 생겨남.

• ㉡ 달라져서 바뀜.

• ㉢ 다른 것에 의지하여 존재함.

• ㉣ 모자라거나 부족한 것을 보충하여 완전하게 함.

5~7 다음 문장의 빈칸에 알맞은 낱말을 **보기** 에서 찾아 문장에 맞게 고쳐 써 보세요.

┌─ **보기** ─┐

• 대체하다: 다른 것으로 대신하다.
• 분포하다: 일정한 범위에 흩어져 퍼져 있다.
• 고갈되다: 어떤 일의 바탕이 되는 돈이나 물자, 소재, 인력 따위가 다하여 없어지다.

└─────────┘

5 그는 새로운 아이디어가 [   ] 버린 것 같았다.

6 각 도시마다 인구가 골고루 [   ] 것이 바람직하다.

7 선생님께서 이번 시험을 수행 평가로 [   ] 계획이라고 하셨다.

어휘력에 도움이 되는 **대 표 한 자**

案	宀	安	案

뜻	소리	案자는 **책상**이라는 의미를 가지고 있어요. 이 글자는 사람이 앉아 있는 모습을 그린 安 (편안할 안)자에 木(나무 목)자를 결합한 것으로, 책상은 공부나 업무를 보는 데 쓰이기 때문에 **생각**, **안건**과 같은 의미도 나타내요.
책상	안	

안 내 (案 內) 책상 안 · 안 내	어떤 내용을 소개하여 알려 줌. 예 두 사람은 상품 **안내** 방송을 유심히 보았다.
세 안 (提 案) 끌 제 · 책상 안	아이나 의견으로 내놓음. 또는 그 안이나 의견 예 나는 학교를 마치고 축구를 하자는 친구의 **제안**을 받아들였다.
고 안 (考 案) 상고할 고 · 책상 안	연구하여 새로운 안을 생각해 냄. 예 그는 새로운 가구 디자인을 **고안** 중이다.

서양화와 동양화의 원근법

일일 학습을 마치고, 워크북으로 생각을 정리해 보세요.   워크북 · 48쪽

공부한 날

월   일

1 '원근법(遠近法)'이란 일정한 시점에서 본 물체와 공간을 눈으로 보는 것과 같이 멀고 가까움을 느낄 수 있도록 평면 위에 표현하는 방법을 뜻합니다. 그런데 원근법에도 동서양의 차이가 있다는 점, 알고 있나요?

2 서양화의 원근법에는 투시 원근법과 대기 원근법이 있습니다. 투시 원근법은 실제로는 평행하는 직선을 투시도상에서 멀리 연장했을 때 하나로 만나는 점인 소실점을 기준으로 입체를 표현하는 방법입니다. 대기 원근법은 멀리 있는 사물이 가까이 있는 것보다 흐릿하게 보인다는 점을 이용하여 색의 진하기를 달리함으로써 거리감을 나타내는 방법입니다.

3 동양화에서도 원근법과 유사한 공간 표현 기법이 사용되었는데, '삼원법(三遠法)'이 바로 그것입니다. 삼원법 중 고원법은 산 아래에서 산 정상을 바라보는 시점으로 높이감을 나타내는 것이고, 심원법은 높은 산 위에서 낮은 산을 바라보는 시점으로 깊이감을 나타내는 것입니다. 평원법은 눈을 지평선에 맞추어 가까운 산에서 먼 산을 바라보는 시점으로 공간의 넓이를 표현하는 것입니다. 삼원법 외에도 가까이 보이는 사물보다 배경이 되는 풍경을 크게 그리는 역원근법도 사용되었답니다.

4 서양화는 한 그림에 하나의 원근법을 사용하여 풍경을 사실적, 객관적으로 표현하는 경우가 많았습니다. 이에 비해 동양화에서는 여러 시점과 원근법이 동시에 사용되어 풍경을 주관적으로 표현하는 경우가 많았습니다. 이러한 차이는 자연을 이용하고 극복할 대상으로 여긴 서양의 가치관과 인간을 자연의 일부로 여긴 동양의 가치관의 차이에서 비롯된 것으로 볼 수 있습니다.

| 낱말 풀이 |

• **시점** 어떤 대상을 볼 때에 시력의 중심이 가 닿는 점
• **투시** 막힌 물체를 환히 꿰뚫어 봄.
• **사물** 일과 물건을 아울러 이르는 말
• **지평선** 편평한 대지의 끝과 하늘이 맞닿아 경계를 이루는 선
• **극복** 악조건이나 고생 따위를 이겨 냄.

▲ 레오나르도 다 빈치, 「최후의 만찬」

▲ 안견, 「사시팔경도_만춘」

내용 들여다보기 🔍

핵심 내용 정리하기

1 '원근법'이란 ~ 멀고 가까움을 느낄 수 있도록 ~ 표현하는 방법을 뜻합니다.

[   ] 원근법에도 동서양의 [   ] 가 있다는 점, 알고 있나요?

2 [   ] 의 원근법에는 투시 원근법과 대기 원근법이 있습니다.

↳ 투시 원근법은 ~ [   ] 을 기준으로 입체를 표현하는 방법입니다.

↳ 대기 원근법은 ~ 색의 [   ] 를 달리함으로써 거리감을 나타내는 방법입니다.

3 동양화에서도 ~ 공간 표현 기법이 사용되었는데. '삼원법'이 바로 그것입니다.

↳ 고원법은 ~ [   ] 을 나타내는 것이고, 심원법은 ~ [   ] 을 나타내는 것입니다. 평원법은 ~ 공간의 [   ] 를 표현하는 것입니다.

사물보다 배경이 되는 [   ] 을 크게 그리는 역원근법도 사용되었답니다.

4 서양화는 ~ 풍경을 [   ], 객관적으로 표현하는 경우가 많았습니다.

[   ] 동양화에서는 ~ 풍경을 [   ] 으로 표현하는 경우가 많았습니다.

↳ 자연을 이용하고 [   ] 할 대상으로 여긴 서양의 가치관과 인간을 자연의 [   ] 로 여긴 동양의 가치관의 차이에서 비롯된 것으로 볼 수 있습니다.

짜임 이해하기

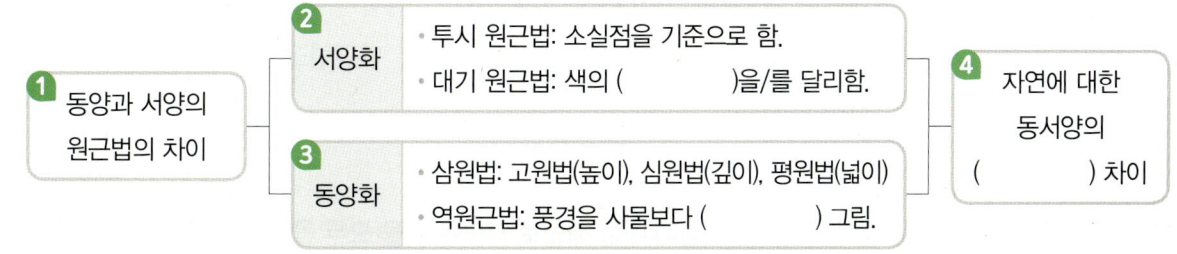

1 동양과 서양의 원근법의 차이

2 서양화
- 투시 원근법: 소실점을 기준으로 함.
- 대기 원근법: 색의 (   )을/를 달리함.

3 동양화
- 삼원법: 고원법(높이), 심원법(깊이), 평원법(넓이)
- 역원근법: 풍경을 사물보다 (   ) 그림.

4 자연에 대한 동서양의 (   ) 차이

내용 요약하기

✏️ 서양화에서는 투시 원근법과 대기 원근법을 사용하여

주제 파악 **1** 이 글에서 가장 중요한 내용은 무엇인가요? ( )

① 자연의 풍경을 그리는 방법

② 그림에 사용되는 원근법의 뜻

③ 삼원법의 의미와 역원근법의 방법

④ 서양화에 사용되는 원근법의 종류

⑤ 서양화와 동양화의 원근법의 차이

내용 이해 **2** 이 글에서 다음과 같은 자연 현상을 이용한 표현 기법을 찾아 써 보세요.

> 멀리 있는 사물은 가까이 있는 것보다 흐릿하게 보인다.

답 _____

내용 추론 **3** 동양화의 원근법에 대한 설명으로 잘못된 것은 무엇인가요? ( )

① 화가가 보고 느낀 자연에 대한 감정을 그림으로 표현한다.

② 그림에 따라 여러 시점과 원근법이 동시에 나타나기도 한다.

③ 배경이 되는 풍경은 가까이 있는 사물보다 항상 작게 그린다.

④ 산 아래에서 산 정상을 바라보는 경우에는 고원법을 사용한다.

⑤ 어떤 공간의 넓이를 중점적으로 나타낼 때에는 평원법을 사용한다.

상황에 적용 **4** 이 글로 볼 때 의 그림에 대한 해설로 알맞은 것을 모두 골라 그 기호를 써 보세요.

( )

보기

▲ 정선, 「인왕제색도」

[해설]

㉠ 화가의 개인적인 느낌이 반영되었다.

㉡ 자연을 극복할 대상으로 여기고 있다.

㉢ 원근법을 사용하여 자연을 표현하였다.

㉣ 관찰한 풍경을 사실적으로 그려 내었다.

1~4 다음 뜻과 글자의 첫소리를 참고하여 빈칸에 들어갈 낱말을 써 보세요.

1 평평한 표면 → ㅍ ㅁ _____

2 일과 물건을 아울러 이르는 말 → ㅅ ㅁ _____

3 어떤 대상을 볼 때에 시력의 중심이 가 닿는 점 → ㅅ ㅈ _____

4 편평한 대지의 끝과 하늘이 맞닿아 경계를 이루는 선 → ㅈ ㅍ ㅅ _____

5~8 다음 밑줄 친 말과 바꿔 쓰기에 알맞은 낱말을 **보기**에서 찾아 문장에 맞게 고쳐 써 보세요.

─── **보기** ───

극복하다   비롯되다   유사하다   투시하다

5 나의 자신감은 부모님에게서 처음으로 시작되었다. → _____

6 그는 숨겨진 진실을 환히 꿰뚫어 보는 능력이 있다. → _____

7 그는 두 제품의 특징이 서로 비슷하다고 생각하였다. → _____

8 그는 여러 악조건을 이겨 내고 마라톤에서 우승하였다. → _____

어휘력에 도움이 되는

景	日	묘	景

뜻	소리	景자는 日(해 일)자와 京(서울 경)자를 더하여 건물 위로 햇볕이 내리쬐는 모습에서 **볕**이나 **햇빛**, 또는 **경치**라는 뜻을 표현해요.
경치	경	

경 치 (景 致)
경치 경 이를 치

산이나 들, 강, 바다 따위의 자연이나 지역의 모습
 우리 지역은 **경치**가 매우 좋다.

야 경 (夜 景)
밤 야 경치 경

밤의 경치
 낙산공원에서는 아름다운 서울의 **야경**을 즐길 수 있다.

조 경 (造 景)
지을 조 경치 경

경치를 아름답게 꾸밈.
 이번에 새로 만든 공원은 **조경**에 유달리 신경을 썼다.

우리 지역 이름에 담긴 뜻

일일 학습을 마치고, 워크북으로 생각을 정리해 보세요. 워크북 · 50쪽

공부한 날
월   일

1 여러분이 사는 곳의 이름은 무엇인가요? 그 이름이 어떻게 지어졌는지 알고 있나요? 사람의 이름처럼 지역의 이름에도 뜻이 담겨 있답니다. 우리가 사는 곳의 이름이 어떻게 지어졌고, 어떤 뜻을 담고 있는지 알아봅시다.

2 '서울'이라는 지명˙은 2천 년 전에 지어진 말에서 왔습니다. 기원전 57년경 박혁거세가 세운 나라의 이름 '서라벌'이 그 시작이었습니다. 원래 나라의 이름이었다가 수도˙의 이름으로 바뀌었습니다. '서울'에는 '높고 신령스러운 벌판'이라는 뜻이 담겨 있다고 합니다. 서울은 백제와 조선의 수도 역할을 했으며, 현재 대한민국의 수도입니다.

3 '경기도'라는 지명은 서울과 관련됩니다. 이 이름이 역사에 처음 등장한 것은 고려 때인 1018년으로, 고려의 수도인 개경(지금의 개성)의 외곽˙ 지역을 일컫는 말이었습니다. '경(京)'에는 '서울'이라는 뜻이, '기(畿)'에는 도성을 관리하고 방어˙한다는 뜻이 담겨 있다고 합니다.

4 '전라도'는 '전주'와 '나주'의 앞 글자를 따서 만든 이름입니다. 전라도의 다른 이름인 '호남'은 '호수의 남쪽 땅'이라는 뜻을 가지고 있습니다. 여기서 '호수'는 김제의 벽골제호, 또는 금강을 가리키는 것으로 알려져 있습니다.

5 '경상도'는 '경주'와 '상주'의 앞 글자를 따서 만든 이름입니다. 경상도의 다른 이름인 '영남'은 '조령의 남쪽 땅'이라는 뜻을 가지고 있습니다. 여기서 '조령'은 경상북도 문경시에 위치한 고개˙인 문경새재를 가리킨다고 합니다.

6 이 밖에 '충청도'는 '충주'와 '청주'의 앞 글자를, '강원도'는 '강릉'과 '원주'의 앞 글자를 따서 만든 이름입니다.

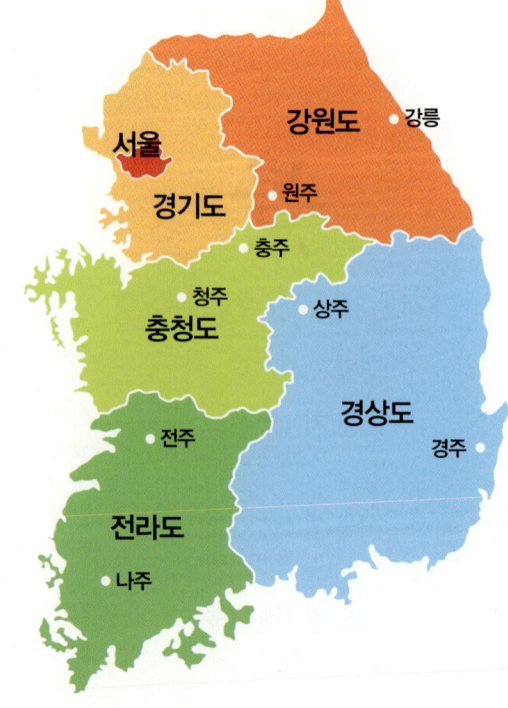

｜ 낱말 풀이 ｜

•**지명** 마을이나 지방, 산천, 지역 따위의 이름

•**수도** 한 나라의 중앙 정부가 있는 도시

•**외곽** 바깥 테두리

•**방어** 상대편의 공격을 막음.

•**고개** 산이나 언덕을 넘어 다니도록 길이 나 있는 비탈진 곳

내용 들여다보기 🔍

STEP 1 핵심 내용 **정리하기**

① 사람의 이름처럼 지역의 이름에도 [   ]이 담겨 있답니다.

② '서울'이라는 지명은 ~ 기원전 57년경 박혁거세가 세운 나라의 이름 '서라벌'이 그 시작이었습니다.
  ↳ '서울'에는 '높고 [   ]스러운 벌판'이라는 뜻이 담겨 있다고 합니다.

③ '경기도'라는 지명은 서울과 관련됩니다.
  ↳ '경'에는 '서울'이라는 뜻이, '기'에는 [   ]을 관리하고 방어한다는 뜻이 담겨 있다고 합니다.

④ '전라도'는 '전주'와 '나주'의 앞 글자를 따서 만든 이름입니다.
  ↳ 전라도의 다른 이름인 '호남'은 '[   ]의 남쪽 땅'이라는 뜻을 가지고 있습니다.

⑤ '경상도'는 '경주'와 '상주'의 앞 글자를 따서 만든 이름입니다.
  ↳ 경상도의 다른 이름인 '영남'은 '[   ]의 남쪽 땅'이라는 뜻을 가지고 있습니다.

⑤ [   ] '충청도'는 '충주'와 '청주'의 ~ '강원도'는 '강릉'과 '원주'의 [   ]를 따서 만든 이름입니다.

STEP 2 짜임 **이해하기**

① 지역 이름에
 담긴 뜻

② 서울
높고 (   )스러운 벌판을 뜻함.

③ (   )
서울(도성)의 관리와 방어를 뜻함.

④ 전라도: (   )와/과 나주의 앞 글자를 땀.
• 호남: 호수의 남쪽을 뜻함.

⑤ 경상도: (   )와/과 상주의 앞 글자를 땀.
• 영남: 조령의 남쪽을 뜻함.

⑥ 충청도: (   )와/과 청주의 앞 글자를 땀.
• 강원도: (   )와/과 원주의 앞 글자를 땀.

STEP 3 내용 **요약하기**

✎ 지역 이름에는 뜻이 담겨 있습니다. _____

주제 파악 **1** 이 글에서 가장 중요한 내용은 무엇인지 다음 빈칸에 알맞은 말을 순서대로 써 보세요.

> 지역의 (　　　　　)에는 (　　　　　)이/가 담겨 있다.

　　　　　　　　　　　　　　　　　　　　　　　　답 ＿＿＿＿＿＿＿＿＿＿＿＿＿

내용 이해 **2** 이 글의 내용으로 알맞지 <u>않은</u> 것은 무엇인가요? (　　　　)

① 경기도라는 이름은 서울과 관련된다.

② 경기도의 이름은 고려 때 처음 나타났다.

③ 경상도라는 이름은 문경새재와 관련된다.

④ 호남은 벽골제호의 남쪽 땅이라는 뜻이다.

⑤ 전라도와 경상도는 또 다른 이름을 가지고 있다.

비판과 평가 **3** 이 글을 읽고 '서울'에 대해 정확히 이해하지 <u>못한</u> 친구는 누구인가요? (　　　　)

① 민재: 서울이라는 이름은 기원전에 시작됐구나.

② 희수: 서울이라는 이름은 '서라벌'과 관련이 있구나.

③ 태진: 서울이라는 이름은 박혁거세가 직접 지은 것이구나.

④ 상연: 한 나라의 수도니까 높고 신령스러운 벌판이라는 뜻을 담았구나.

⑤ 예서: 서울은 백제, 조선에 이어 오늘날까지 오랫동안 우리나라의 수도 역할을 해 왔구나.

상황에 적용 **4** 이 글을 바탕으로 할 때 보기 의 지역 이름에 대한 설명으로 알맞은 것은 무엇인가요?

　　　　　　　　　　　　　　　　　　　　　　　　　　　　　(　　　　)

> **보기**
>
> 강원도　　　경상도　　　전라도　　　충청도

① 지역의 이름은 여러 번 바뀌어 왔다.

② 지역의 이름은 법으로 정해진 것이다.

③ 지역의 이름은 여러 사람에 의해 지어진 것이다.

④ 지역의 이름을 보면 그 지역의 지형을 알 수 있다.

⑤ 지역의 이름은 그곳의 대표적인 도시 이름과 관련된다.

1~4 다음 글자의 첫소리와 뜻을 참고하여 문장의 빈칸에 들어갈 낱말을 써 보세요.

1 ㅇ ㄱ : 바깥 테두리

→ 그곳은 대도시 _____에 있는 작은 마을이다.

2 ㅅ ㄷ : 한 나라의 중앙 정부가 있는 도시

→ 어떤 나라든 _____에는 많은 사람이 살고 있다.

3 ㅈ ㅁ : 마을이나 지방, 산천, 지역 따위의 이름

→ 우리나라 지도를 보니 모르는 _____이/가 매우 많았다.

4 ㄱ ㄱ : 산이나 언덕을 넘어 다니도록 길이 나 있는 비탈진 곳

→ 저기 보이는 _____만 넘어가면 여행지에 도착하게 된다.

5~7 다음 문장의 괄호 안에 어울리는 낱말을 골라 ○표 해 보세요.

5 그 학교는 지대가 높은 곳에 (설치 / 위치)하고 있다.

6 그는 축구를 할 때 공격보다 (반대 / 방어)를 잘한다.

7 강아지 이름은 내 이름의 한 글자를 (따서 / 빼서) 지었다.

어휘력에 도움이 되는 **대 표 한 자**

首	ᅩ	ᅡ	首		

뜻	소리	首자는 머리, 우두머리라는 뜻을 가진 글자예요. 이 글자는 원래 동물의 머리를 그린 것
머리	수	이라고 해요. 그러던 것이 사람의 '머리' 또는 '우두머리'라는 뜻을 표현하게 되었어요.

수 석 (首 席)
머리 수 · 자리 석

등급이나 직위 따위에서 맨 윗자리
예 그녀는 학교를 **수석**으로 졸업했다.

자 수 (自 首)
스스로 자 · 머리 수

범인이 스스로 수사 기관에 자기의 범죄 사실을 신고하고, 그 처분을 구하는 일
예 범인은 경찰서로 찾아와 **자수**를 했다.

원 수 (元 首)
으뜸 원 · 머리 수

한 나라에서 으뜸가는 권력을 지니면서 나라를 다스리는 사람
예 그는 한 나라의 **원수**가 되었다.

책을 읽고 생각을 나눠 볼까?

　책을 읽고 다른 사람들과 생각을 나누는 것을 '독서 토론'이라고 하죠. 독서 토론에는 여러 가지 장점이 있어요. 먼저 혼자 독서를 할 때보다 의무적으로라도 많은 책을 접할 수 있게 돼요. 그리고 독서를 통해 얻은 나의 느낌, 깨달음을 다른 사람들에게 조리 있게 전달하기 위해 한 번 더 생각을 정리하게 된다는 점도 독서 토론의 큰 장점 중 하나예요. 또, 글에 대한 다른 사람의 생각을 알 수 있게 되므로 생각의 폭이 넓어지고, 주제에 대해 더욱 깊이 있게 알 수 있어요.

착한 소비를 할 수는 없을까?

　인간이 살아가는 과정에서 소비를 아예 하지 않을 수는 없어요. 그렇다면 최대한 착한 소비를 추구하는 게 최선의 방법이겠죠. 착한 소비란 나의 이익만을 생각하지 않고, 상품이 도덕적으로 올바르게 만들어진 것인지를 살피며 소비하는 것을 뜻해요. 환경을 많이 오염시키면서 만들어 낸 상품은 아닌지, 잔인한 동물 실험을 통해 안전성을 획득한 상품은 아닌지, 어린이들에게 값싼 임금을 지불하고 만들어 낸 상품은 아닌지 등을 따져 보는 것이죠.

미국 지명에도 뜻이 담겨 있을까?

　미국에도 지형의 특징을 담고 있는 지명들이 있어요. 미 북동부의 오하이오(Ohio)주는 인디언 말로 '거대한 강'이라는 뜻을 나타내는데, 이 강은 주의 남쪽에 위치한 오하이오 강을 뜻한다고 해요. 또 뉴욕주의 오른쪽에 위치한 버몬트(Vermont)주는 프랑스어로 '푸른 산'을 뜻하는 'les verts monts'에서 유래했다고 해요. 버몬트주의 가운데에 큰 산맥이 솟아 있거든요. 미 중서부에 위치한 콜로라도(Colorado)주는 콜로라도 강이 붉은색을 띠고 있어 '색칠되어 있다.'라는 의미의 스페인어에서 유래했다고 해요.

6주

우리나라가 간직한 세계 유산

일일 학습을 마치고, 워크북으로 생각을 정리해 보세요.
워크북 • 52쪽

공부한 날
월 일

관련 교과 초등사회 5-1
국토와 우리 생활

1 '유네스코 세계 유산'은 유네스코(UNESCO)가 '세계 문화 및 자연 유산 보호 협약'에 따라 지정하고 있는 세계적 자산으로, 인류 전체를 위해 보호해야 할 뚜렷한 보편적 가치가 있다고 인정한 것입니다. 이는 크게 세계 유산, 무형 문화 유산, 세계 기록 유산으로 분류됩니다. 우리나라에도 여러 가지 유산이 유네스코 세계 유산으로 등재되어 있습니다.

2 첫째, 세계 유산으로는 2000년에 등재된 '경주 역사 유적 지구'와 '고창, 화순, 강화의 고인돌 유적'이 있습니다. 경주에는 탑과 조각, 궁궐터, 왕릉, 산성 등 7~10세기의 신라 유적이 많이 남아 있어, 신라 고유의 탁월한 예술성을 확인할 수 있습니다. 그리고 고인돌 유적의 경우 수백 기 이상의 다양한 모양의 고인돌이 한 지역에 집중 분포하고 있는데, 이러한 모습은 세계적으로 유례를 찾기 어렵습니다. 그래서 고인돌 유적은 선사 시대의 문화를 연구하는 데 매우 중요한 유산입니다.

3 둘째, 무형 문화 유산으로는 2012년에 등재된 '아리랑'이 있습니다. 우리나라의 대표 민요인 아리랑은 일반 민중이 오랜 세월을 거쳐 함께 창조한 것입니다. 단순한 노래지만 다양한 주제를 담고 있으며, 여러 사람이 함께 부르기가 쉽습니다. 또한 두 팀으로 나누어 줄을 반대 방향으로 당기는 놀이인 '줄다리기'는 2015년에 무형 문화 유산으로 등재되었는데, 이는 공동체 구성원의 단결과 화합을 도모하는 데 쓰입니다.

4 셋째, 세계 기록 유산으로는 '훈민정음 해례본'이 있습니다. 훈민정음은 세계적으로 중요성과 독창성, 대체 불가능성을 인정받은 문자로, 우리나라에 문자 체계의 혁명을 불러왔습니다. 훈민정음을 통해 한자로는 쓸 수 없던 우리말을 완벽히 표기할 수 있게 되었고, 아주 쉽게 글자를 배우고 쓸 수 있게 되었습니다.

▎낱말 풀이

• **유산** 앞 세대가 물려준 사물 또는 문화

• **지구** 일정한 목적 때문에 특별히 지정된 지역

• **고유** 본래부터 가지고 있는 특유한 것

• **도모** 어떤 일을 이루기 위하여 대책과 방법을 세움.

• **독창성** 다른 것을 모방함이 없이 새로운 것을 처음으로 만들어 내거나 생각해 내는 성향이나 성질

▲ 경주 역사 유적 지구(왼쪽부터 첨성대, 남산불곡석불좌상, 동궁과 월지)

내용 들여다보기

STEP 1 핵심 내용 정리하기

① '유네스코 세계 유산'은 ~ 인류 전체를 위해 보호해야 할 뚜렷한 [   ] 가치가 있다고

인정한 것입니다.

우리나라에도 여러 가지 유산이 유네스코 세계 유산으로 등재되어 있습니다.

② [   ], 세계 유산으로는 ~ '경주 역사 유적 지구'와 '고창, 화순, 강화의 고인돌 유적'

이 있습니다.

↳ 경주에는 ~ 신라 고유의 탁월한 [   ]을 확인할 수 있습니다.

↳ 고인돌 유적은 [   ] 시대의 문화를 연구하는 데 매우 중요한 유산입니다.

③ [   ], 무형 문화 유산으로는 ~ '아리랑'이 있습니다.

↳ 아리랑은 일반 [   ]이 오랜 세월을 거쳐 함께 창조한 것입니다.

또한 ~ '줄다리기'는 ~ 공동체 구성원의 [   ]과 화합을 도모하는 데 쓰입니다.

④ [   ], 세계 기록 유산으로는 '훈민정음 [   ]'이 있습니다.

↳ 훈민정음은 세계적으로 중요성과 [   ], [   ] 불가능성을 인정받은 문자로,

우리나라에 문자 체계의 혁명을 불러왔습니다.

STEP 2 짜임 이해하기

① 우리나라의 대표적인
(   ) 세계 유산

② 세계 유산

경주 역사 유적 지구
(   ) 유적

③ (   ) 문화 유산

아리랑
줄다리기

④ 세계 (   ) 유산

훈민정음 해례본

STEP 3 내용 요약하기

✎ 우리나라의 대표적인 _____

_____

_____

주제 파악 **1** 이 글에서 가장 중요한 내용은 무엇인가요? (   )

① 유네스코 세계 유산의 의미

② 유네스코 세계 유산의 종류

③ 유네스코 세계 유산의 지정 방법

④ 우리나라의 유네스코 세계 유산의 위치

⑤ 우리나라의 대표적인 유네스코 세계 유산

내용 이해 **2** 이 글의 내용으로 알맞지 <u>않은</u> 것은 무엇인가요? (   )

① 줄다리기는 두 팀으로 나누어 하는 놀이이다.

② 아리랑은 다양한 주제를 담고 있는 민요이다.

③ 아리랑은 공동체의 화합을 도모하는 데 쓰인다.

④ 훈민정음 해례본은 유네스코 세계 기록 유산이다.

⑤ 훈민정음은 세계적으로 중요성과 독창성을 인정받았다.

내용 추론 **3** 이 글을 바탕으로 다음 빈칸에 알맞은 말을 써 보세요.

> 경주 역사 유적 지구가 유네스코 세계 유산으로 지정된 이유는 인류 전
> 체를 위해 보호해야 할 뚜렷한 [   ]이/가 있기 때문이다.

답 _____

상황에 적용 **4** 이 글로 볼 때 에 대한 설명으로 알맞지 <u>않은</u> 것은 무엇인가요? (   )

보기

▲ 강화의 오상리 고인돌군

> 고인돌은 거대한 바위를 이용하여 만들어진 선사 시대의 거석(매우 큰 돌) 기념물로, 무덤의 일종이다.

① 수백 기가 집중적으로 분포하고 있다.

② 모양이 다양한 고인돌들이 모여 있다.

③ 고유의 탁월한 예술성을 지니고 있다.

④ 선사 시대의 문화를 연구하는 자료이다.

⑤ 유례를 찾기 어려울 정도로 많이 모여 있다.

1~4 다음 낱말의 알맞은 뜻을 찾아 선으로 이어 보세요.

1 고유 •

2 유례 •

3 유산 •

4 지구 •

• ㉠ 같거나 비슷한 예

• ㉡ 본래부터 가지고 있는 특유한 것

• ㉢ 앞 세대가 물려준 사물 또는 문화

• ㉣ 일정한 목적 때문에 특별히 지정된 지역

5~7 다음 빈칸에 알맞은 낱말을 보기 에서 찾아 문장에 맞게 고쳐 써 보세요.

> ─ 보기 ─
> • 창제하다: 전에 없던 것을 처음으로 만들거나 제정하다.
> • 도모하다: 어떤 일을 이루기 위하여 대책과 방법을 세우다.
> • 지정하다: 관공서, 학교, 회사, 개인 등이 어떤 것에 특정한 자격을 주다.

5 그들은 친구들끼리 친목을 [   ] 위해 모였다.

6 정부는 다음 주 월요일을 대체 공휴일로 [   ].

7 그는 새로운 시의 형식을 [   ] 시인으로 꼽힌다.

어휘력에 도움이 되는 **대 표 한 자**

	和	千	禾	和	

뜻	소리	和자는 禾(벼 화)자와 口(입 구)자를 더하여 만든 한자예요. 벼를 여럿이 나누어 먹는
화목할	화	모습을 통해 **화목하다, 온화하다**라는 뜻을 표현해요.

화 해 (和 解)	싸움하던 것을 멈추고 서로 가지고 있던 안 좋은 감정을 풀어 없앰.
화목할 화 풀 해	예 나는 동생에게 먼저 <u>화해</u>를 청했다.
조 화 (調 和)	서로 잘 어울림.
고를 조 화목할 화	예 그 영화는 이야기와 배경이 <u>조화</u>를 이루었다.
평 화 (平 和)	평온하고 화목함.
평평할 평 화목할 화	예 가정의 <u>평화</u>를 깨뜨릴 수는 없다.

간접 광고란 무엇일까요?

일일 학습을 마치고, 워크북으로 생각을 정리해 보세요.　워크북 · 54쪽

공부한 날

월　　　일

1 텔레비전 프로그램을 시청할 때, 시작하기 전이나 사이사이에 몇 편의 광고를 보게 되는 경우가 많습니다. 이처럼 프로그램의 앞뒤에 배치●된 광고를 '직접 광고'라고 합니다. 그런데 요즘에는 프로그램 안에서 자신도 모르게 상품을 접하게 되는 경우가 있습니다. 이를 '간접 광고'라고 합니다. 직접 광고는 다른 채널로 돌리거나 광고 시간에 다른 일을 하는 등 시청자의 의사로 보지 않는 것을 선택할 수 있지만, 간접 광고는 프로그램 안에 상품을 배치하는 것이므로 시청자의 입장에서 피하기가 어렵습니다.

2 간접 광고를 제시하는 방법에는 두 가지가 있습니다. 첫 번째는 프로그램 출연자가 상품을 사용하거나 언급●하는 것이고, 두 번째는 화면 속 배경에 상품을 배치하여 보여 주는 것입니다.

3 이러한 간접 광고는 법적인 규제를 받고 있습니다. 1990년대에는 '협찬 제도'를 통해 프로그램 제작에 업체의 협찬을 받았을 경우, 프로그램이 끝날 때에만 해당 업체를 표시해 알릴 수 있게 하였습니다. 그러나 프로그램 진행 중에는 협찬 내용을 알리지 못하게 되어 있었습니다.

4 그러다가 2010년에 방송법을 개정하면서 방송 광고 산업의 활성화를 위해 '간접 광고' 조항을 새로 만들게 되었습니다. 이후부터 프로그램 진행 중에도 상품명이나 업체명을 보여 주는 것이 허용●되었습니다. 다만 이때에도 상품명을 직접 언급하는 것은 금지되었습니다.

5 최근 들어 방송 프로그램의 제작 환경이 변화하면서 간접 광고가 늘어나 시청자들이 알게 모르게 광고의 영향을 받는 경우가 많아졌습니다. 그래서 뜬금없는 간접 광고 때문에 프로그램의 흐름이 끊어져 방송에 대한 몰입을 방해한다는 비판을 제기●하는 사람들도 생겨났습니다. 전문가들은 시청자들이 간접 광고의 문제점을 알고, 여기에 적절히 대응●해야 한다고 말하고 있습니다.

┃ 낱말 풀이 ┃

● **배치** 일정한 차례나 간격에 따라 벌여 놓음.

● **언급** 어떤 문제에 대하여 말함.

● **허용** 허락하여 너그럽게 받아들임.

● **제기** 의견이나 문제를 내어놓음.

● **대응** 어떤 일이나 사태에 맞추어 태도나 행동을 취함.

내용 들여다보기

STEP 1 핵심 내용 정리하기

❶ 요즘에는 프로그램 [   ]에서 ~ 상품을 접하게 되는 경우가 있습니다.

이를 '간접 광고'라고 합니다.

❷ 간접 광고를 제시하는 방법에는 두 가지가 있습니다.

↳ [   ]는 프로그램 출연자가 상품을 [   ]하거나 언급하는 것이고, [   ]

는 화면 속 [   ]에 상품을 배치하여 보여 주는 것입니다.

❸ 1990년대에는 '[   ] 제도'를 통해 ~ 프로그램이 [   ] 때에만 해당 업체를 표

시해 알릴 수 있게 하였습니다.

❹ [   ] 2010년에 ~ '간접 광고' 조항을 새로 만들게 되었습니다.

[   ] 프로그램 진행 중에도 ~ [   ] 되었습니다.

❺ 방송에 대한 [   ]을 방해한다는 비판을 제기하는 사람들도 생겨났습니다.

전문가들은 시청자들이 간접 광고의 [   ]을 알고, ~ 적절히 대응해야 한다고 말하고

있습니다.

STEP 2 짜임 이해하기

간접 광고의 특징

❶ 프로그램 안에 상품을 배치하는 간접 광고

❷ 제시 방법
① 출연자의 상품 사용 또는 언급
② 화면 속 (   )에 상품 배치

법적 규정
❸ 1990년대 '(   ) 제도': 프로그램이 끝날 때에만 업체명 표시 허용
↓
❹ 2010년 '간접 광고' 조항: 프로그램 진행 중에 상품명, 업체명 표현 허용

❺ 늘어나는 간접 광고에 적절히 (   )해야 함.

STEP 3 내용 요약하기

✎ 간접 광고는 텔레비전 프로그램

구조 이해 **1** 이 글을 읽고 알 수 있는 내용이 <u>아닌</u> 것은 무엇인가요? (   )

① 간접 광고의 제시 방법

② 간접 광고와 관련된 법

③ 간접 광고의 장점과 단점

④ 직접 광고와 간접 광고의 차이

⑤ 간접 광고에 대해 제기된 비판

내용 이해 **2** 이 글의 내용으로 알맞지 <u>않은</u> 것은 무엇인가요? (   )

① 직접 광고는 보지 않을 수도 있다.

② 최근 들어 간접 광고가 늘어나고 있다.

③ 간접 광고는 법적인 규제를 받고 있다.

④ 직접 광고보다 간접 광고의 효과가 크다.

⑤ 직접 광고는 프로그램 앞뒤에 배치된 것이다.

내용 추론 **3** 이 글로 볼 때 '간접 광고'의 법적인 규정에 대한 설명으로 알맞지 <u>않은</u> 것은 무엇인가요?

(   )

협찬 제도	① 협찬 업체는 프로그램이 끝날 때에만 표시된다.
	② 협찬 내용은 프로그램이 진행될 때에는 알릴 수 없다.
간접 광고 조항	③ 방송 광고 산업 활성화를 위해 만들어졌다.
	④ 프로그램이 진행되는 도중에 업체명을 보여 줄 수 있다.
	⑤ 출연자는 프로그램이 끝날 때 상품명을 언급할 수 있다.

비판과 평가 **4** 이 글을 읽고 보기 에서 '간접 광고'의 문제점에 해당하는 것의 기호를 모두 골라 써 보세요. (   )

보기

㉠ 프로그램 중에 내용과 관련이 없는 상품을 보여 준다.

㉡ 인기 있는 프로그램은 시작하기 전에 광고 시간이 길다.

㉢ 프로그램 출연자가 입은 옷을 구매하는 사람들이 늘어난다.

㉣ 프로그램이 끝나고 출연자가 등장하는 상품 광고가 제시된다.

1~4 다음 뜻과 글자의 첫소리를 참고하여 빈칸에 들어갈 낱말을 써 보세요.

1 어떤 문제에 대하여 말함. → ㅇ ㄱ _____

2 의견이나 문제를 내어놓음. → ㅈ ㄱ _____

3 허락하여 너그럽게 받아들임. → ㅎ ㅇ _____

4 일정한 차례나 간격에 따라 벌여 놓음. → ㅂ ㅊ _____

5~7 다음 문장의 밑줄 친 낱말의 의미를 보기 에서 찾아 그 기호를 써 보세요.

┌─────────── 보기 ───────────┐
ㄱ 남의 일을 간섭하고 막아 해를 끼치다.
ㄴ 어떤 일 따위에 재정적으로 도움을 주다.
ㄷ 어떤 일이나 사태에 맞추어 태도나 행동을 취하다.
└───────────────────────────┘

5 그는 자신에 대한 잘못된 비판에 <u>대응하기</u>로 했다. ( )

6 그 회사는 여러 선수들에게 운동복을 <u>협찬하고</u> 있다. ( )

7 자식들은 부모님의 휴식 시간을 <u>방해하지</u> 않으려고 했다. ( )

어휘력에 도움이 되는 **대표한자**

言

ー 言 言

뜻	소리	言자는 입에서 소리가 퍼져 나가는 모습을 그린 것이에요. 입에서 나온 소리이므로 **말씀, 말, 말하다**라는 뜻을 표현해요.
말씀	언	

언어 (言 語)
말씀 언 말씀 어
생각, 느낌 따위를 나타내거나 전달하는 데에 쓰는 음성, 문자 따위의 수단
예 다른 나라의 **언어**를 배우는 것은 매우 어렵다.

명언 (名 言)
이름 명 말씀 언
사리에 맞는 훌륭한 말
예 베이컨은 '아는 것이 힘이다.'라는 **명언**을 남겼다.

방언 (方 言)
모 방 말씀 언
한 언어에서, 사용 지역 또는 사회 계층에 따라 나누어진 말의 체계
예 우리는 한 지역의 **방언**을 조사하기 위해 현지로 답사를 떠났다.

더 강한 단맛을, 액상 과당

일일 학습을 마치고, 위크북으로 생각을 정리해 보세요.   워크북 · 56쪽

공부한 날

월   일

관련 교과 **초등과학 6-2**
우리 몸의 구조와 기능

❶ 우리가 좋아하는 간식을 떠올려 봅시다. 과자, 빵, 아이스크림, 주스, 콜라 등 모두 단맛을 가진 음식들이죠. 이렇게 단맛을 내는 가공식품에는 액상 과당이 사용되는 경우가 많습니다. 액상 과당은 과연 무엇일까요?

❷ '당(糖)'은 물에 잘 녹으며 단맛이 있는 탄수화물을 뜻하고, '과당(果糖)'은 꿀이나 단 과일 속에 들어 있는 단당류를 말합니다. 우리 인류는 과일을 통해 당을 섭취하다가 사탕수수에서 뽑아낸 설탕을 사용해 왔습니다. 그런데 설탕을 과도하게 섭취하는 것이 건강에 좋지 않다는 사실이 알려지면서 설탕을 대체할 수 있는 물질을 찾게 되었습니다. 이것이 바로 '액상 과당'입니다.

❸ 옥수수 녹말을 분해하여 만든 시럽은 포도당이 주성분입니다. 포도당의 단맛은 설탕의 3/4 정도인데, 이 시럽에 효소를 넣고 정제하면 액체로 되어 있는 과당, 즉 액상 과당이 됩니다. 이렇게 만들어진 액상 과당은 설탕보다 적은 양으로 훨씬 강한 단맛을 낼 수 있습니다. 게다가 옥수수 녹말은 사탕수수에 비해 값이 싸기 때문에 가공식품 업계에서는 액상 과당을 많이 사용하게 되었습니다.

❹ 음식의 당분이 포도당으로 분해되면 포만감을 느끼고 식욕 억제 호르몬이 나옵니다. 그런데 액상 과당은 이러한 식욕 억제 호르몬의 분비를 방해하여 과식을 하게 만듭니다. 또한 과당은 포도당보다 더 쉽게 지방으로 몸속에 축적되어 비만을 일으킬 수 있습니다.

❺ 액상 과당은 설탕을 대체할 물질로 만들어졌지만, 결국 건강에 악영향을 미치는 설탕의 단점을 해결해 주지는 못합니다. 따라서 단맛이 나는 음식, 특히 가공식품의 섭취를 줄이는 것이 건강을 지키는 길이라는 점을 알아야겠습니다.

┃ 낱말 풀이 ┃

• **섭취** 생물체가 양분 따위를 몸 속에 빨아들이는 일

• **과도** 정도에 지나침.

• **정제** 물질에 섞인 불순물을 없애 그 물질을 더 순수하게 함.

• **억제** 감정이나 욕망, 충동적 행동 따위를 내리눌러서 그치게 함.

• **축적** 지식, 경험, 자금 따위를 모아서 쌓음.

내용 들여다보기 🔍

STEP 1 핵심 내용 **정리하기**

❶ [   ]을 내는 가공식품에는 액상 과당이 사용되는 경우가 많습니다.

❷ 우리 인류는 ~ [   ]에서 뽑아낸 설탕을 사용해 왔습니다.

[   ] 설탕을 과도하게 섭취하는 것이 건강에 좋지 않다는 사실이 알려지면서 설탕을 대체할 수 있는 물질을 찾게 되었습니다.

↳ 이것이 바로 '액상 과당'입니다.

❸ 액상 과당은 설탕보다 [   ] 양으로 훨씬 강한 단맛을 낼 수 있습니다.

[   ] 옥수수 녹말은 사탕수수에 비해 값이 [   ] 때문에 가공식품 업계에서는 액상 과당을 많이 사용하게 되었습니다.

❹ 액상 과당은 ~ 식욕 억제 호르몬의 분비를 방해하여 [   ]을 하게 만듭니다.

[   ] 과당은 ~ 지방으로 몸속에 축적되어 비만을 일으킬 수 있습니다.

❺ 액상 과당은 ~ 설탕의 [   ]을 해결해 주지는 못합니다.

↳ [   ] 단맛이 나는 음식, [   ] 가공식품의 섭취를 줄이는 것이 건강을 지키는 길이라는 점을 알아야겠습니다.

STEP 2 짜임 **이해하기**

❶ 가공식품에 사용되는 액상 과당 — ❷ 설탕을 (   )하기 위해 개발된 액상 과당

❸ 설탕보다 (   ) 양으로 강한 단맛을 내는 액상 과당

❹ 과식과 (   )을/를 일으키는 액상 과당

❺ 액상 과당이 든 가공식품 섭취를 줄여야 함.

STEP 3 내용 **요약하기**

✎ 액상 과당은 설탕을 _____

주제 파악 **1** 이 글에서 가장 중요한 내용은 무엇인가요? (   )

① 설탕과 액상 과당의 차이
② 인류가 당을 섭취하는 방법
③ 액상 과당의 특징과 문제점
④ 가공식품의 여러 가지 종류
⑤ 액상 과당이 사용되는 식품

내용 이해 **2** 이 글의 내용으로 알맞지 <u>않은</u> 것은 무엇인가요? (   )

① 설탕은 사탕수수에서 뽑아낸 것이다.
② 과당은 꿀이나 단 과일 속에 들어 있다.
③ 액상 과당을 만드는 원료는 옥수수 녹말이다.
④ 액상 과당은 설탕을 대체하기 위해 만들어졌다.
⑤ 액상 과당은 몸속에 들어가서 과당으로 바뀐다.

비판과 평가 **3** 이 글의 내용을 제대로 이해하지 <u>못한</u> 친구는 누구인가요? (   )

① 혜연: 액상 과당은 설탕보다 만드는 비용이 적게 드는구나.
② 경수: 그래서 가공식품에 액상 과당이 많이 사용되는 거야.
③ 나정: 결국 가공식품을 많이 먹으면 액상 과당도 많이 먹는 거야.
④ 영진: 그러니까 몸에 좋지 않은 액상 과당보다 설탕을 많이 먹어야 해.
⑤ 서은: 앞으로는 액상 과당이 든 가공식품 대신 자연식품을 먹어야겠어.

상황에 적용 **4** 이 글을 읽고 보기 에서 단맛이 강한 순서대로 기호를 써 보세요.

(   )

보기

㉠ 설탕 10g을 넣어 만든 음료
㉡ 포도당 10g을 넣어 만든 음료
㉢ 액상 과당 10g을 넣어 만든 음료

1~3 다음 글자의 첫소리와 뜻을 참고하여 문장의 빈칸에 들어갈 낱말을 써 보세요.

1 ㄱ ㅅ : 지나치게 많이 먹음.

→ 뷔페 음식점에서는 _____에 유의해야 한다.

2 ㅅ ㅊ : 생물체가 양분 따위를 몸속에 빨아들이는 일

→ 운동을 할 때에는 지방 _____도 같이 줄여야 한다.

3 ㅈ ㅈ : 물질에 섞인 불순물을 없애 그 물질을 더 순수하게 함.

→ 석유의 _____에는 매우 많은 과정이 포함되어 있다.

4~7 다음 문장의 괄호 안에 어울리는 낱말을 골라 ○표 해 보세요.

4 이 채소는 식욕 (구제 / 억제)에 도움이 된다.

5 그는 자기 분야에서 (저축 / 축적)된 경험을 가지고 있다.

6 그는 용돈을 깎는 것이 (과다 / 과도)한 처벌이라고 항의했다.

7 안구 건조증은 평소보다 눈물이 덜 (분비 / 분해)되는 증상이다.

어휘력에 도움이 되는 **대 표 한 자**

分	八	今	分		

뜻	소리	分자는 八(여덟 팔)자와 刀(칼 도)자를 더하여 물건을 반으로 나눔을 나타내요. **나누다,**
나눌	분	**나누어 주다**라는 뜻을 가진 글자예요.

분 석 (分 析)
나눌 분　가를 석

얽혀 있거나 복잡한 것을 풀어서 개별적인 요소나 성질로 나눔.
예 그들은 실패의 원인 **분석**을 시작했다.

분 리 (分 離)
나눌 분　떠날 리

서로 나뉘어 떨어짐. 또는 그렇게 되게 함.
예 재활용품과 일반 쓰레기는 **분리**해서 배출해야 한다.

구 분 (區 分)
구역 구　나눌 분

일정한 기준에 따라 전체를 몇 개로 갈라 나눔.
예 조사 지역을 정한 뒤 날짜별로 **구분**을 지었다.

건물을 아름답게 만드는 단청

일일 학습을 마치고, 워크북으로 생각을 정리해 보세요.   워크북 • 58쪽

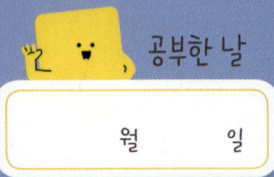

공부한 날

월   일

❶ 우리나라의 옛날 건물을 본 적 있나요? 궁궐이나 유적지에 있는 나무로 만들어진 건물을 살펴보면 여러 가지 색으로 무늬를 넣은 부분을 찾아볼 수 있습니다. 이렇게 옛날식 집의 벽, 기둥, 천장 따위에 여러 가지 빛깔로 그림이나 무늬를 그려 넣는 것을 '단청(丹靑)'이라고 합니다. 단청은 주로 목조 건물을 장식°했지만, 돌로 지은 석조 건물이나 공예품, 조각상 등에도 사용되었습니다.

❷ 단청은 건물을 보호하려는 목적으로 시작되었습니다. 비바람이나 햇빛, 해충 등으로 인한 손상°을 방지하고 습기를 막아 건물이 오랫동안 보존°되도록 한 것입니다. 거기에다 다양한 색깔의 염료를 사용한 그림이나 무늬를 넣음으로써 건물을 아름답게 만들고 품격°을 높이는 역할도 하게 되었습니다. 위엄과 권위를 나타내거나 좋지 않은 기운을 몰아내기 위한 목적으로 그려진 것도 있습니다.

❸ 단청을 이루는 무늬는 다양한데, 원이나 삼각형 등의 도형을 기본으로, 꽃과 나무, 태양과 달 같은 자연물이 많이 등장하였습니다. 또한 건물의 성격을 나타내는 무늬나 특정한 표현 의도를 나타내는 무늬들도 사용되었습니다. 예를 들어 봉황 그림은 주로 임금이 사는 궁궐에만 사용되었고, 절에는 불경에 나오는 장면 같은 종교적 소재들이 사용되었습니다. 또 연꽃은 극락왕생을 기원하는 데에, 박쥐는 자손의 번창을 상징하는 데에 쓰였습니다.

❹ 단청에 쓰이는 색깔은 기본적으로 적색, 청색, 황색, 백색, 흑색의 다섯 가지입니다. 이들을 섞어 다른 색을 만들어 쓰기도 하였는데, 적색 등 더운 색 계열과 청색 등 차가운 색 계열을 구분하여 사용하였습니다. 단청에 사용하는 안료는 조선 시대까지는 천연° 안료였으나 요즘에는 화학 안료로 바뀌었습니다.

| 낱말 풀이 |

• **장식** 액세서리 따위로 치장함.

• **손상** 물체가 깨지거나 상함.

• **보존** 잘 보호하고 간수하여 남김.

• **품격** 사물 따위에서 느껴지는 품위

• **천연** 사람의 힘을 가하지 아니한 상태

내용 들여다보기 🔍

STEP 1 핵심 내용 정리하기

1 옛날식 집의 벽, 기둥, 천장 따위에 여러 가지 빛깔로 그림이나 무늬를 그려 넣는 것을 '☐☐☐'이라고 합니다.

2 단청은 건물을 ☐☐☐하려는 목적으로 시작되었습니다.

☐☐☐ 다양한 색깔의 염료를 사용한 그림이나 무늬를 넣음으로써 건물을 아름답게 만들고 ☐☐☐을 높이는 역할도 하게 되었습니다.

3 단청을 이루는 무늬는 ~ 도형을 기본으로, ~ ☐☐☐이 많이 등장하였습니다.

☐☐☐ 건물의 ☐☐☐을 나타내는 무늬나 특정한 표현 의도를 나타내는 무늬들도 사용되었습니다.

4 단청에 쓰이는 색깔은 기본적으로 적색, 청색, 황색, 백색, ☐☐☐의 다섯 가지입니다. 단청에 사용하는 안료는 조선 시대까지는 ☐☐☐ 안료였으나 요즘에는 화학 안료로 바뀌었습니다.

STEP 2 짜임 이해하기

1 단청 ｜ 옛날식 집에 그려 넣은 그림이나 무늬

2 단청의 목적
- 건물을 (　　　)함.
- 건물의 아름다움과 (　　　)을/를 높임.

3 단청의 무늬
- 도형이나 자연물
- 건물의 성격이나 (　　　)을/를 나타냄.

4 단청의 색깔과 안료
- 적, 청, 황, (　　　), 흑색 등
- 천연 안료 → 화학 안료

STEP 3 내용 요약하기

✎ 단청은 옛날식 집에 여러 가지 빛깔로

구조 이해 **1** 이 글을 읽고 알 수 <u>없는</u> 것은 무엇인가요? (   )

① 단청의 뜻   ② 단청의 목적

③ 단청의 무늬   ④ 단청의 색깔

⑤ 단청을 그린 사람

내용 이해 **2** 이 글의 내용으로 알맞지 <u>않은</u> 것은 무엇인가요? (   )

① 단청에는 다양한 무늬의 그림이 사용된다.

② 봉황 무늬의 단청은 궁궐에만 사용되었다.

③ 단청은 건물뿐 아니라 공예품에도 그려졌다.

④ 옛날 단청에는 다섯 가지 색깔만 사용되었다.

⑤ 나쁜 기운을 몰아내기 위해 그려진 단청도 있다.

내용 추론 **3** 이 글을 바탕으로 다음 빈칸에 알맞은 말을 차례대로 써 보세요.

옛날에 만들어진 목조 건물은 [   ]이 없었다면 [   ]되기

쉬워 오래 보존되지 않았을 것이다.

> 답 _____

상황에 적용 **4** 이 글을 읽고 의 사진에 대해 알맞게 설명한 것의 기호를 모두 골라 써 보세요.

(   )

보기

㉠ 건물의 지붕과 기둥에 단청을 그렸다.

㉡ 천연 안료를 사용해서 단청을 그렸다.

㉢ 전체적으로 여러가지 무늬가 많이 그려져 있다.

㉣ 초록색과 빨간색 등 여러 가지 색이 사용되었다.

㉤ 실용성보다 아름다운 장식을 목적으로 그려졌다.

1~4 다음 낱말의 알맞은 뜻을 찾아 선으로 이어 보세요.

1 손상 •

2 염료 •

3 천연 •

4 품격 •

• ㉠ 물체가 깨지거나 상함.

• ㉡ 사물 따위에서 느껴지는 품위

• ㉢ 옷감 따위에 빛깔을 들이는 물질

• ㉣ 사람의 힘을 가하지 아니한 상태

5~7 다음 문장의 빈칸에 알맞은 낱말을 **보기** 에서 찾아 문장에 맞게 고쳐 써 보세요.

보기

• 장식하다: 액세서리 따위로 치장하다.
• 보존하다: 잘 보호하고 간수하여 남기다.
• 방지하다: 어떤 일이나 현상이 일어나지 못하게 막다.

5 환경 오염을 [   ] 위해 모두 노력하자.

6 새 집에 [   ] 그림을 친구에게 선물하였다.

7 오늘날에는 냉장고가 음식을 [   ] 역할을 한다.

어휘력에 도움이 되는 **대표한자**

뜻	소리	石자는 **돌, 섬**(용량 단위)이라는 뜻을 가진 글자예요. 이 글자는 벼랑 아래로 돌이 굴러 떨어진 모습을 나타내요.
돌	석	

석 재 (石 材) 돌 석 재목 재	건축이나 토목 따위에 쓰는, 돌로 된 재료 **예** 이 건물은 좋은 **석재**로 만들어졌다.
암 석 (巖 石) 바위 암 돌 석	지각을 구성하고 있는 단단한 물질 **예** 그 산은 대부분 **암석**으로 덮여 있다.
보 석 (寶 石) 보배 보 돌 석	아주 단단하고 빛깔과 광택이 아름다우며 희귀한 광물 **예** 그는 **보석**이 반짝이는 왕관으로 치장을 했다.

적정 기술을 알고 있나요?

일일 학습을 마치고, 워크북으로 생각을 정리해 보세요. 워크북 · 60쪽

❶ '적정 기술'은 어떤 기술이 사용되는 사회의 정치적·문화적·환경적 조건을 고려하여 그 지역에서 지속적인 생산과 소비가 가능하도록 만들어진 기술입니다. 이는 기술적 기반이 부족한 저개발국의 현실에 맞으면서도 삶을 윤택하게 만들어 줍니다. 그 사례로는 다음과 같은 것들이 있습니다.

❷ '큐-드럼(Q-drum)'은 물이 부족한 나라에서 식수를 구하러 먼 곳까지 가야 하는 사람들에게 도움을 주기 위해 개발되었습니다. 원통 모양의 물통 가운데에 구멍을 뚫고 끈을 연결하여 만듭니다. 끈을 끌어 물통을 굴리는 방식으로 운반할 수 있어서, 물동이를 지는 것보다 힘과 이동 시간을 줄일 수 있습니다.

❸ '팟인팟 쿨러(Pot in pot cooler)'는 식료품을 오래 보관할 수 있게 만든 일종의 냉장고입니다. 큰 항아리 안에 작은 항아리를 넣고, 그 사이에 물을 적신 모래를 채워 넣습니다. 모래 속의 물이 증발하면서 작은 항아리 안의 열을 빼앗게 하는 원리입니다. 상온에서 2~3일이면 상하는 토마토를 팟인팟 쿨러에서는 21일 동안 보관할 수 있습니다.

❹ '리터 오브 라이트(Liter of light)'는 햇빛을 이용한 조명 기구입니다. 투명한 페트병에 물과 약간의 세제를 담습니다. 그리고 지붕에 여러 개의 구멍을 뚫어 이 페트병들을 꼭 맞게 끼웁니다. 이렇게 설치된 페트병들은 낮 시간 동안 햇빛을 반사시켜 실내를 밝게 됩니다. 그 밝기는 40~60W의 백열전구와 비슷하고, 대략 5년간 사용할 수 있다고 합니다.

❺ 이처럼 적정 기술이 사용된 제품들은 전기 같은 에너지를 사용하지 않고, 저개발국에서도 쉽게 구할 수 있는 간단한 재료를 사용합니다. 적정 기술은 첨단 기술을 누리지 못하는 저개발국의 국민들에게 도움이 되면서도 환경을 오염시키지 않기 때문에 대안 기술로 주목받고 있습니다.

┃ 낱말 풀이 ┃

• **적정** 알맞고 바른 정도

• **고려** 생각하고 헤아려 봄.

• **운반** 물건 따위를 옮겨 나름.

• **증발** 어떤 물질이 액체 상태에서 기체 상태로 변함.

• **조명** 광선으로 밝게 비춤.

• **첨단** 학문, 유행 따위의 맨 앞장

• **대안** 어떤 안을 대신하는 안

내용 들여다보기 🔍

STEP 1 핵심 내용 정리하기

1 '적정 기술'은 어떤 기술이 사용되는 사회의 ~ [ ]을 고려하여 ~ 지속적인 생산과 소비가 가능하도록 만들어진 기술입니다.
  ↳ 기술적 [ ]이 부족한 저개발국의 현실에 맞으면서도 삶을 [ ]하게 만들어 줍니다.

2 '큐-드럼'은 ~ [ ]를 구하러 먼 곳까지 가야 하는 사람들에게 도움을 주기 위해 개발되었습니다.
  ↳ 끈을 끌어 물통을 굴리는 방식으로 ~ [ ]과 이동 시간을 줄일 수 있습니다.

3 '팟인팟 쿨러'는 식료품을 오래 보관할 수 있게 만든 일종의 [ ]입니다.
  ↳ 모래 속의 물이 [ ]하면서 작은 항아리 안의 열을 빼앗게 하는 원리입니다.

4 '리터 오브 라이트'는 햇빛을 이용한 [ ] 기구입니다.
  ↳ 페트병들은 낮 시간 동안 햇빛을 [ ]시켜 실내를 밝게 됩니다.

5 적정 기술은 ~ 저개발국의 국민들에게 도움이 되면서도 환경을 오염시키지 않기 때문에 [ ] 기술로 주목받고 있습니다.

STEP 2 짜임 이해하기

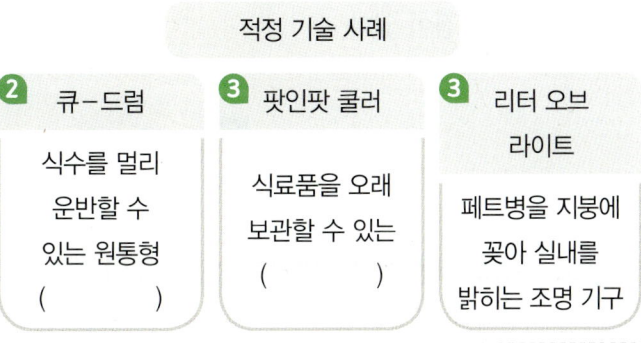

적정 기술 사례

1 그 지역의 ( )을/를 고려하여 만든 적정 기술

2 큐-드럼
식수를 멀리 운반할 수 있는 원통형 ( )

3 팟인팟 쿨러
식료품을 오래 보관할 수 있는 ( )

3 리터 오브 라이트
페트병을 지붕에 꽂아 실내를 밝히는 조명 기구

5 저개발국 국민들을 도우며 환경 오염도 없는 적정 기술

STEP 3 내용 요약하기

✏️ 적정 기술은 그 사회의 조건을

주제 파악 **1** 이 글에서 가장 중요한 내용은 무엇인가요? (   )

① 적정 기술의 역사

② 적정 기술의 뜻과 사례

③ 적정 기술을 만든 사람들

④ 적정 기술을 사용하는 나라

⑤ 적정 기술과 과학 기술의 관계

내용 이해 **2** 이 글의 내용으로 알맞지 <u>않은</u> 것은 무엇인가요? (   )

① 적정 기술은 저개발국 국민들에게 도움이 된다.

② 적정 기술은 환경을 오염시키지 않는 기술이다.

③ 적정 기술은 그 지역의 간단한 재료를 사용한다.

④ 적정 기술은 그 지역의 현실에 맞게 만들어진다.

⑤ 적정 기술은 생산자와 소비자가 같다는 특징이 있다.

내용 추론 **3** 이 글의 내용을 참고하여 다음 빈칸에 알맞은 말을 차례대로 써 보세요.

'팟인팟 쿨러'는 [   ]의 기능을 하고, '리터 오브 라이트'는 [   ]의 역할을 하지만, 두 가지 모두 [   ]을/를 사용하지 않는다는 공통점이 있다.

답 _____

상황에 적용 **4** 이 글을 읽고 보기 의 그림에 대해 알맞게 설명한 것의 기호를 모두 골라 써 보세요.

(   )

보기

㉠ 끈을 연결한 물통에 식수를 담을 수 있다.

㉡ 물을 운반하는 이동 거리를 줄일 수 있다.

㉢ 물을 오래 보관하는 데 도움이 될 수 있다.

㉣ 힘이 약한 사람도 무거운 물통을 운반할 수 있다.

어휘력 다지기

1~3 다음 글자의 첫소리와 뜻을 참고하여 문장의 빈칸에 들어갈 낱말을 써 보세요.

1 ㅅ ㅅ : 먹을 용도의 물

→ 이 지역은 가뭄 때문에 주민들의 _____마저 부족해졌다.

2 ㅈ ㅁ : 광선으로 밝게 비춤.

→ 그는 연극 무대의 _____에 특별히 신경을 썼다고 하였다.

3 ㄱ ㄹ 하다 : 생각하고 헤아려 보다.

→ 이번 일은 여러 사람의 처지를 _____하여 결정한 것이다.

4~7 다음 문장의 괄호 안에 어울리는 낱말을 골라 ○표 해 보세요.

4 거울에 (반사 / 반영)된 햇빛 때문에 눈이 부셨다.

5 무더위 때문에 빗물이 금방 (증가 / 증발)해 버렸다.

6 우리 건물은 실내 (인정 / 적정) 온도를 유지하고 있다.

7 그는 채소를 도시까지 (운반 / 운전)하는 일을 하고 있다.

어휘력에 도움이 되는 **대 표 한 자**

明	日	明	明		

뜻	소리	明자는 日(해 일)자와 月(달 월)자를 더하여 해와 달이 낮과 밤을 밝히는 것처럼 **밝다**, **밝히다** 또는 **명료하게 드러나다**라는 뜻을 표현해요.
밝을	명	

명 암 (明 暗) 밝을 명 어두울 암	밝음과 어두움을 통틀어 이르는 말 예 이 사진은 **명암** 대비가 뚜렷하다.
광 명 (光 明) 빛 광 밝을 명	밝고 환함. 또는 밝은 미래나 희망을 상징하는 밝고 환한 빛 예 아무리 어려워도 언젠가 **광명**이 비치게 된다.
증 명 (證 明) 증거 증 밝을 명	어떤 사항이나 판단 따위에 대하여 그것이 진실인지 아닌지 증거를 들어서 밝힘. 예 그 누구도 자신의 주장이 옳다는 **증명**은 하지 못했다.

유네스코 세계 유산을 가장 많이 가진 나라는 어디일까?

유네스코 세계 유산을 가장 많이 가진 나라는 총 23개를 가지고 있는 미국이라고 해요. 국가의 역사가 짧은 만큼 유적 관련 문화유산보다는 자연 유산이 많은 편이에요. 대표적인 자연 유산으로 애리조나주의 그랜드 캐니언 국립공원, 그리고 캘리포니아주의 요세미티 국립공원이 있어요. 또 유명한 문화유산으로는 뉴욕주의 자유의 여신상, 펜실베이니아주의 독립기념관이 있어요. 모두 그 가치를 인정받을 만큼 대단한 유산들이죠.

제로 칼로리 음료는 정말 건강에 영향을 주지 않을까?

제로 칼로리 음료에 사용되는 인공 감미료는 설탕의 수백 분의 1 정도만 첨가해도 설탕과 비슷한 강도의 단맛을 낼 수 있는 물질이에요. 제로 칼로리 음료는 대부분 기존의 탄산음료와 맛이 유사하지만 칼로리가 압도적으로 낮아 다이어트를 하는 사람들이나 당뇨병 환자들이 많이 찾는 식품이에요. 그런데 최근 일부 연구에서 제로 칼로리 음료와 당뇨병 사이의 관련성이 보고되었다고 해요. 가끔 탄산음료가 너무 마시고 싶을 때는 대체재로 괜찮겠지만, 너무 많이 혹은 자주 마시지 않기로 해야겠죠?

공을 차면 전구를 밝힐 수 있다?

공을 차고 노는 건 정말 신나는 일이죠. 그런데 아프리카에 실컷 차고 놀면 전구를 밝힐 수 있는 신기한 공 '소켓 볼'이 있다고 해요. 공 내부에 움직임을 감지하는 센서를 장착하여 운동 에너지를 전기 에너지로 전환시키는 원리예요. 그저 재미있게 공을 가지고 30분 간 놀기만 하면 3시간 동안 전기를 사용할 수 있다고 해요. 낮에는 신나게 공놀이를 하고, 밤에는 밝은 빛 아래서 공부를 할 수 있게 하는 정말 신기하고도 유익한 적정 기술이에요.

＊출처: (사진) www.kickstarter.com/

자기 주도형
심화 학습 노트

• 본책에서 일차별로 학습한 내용을 이 책 안에 정리해 보세요.

울릉도와 독도 지킴이, 안용복

Q. 다음 글자 카드를 활용하여 이 글의 중심 생각을 완성해 보자!

| 도 | 독 | 복 | 본 | 안 | 용 | 일 |

✎ ☐☐☐은 조선 시대에 ☐☐으로부터 울릉도와 ☐☐를 지켜 낸 인물입니다.

Q. 이 글을 읽고 새롭게 알게 된 내용을 적어 보자!

✎ _____

_____

Q. 다음 글을 읽고 독도를 지키기 위해 내가 할 수 있는 일을 적어 보자!

매년 10월 25일은 '독도의 날'이다. 10월 25일을 '독도의 날'로 정한 까닭은 1900년 10월 25일 고종이 대한 제국 칙령 제41호에 독도를 울릉도에 딸린 섬으로 기록한 것을 기념하기 위해서이다. 하지만 아직도 일본은 독도를 '다케시마'라고 이름 붙여 자기네 땅이라고 우기고 있다. 심지어 일본의 학생들이 배우는 교과서에도 버젓이 독도를 일본 땅이라고 기록하고 있다.

✎ '나'는 _____

_____

_____

🎯 어휘력 확인

1~2 다음 뜻풀이를 참고하여 십자말풀이를 완성해 보세요.

1 ㉠ 기별을 보내어 알게 함.

2 ㉡ 법이나 규칙이나 명령 따위로 어떤 행위를 하지 못하도록 함.

		㉡ ↓
	지	

㉠ →

3~4 다음 문장에 어울리는 낱말을 괄호 안에서 골라 ◯표 해 보세요.

3 저 멀리 노를 (젓는 / 젖는) 뱃사공이 보였다.

4 옷이 땀에 흠뻑 (젓도록 / 젖도록) 뛰어놀았구나!

5~6 다음 문장의 빈칸에 들어갈 낱말을 보기 의 글자 카드를 짝지어 만들어 보세요.

보기

고	구	기	마	이	잡

5 ☐☐☐☐ (으)로 나무를 베던 사람들이 벌을 받게 되었다.
　　이것저것 생각하지 않고 닥치는 대로 마구 하는 짓

6 금어기는 어류의 보호를 위하여 ☐☐☐☐ 을/를 하지 못하도록 하는 일정한 기간
　　　　　　　　　　낚시나 그물 따위로 물고기를 잡음.
이다.

7~8 다음 밑줄 친 부분에 해당하는 뜻을 보기 에서 찾아 기호를 써 보세요.

보기

달다 ㉠ 마땅하여 기껍다.
　　 ㉡ 흡족하여 기분이 좋다.
　　 ㉢ 입맛이 당기도록 맛이 있다.

7 네 충고는 달게 받아들이겠다.　　　　　　→ _____

8 밥을 달게 먹고 잠을 푹 잤다.　　　　　　→ _____

어린이 보호 구역에서는 천천히

⚑ 핵심 내용 이해

Q. 다음 낱말 카드를 활용하여 어린이 보호 구역에서 지켜야 할 점을 정리해 보자!

| 과속 | 수칙 | 안전 | 운전 | 주정차 |

✎ 어린이 보호 구역에서는 _____

✎ 어린이 보호 구역에서는 _____

✎ 어린이 보호 구역에서는 _____

✈ 새로 알게 된 사실

Q. 이 글을 읽고 새롭게 알게 된 내용을 적어 보자!

✎ _____

_____

☆ 나의 생각 정리

Q. 다음 글을 읽고 빈칸의 순서에서 나는 어떻게 행동할지 써 보자!

<안전하게 횡단보도 건너기>

첫째, 횡단보도 앞에서는 우선 멈춰 서요.

둘째, 파란 불이 켜져도 왼쪽, 오른쪽을 번갈아 살펴봐요.

셋째, 횡단보도 오른쪽에 서서 운전자를 보며 오른손을 들어요.

넷째, 횡단보도를 건너기 전에 차가 멈추었는지 확인해요.

다섯째, (   )

✎ '나'는 _____

_____

어휘력 확인

1~2 다음 뜻에 알맞은 낱말을 글자의 첫소리를 참고하여 써 보세요.

1 행동이나 절차에 관하여 지켜야 할 사항을 정한 규칙 → ㅅ ㅊ : _____

2 주변이나 다른 사람들에게 알리기 위하여 글 따위를 써 놓은, 네모난 조각

→ ㅍ ㅁ : _____

3~4 다음 밑줄 친 부분에 해당하는 뜻을 보기 에서 찾아 기호를 써 보세요.

┌─────── 보기 ───────┐
ㄱ 차를 탐.
ㄴ 차가 멎음.
ㄷ 타고 있던 차에서 내림.
ㄹ 차를 일정한 곳에 세워 둠.
└────────────────────┘

3 주정차는 <u>주차</u>와 정차를 아울러 이르는 말이다. → _____

4 승하차는 승차와 <u>하차</u>를 아울러 이르는 말이다. → _____

5~7 다음 빈칸에 들어갈 낱말을 보기 에서 골라 내용에 어울리게 써 보세요.

┌─────── 보기 ───────┐
가리다   새기다   줄이다
└────────────────────┘

5 너무 시끄러우니 소리 좀 [   ] 주세요.

6 이모는 자신의 이름을 [   ] 책을 펴냈다.

7 구름이 햇볕을 [   ] 그늘이 생겨 시원해졌다.

오름 이야기

★ 핵심 내용 이해

Q. 다음 낱말 카드를 활용하여 오름의 의미를 정리해 보자!

언덕   열   폭발   한라산   화산

✎ 오름은 _____

_____

✈ 새로 알게 된 사실

Q. 이 글을 읽고 새롭게 알게 된 내용을 적어 보자!

✎ _____

_____

☆ 나의 생각 정리

Q. 다음 글을 읽고 오름을 보호하기 위한 방안을 제시해 보자!

자연의 풍요로움을 즐기기 위해 제주를 찾는 사람이 많아지면서 오름을 찾는 탐방객의 수도 점점 늘어나고 있다. 제주도 어디를 가도 만날 수 있는 오름은 자연과 역사, 제주도 사람들의 이야기가 담긴 곳이다. 하지만 일부 탐방객들의 분별없는 행위로 오름 환경은 날로 황폐해지고 있다. 정해진 산책로를 벗어나 사진을 찍는 사람들이 있는가 하면, 쓰레기 수거를 제대로 하지 않는 양심 없는 사람들도 있다.

✎ '나'는 _____

_____

_____

🔬 어휘력 확인

1~3 다음 낱말의 알맞은 뜻을 찾아 선으로 이어 보세요.

1 터전 •

• ㉠ 살림의 근거지가 되는 곳

2 훼손 •

• ㉡ 헐거나 깨뜨려 못 쓰게 만듦.

3 진면목 •

• ㉢ 본디부터 지니고 있는 그대로의 상태

4~5 다음 설명에 해당하는 낱말을 보기 에서 찾아 써 보세요.

─ 보기 ─

경이롭다   독특하다

4 특별하게 다름을 나타낼 때 쓰는 말이야. 다른 것과 비교할 수 없을 정도로 뛰어날 때도 이 말을 사용해. → ☐

5 어떤 일이 놀랍고 신기할 때 쓰는 말이야. 예를 들면 운동 경기에서 선수가 놀라운 성적으로 이전의 기록을 깨뜨릴 때 이 말을 사용하는 것을 볼 수 있어. → ☐

6~8 다음 밑줄 친 말과 바꾸어 쓸 수 있는 낱말을 보기 에서 찾아 써 보세요.

─ 보기 ─

방목   예방   형태

6 병은 치료보다 <u>미리 대처하여 막는 일</u>이 더 중요하다. → ☐

7 삼촌은 대관령에서 양을 <u>놓아기르는</u> 일을 하고 있다. → ☐

8 <u>생김새의 모양</u>을 보니 조선 시대에 만들어진 것으로 추정된다. → ☐

개성 있는 멋 글씨를 만나다

☆ 핵심 내용 이해

Q. 다음 낱말 카드를 활용하여 캘리그래피의 특징을 정리해 보자!

| 글씨체 | 생각 | 예술 | 창조 | 표현 |

✎ 캘리그래피는 _____

_____

✎ 캘리그래피는 _____

_____

✈ 새로 알게 된 사실

Q. 이 글을 읽고 새롭게 알게 된 내용을 적어 보자!

✎ _____

_____

☆ 나의 생각 정리

Q. 다음 글을 읽고 내가 캘리그래피를 배우고 싶다면 그 까닭은 무엇인지 적어 보자!

> 난희는 책 읽기를 좋아하고 그림을 잘 그린다. 그런데 언제부터인지 자신이 그린 그림 속에 책에서 감동을 느낀 글귀를 넣어 보고 싶다는 생각이 들었다. 평소 글씨를 예쁘게 쓰지 못하는 난희는 무슨 좋은 방법이 없을까 궁리한 끝에 나만의 멋진 글씨체를 가질 수 있는 캘리그래피를 배워 보기로 하였다.

✎ '나'는 _____

_____

_____

⚛ 어휘력 확인

1~3 다음 빈칸에 알맞은 낱말을 **보기** 에서 찾아 써 보세요.

보기

개성	소통	호기심

1 네 그림은 [　　　　]이 참 뚜렷해!

2 자꾸만 숨기려고 하니 [　　　　]이 더 생기는걸!

3 [　　　　]이 잘 이루어진 덕분에 의견을 하나로 모을 수 있었습니다.

4~6 다음 뜻에 해당하는 낱말을 **보기** 에서 찾아 써 보세요.

보기

구현하다	얽매이다	적합하다

4 일이나 조건 따위에 꼭 알맞다. → [　　　　]

5 마음대로 행동할 수 없도록 몹시 구속되다. → [　　　　]

6 어떤 내용을 구체적인 사실로 나타나게 하다. → [　　　　]

7~8 다음 밑줄 친 말과 바꾸어 쓸 수 있는 낱말을 **보기** 에서 찾아 써 보세요.

보기

종종	주목

7 <u>관심</u>을 끌 만한 풍경은 보이지 않았다. → [　　　　]

8 이곳에 오면 <u>가끔</u> 어린 시절의 추억이 떠오르곤 한다. → [　　　　]

외래어 같은 순우리말

 핵심 내용 이해

Q. 다음 낱말 카드를 활용하여 이 글의 중심 생각을 정리해 보자!

| 고유어 | 언어생활 | 외래어 | 차이점 | 특징 | 한자어 |

✎ 우리말에 해당하는 _____

_____

새로 알게 된 사실

Q. 이 글을 읽고 새롭게 알게 된 내용을 적어 보자!

✎ _____

_____

나의 생각 정리

Q. 다음 글을 읽고 '에누리'라는 말에 대해 어떻게 생각하는지 적어 보자!

시장에서 물건을 파는 상인과 물건을 사는 손님 사이의 대화에서 흔히 들을 수 있는 말이 '에누리'이다. 상인의 입장에서 "에누리가 없다."라는 말은 물건 값을 받을 값보다 더 많이 부르지 않는다는 점을 강조한 것이고, 물건을 사는 사람의 입장에서 "에누리 좀 해 주세요."라는 말은 물건 값을 깎아 달라는 것이다. 이처럼 '에누리'는 '값을 올리는 일' 또는 '값을 깎는 일'의 뜻을 지닌 순우리말이다. 그런데 의외로 '에누리'가 일본에서 건너온 외래어라고 생각하는 사람들이 많다.

✎ '나'는 _____

_____

🔬 어휘력 확인

1~2 다음 뜻풀이를 참고하여 십자말풀이를 완성해 보세요.

1 ㉠ 유럽과 남북아메리카의 여러 나라를 통틀어 이르는 말

2 ㉡ 맨발에 신도록 실이나 섬유로 짠 것

3~4 다음 빈칸에 알맞은 낱말을 [보기]에서 찾아 써 보세요.

> ━━ 보기 ━━
>
> 문물   착각

3 네 생각을 [   ]해서 정말 미안해!

4 오늘은 고려 시대의 [   ]과 정치 제도에 대해 배워 보도록 하겠습니다.

5~6 다음 밑줄 친 부분의 알맞은 뜻을 찾아 선으로 이어 보세요.

5 만일의 <u>경우</u>에 대비하자.   •   • ㉠ 사리나 도리

6 은혜를 저버리는 것은 <u>경우</u>가 아니다.   •   • ㉡ 놓여 있는 조건이나 놓이게 된 형편이나 사정

7~8 다음 빈칸에 들어갈 낱말을 [보기]에서 골라 내용에 어울리게 써 보세요.

> ━━ 보기 ━━
>
> 고르다   달리다

7 벽에 [   ] 액자를 바꾸기로 하였다.

8 어머니는 시장에서 수박을 [   ] 계셨다.

나부터 실천하는 지하철 예절

⚑ **핵심 내용 이해**

Q. 다음 낱말 카드를 활용하여 지하철에서 지켜야 할 점을 정리해 보자!

| 교통 | 불쾌감 | 약자 | 자리 | 탑승 | 행동 |

✎ 지하철에서는 _____

✎ 지하철에서는 _____

✎ 지하철에서는 _____

✈ **새로 알게 된 사실**

Q. 이 글을 읽고 새롭게 알게 된 내용을 적어 보자!

✎ _____

_____

☆ **나의 생각 정리**

Q. 다음 글을 읽고 지하철 안에서 물건을 파는 것에 대해 어떻게 생각하는지 적어 보자!

　　종국이는 고궁에 가기 위해 친구들과 지하철을 탔다. 그런데 조용하던 지하철 안에서 누군가 큰 소리로 떠드는 소리가 들려 고개를 돌리니 한 아저씨가 물건을 팔기 위해 상품 설명을 하고 있었다. 물건은 질이 좋아 보였고, 가격도 비싸지 않았다. 몇몇 사람들이 아저씨에게 물건을 사기도 했다. 지하철 안에서 물건을 사고팔아도 되는지 궁금해진 종국이는 스마트폰으로 관련 정보를 찾아보았고, 철도안전법 제47조에 따라 지하철 이동 상인의 상행위가 법적으로 금지되어 있음을 확인할 수 있었다.

✎ '나'는 _____

_____

🔬 어휘력 확인

1~2 다음 빈칸에 알맞은 낱말을 보기 에서 찾아 써 보세요.

보기

예절   의무

1 그는 아버지로서 자식에게 맡은 바 [   ] 을/를 다했다.

2 다른 사람들과 함께 식사를 할 때는 [   ] 을/를 지켜야 한다.

3~4 다음 문장에 어울리는 낱말을 괄호 안에서 골라 ○표 해 보세요.

3 신발 끈을 단단히 (메도록 / 매도록) 해라.

4 우리는 잠시 휴식을 취한 다음 배낭을 (메고 / 매고) 다시 걸었다.

5~6 다음 밑줄 친 낱말의 알맞은 뜻을 찾아 선으로 이어 보세요.

5 <u>자칫</u> 잘못하면 지각하겠다. •

•㉠ 어쩌다가 띄엄띄엄

6 너도 <u>간혹</u> 실수할 때가 있구나! •

•㉡ 어쩌다가 조금 어긋남을 나타낼 때 쓰는 말

7~8 다음 밑줄 친 말과 바꾸어 쓸 수 있는 낱말을 보기 에서 찾아 내용에 어울리게 써 보세요.

보기

자제하다   흐트러지다

7 나는 너무 화가 나서 흥분을 <u>스스로 억제할</u> 수가 없었다.   → [   ]

8 자, 지금부터 <u>혼란스럽고 무질서한</u> 분위기를 바꾸어 보도록 합시다.   → [   ]

오늘은 어린이날, 우리들 세상

⚑ **핵심 내용 이해**

Q. 다음 글자 카드를 활용하여 이 글의 중심 생각을 완성해 보자!

| 결 | 날 | 린 | 선 | 어 | 이 | 최 | 한 |

✏ 나라마다 ☐☐☐☐은 조금씩 다르지만, 어린이에게 ☐☐을 다하려는 인류의 마음은 ☐☐같습니다.

✈ **새로 알게 된 사실**

Q. 이 글을 읽고 새롭게 알게 된 내용을 적어 보자!

✏ ....

....

☆ **나의 생각 정리**

Q. 다음은 방정환 선생님이 어린이날을 만들면서 어린이들에게 당부한 내용이다. 어린이로서 어떻게 행동해야 하는지 적어 보자!

> – 돋는 해와 지는 해를 반드시 보기로 합시다.
> – 어른들에게는 물론이고 여러분끼리도 서로 존대하기로 합시다.
> – 뒷간이나 담벽에 글씨를 쓰거나 그림 같은 것을 그리지 말기로 합시다.
> – 꽃이나 풀을 꺾지 말고, 동물을 사랑하기로 합시다.
> – 전차나 기차에서는 어른들에게 자리를 사양하기로 합시다.
> – 입을 꼭 다물고 몸을 바르게 가지기로 합시다.

✏ ....

....

🔬 어휘력 확인

1~2 다음 뜻풀이를 참고하여 십자말풀이를 완성해 보세요.

1 ㉠ 바라는 일이 이루어지기를 빎.

2 ㉡ 어떤 뜻깊은 일이나 훌륭한 인물 등을 오래도록 잊지 아니하고 마음
에 간직함.

㉡ →
㉠ ↓ | 기 |

3~4 다음 빈칸에 알맞은 낱말을 **보기**에서 찾아 써 보세요.

보기

저항   탄압

3 일제의 강력한 [   ] 속에서도 독립을 향한 투사들의 마음은 들끓었다.

4 기습을 노렸던 적군은 아군의 완강한 [   ]에 공격을 단념하고 물러갔다.

5~6 다음 문장에 어울리는 낱말을 괄호 안에서 골라 ○표 해 보세요.

5 공원에 붉은빛을 (띤 / 띈) 장미가 활짝 피었다.

6 그 집은 빨간 지붕이 눈에 (띠는 / 띄는) 집이다.

7~8 다음 밑줄 친 말과 바꾸어 쓸 수 있는 낱말을 **보기**에서 찾아 내용에 어울리게 써 보세요.

보기

거듭되다   한결같다

7 나는 너의 <u>변함없는</u> 마음가짐이 참 좋다. → [   ]

8 실수가 <u>되풀이되자</u> 나영이는 자신감이 떨어졌다. → [   ]

마스크의 유래

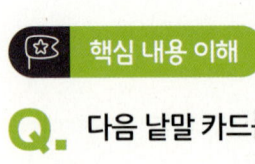 **핵심 내용 이해**

Q. 다음 낱말 카드를 활용하여 이 글의 특징을 완성해 보자!

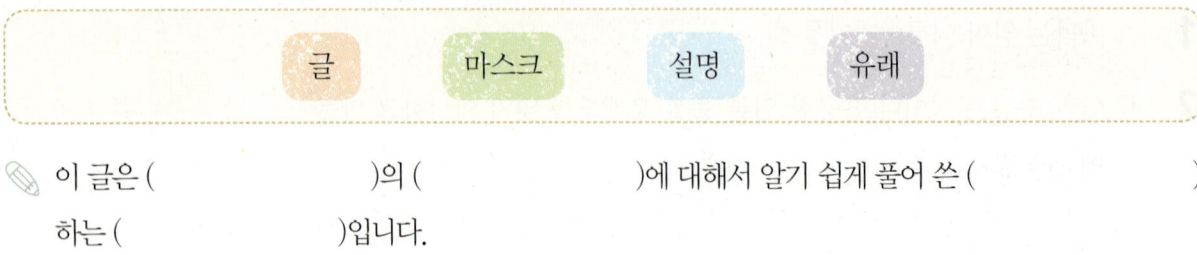

글   마스크   설명   유래

이 글은 (   )의 (   )에 대해서 알기 쉽게 풀어 쓴 (   )
하는 (   )입니다.

 **새로 알게 된 사실**

Q. 이 글을 읽고 새롭게 알게 된 내용을 적어 보자!

⌖ **나의 생각 정리**

Q. 다음 글을 읽고 나는 마스크를 어떻게 사용하고 있는지 써 보자!

올바른 마스크 사용 방법

① 마스크를 착용하기 전에는 우선 흐르는 물에 비누로 손을 꼼꼼하게 씻는다.
② 마스크로 코와 입을 완전히 가린 후, 얼굴과 마스크 사이에 틈이 없도록 한다.
③ 마스크를 이중으로 착용하거나 휴지 등을 넣어서 착용하지 않는다.
④ 마스크를 사용하는 동안에는 마스크를 만지지 않는다.

'나'는

🎲 어휘력 확인

1~3 다음 뜻에 알맞은 낱말을 글자의 첫소리를 참고하여 써 보세요.

1 흩어져 널리 퍼짐. → ㅎ ㅅ : _____

2 나쁜 점을 보완하여 더 좋게 고침. → ㄱ ㄹ : _____

3 어떤 일이 일어나거나 변화하도록 만드는 결정적인 원인이나 기회

→ ㄱ ㄱ : _____

4~5 다음 밑줄 친 말과 뜻이 반대되는 낱말에 ○표 해 보세요.

4 대한민국은 짧은 기간에 눈부신 <u>발전</u>을 이루었다. (발달 / 퇴보)

5 우리 팀은 계속적인 <u>공격</u> 끝에 결국 한 점을 얻었다. (공수 / 수비)

6~8 다음 밑줄 친 부분에 해당하는 뜻을 보기 에서 찾아 기호를 써 보세요.

> **보기**
>
> 가리다 ㉠ 낯선 사람을 대하기 싫어하다.
>
> ㉡ 보이거나 통하지 못하도록 막다.
>
> ㉢ 여럿 가운데서 하나를 구별하여 고르다.
>
> ㉣ 잘잘못이나 좋은 것과 나쁜 것 따위를 따져서 분간하다.

6 갑자기 눈물이 시야를 <u>가렸다</u>. → _____

7 나는 낯을 <u>가리는</u> 편이 아니다. → _____

8 이 글에서 잘못된 문장을 <u>가려서</u> 바르게 고치시오. → _____

전통 음식을 찾아서 – 비빔밥

⚑ **핵심 내용 이해**

Q. 다음 낱말 카드를 활용하여 비빔밥이 유래되었다고 하는 세 가지 설을 정리해 보자!

| 노동력 | 마지막 | 시간 | 제사 | 풍습 | 후손 |

✎ 비빔밥은 _____

✎ 비빔밥은 _____

✎ 비빔밥은 _____

✈ **새로 알게 된 사실**

Q. 이 글을 읽고 새롭게 알게 된 내용을 적어 보자!

✎ _____

_____

☆ **나의 생각 정리**

Q. 다음 글을 읽고 만약 내가 요리사라면 우리나라의 음식 중 어떤 음식을 세계에 알리고 싶은지 써 보자!

민영이의 장래 희망은 우리나라 음식을 세계에 알리는 멋진 요리사가 되는 거예요. 민영이는 꿈을 이루기 위해서 틈나는 대로 음식에 관한 책을 읽어요. 책을 읽은 다음에는 어머니의 도움을 받아 공부한 음식을 만들곤 해요. 민영이는 많은 사람들 앞에서 음식을 만드는 미래의 자신을 상상할 때가 가장 행복해요.

✎ '나'는 _____

_____

_____

🔬 어휘력 확인

1~3 다음 낱말의 알맞은 뜻을 찾아 선으로 이어 보세요.

1 균형 •

• ㉠ 사물이나 일이 생겨남.

2 보충 •

• ㉡ 부족한 것을 보태어 채움.

3 유래 •

• ㉢ 어느 한쪽으로 기울거나 치우치지 아니하고 고른 상태

4~6 다음 문장의 빈칸에 들어갈 낱말을 **보기** 의 글자 카드를 짝지어 만들어 보세요.

보기

간   들   뜸

4 하루 종일 산과 ☐☐☐로 뛰어다니며 놀았다.
    편평하고 넓게 트인 땅

5 음식의 ☐☐☐이 잘 맞는지 확인 좀 해 주세요.
    음식물의 짠 정도

6 압력 밥솥으로 밥을 지을 때는 5분 정도 ☐☐☐을 들이면 된다.
    음식을 찌거나 삶아 익힐 때에, 흠씬 열을 가한 뒤 한동안 뚜껑을 열지 않고 그대로 두어 속속들이 잘 익도록 하는 일

7~8 다음 문장에 어울리는 낱말을 괄호 안에서 골라 ◯표 해 보세요.

7 짜장면을 (비비는 / 무치는) 솜씨가 제법인걸!

8 어머니께서는 고기에 (곁들여 / 아울러) 먹을 수 있는 채소를 준비하였다.

내 생각을 펼쳐요

🚩 핵심 내용 이해

Q. 다음 글자 카드를 활용하여 이 글의 토론 주제를 완성해 보자!

| 금 | 동 | 려 | 물 | 반 | 입 | 지 | 출 |

🖊 공원 내 □□□□의 □□을 □□해야 하는가?

✈ 새로 알게 된 사실

Q. 이 글을 읽고 새롭게 알게 된 내용을 적어 보자!

🖊 _____

_____

☆ 나의 생각 정리

Q. 다음 글을 읽고 토론과 토의의 차이점을 무엇이라고 생각하는지 써 보자!

> 토론과 토의는 둘 다 주어진 문제에 대한 해결 방법을 찾기 위하여 여러 사람이 각자의 의견을 말하는 활동이다. 즉, 의사소통을 바탕으로 하는 말하기 활동이다. 그래서 많은 사람들이 토론과 토의는 비슷한 것이라고 생각하는 경우가 많다. 토론과 토의는 의사소통이 중심이 되어 펼쳐 나간다는 공통점을 지니고 있지만, 차이점도 있다.

🖊 _____

_____

_____

⚛️ 어휘력 확인

1~3 다음 뜻에 알맞은 낱말을 글자의 첫소리를 참고하여 써 보세요.

1 형벌에 처함. → ㅊ ㅂ : _____

2 자극에 대응하여 어떤 현상이 일어남. → ㅂ ㅇ : _____

3 여러 사람이 다 같이 지키기로 작정한 법칙 → ㄱ ㅊ : _____

4~5 다음 밑줄 친 말과 바꾸어 쓸 수 있는 낱말을 **보기**에서 찾아 써 보세요.

┤ 보기 ├

발언   이유

4 무슨 <u>까닭</u>으로 이곳에 오셨습니까? → [   ]

5 무책임한 <u>말을 꺼내어 의견을 나타낸 것</u>에 대하여 사과합니다. → [   ]

6~8 다음 빈칸에 들어갈 낱말을 **보기**에서 골라 내용에 어울리게 써 보세요.

┤ 보기 ├

무시하다   부당하다   팽팽하다

6 사람을 그렇게 [   ] 못쓴다.

7 고객님의 [   ] 요구는 거부하겠습니다.

8 오늘 경기는 [   ] 접전이 될 것으로 예상된다.

4월에 울려 퍼진 민중의 함성

 **핵심 내용 이해**

Q. 다음 낱말 카드를 활용하여 대한민국 헌법에 깃들어 있는 4·19 혁명의 정신을 완성해 보자!

> 국가   국민   권력   주권

✎ (   )의 (   )은 (   )에게 있고 모든
　(   )은 (   )으로부터 나온다.

새로 알게 된 사실

Q. 이 글을 읽고 새롭게 알게 된 내용을 적어 보자!

✎ ....

....

나의 생각 정리

Q. 다음은 6월 민주 항쟁에 관한 글이다. 이 글을 읽고 6월 민주 항쟁의 의의가 무엇이라고 생각하는지 써 보자!

> 　1987년 1월, 민주화 운동에 참여했던 대학생 박종철 군이 경찰에 강제로 잡혀가 조사를 받던 중 경찰의 고문에 의해 사망하였다. 이에 국민들은 고문 금지와 책임자 처벌, 직선제를 포함한 헌법 개정을 요구하며 시위를 하였지만, 정권은 요구를 받아들이지 않았다. 이후 시위가 계속 이어지는 과정에서 대학생 이한열 군이 1987년 6월 최루탄에 피격당하자, 독재 반대 시위가 전국적으로 퍼져 나가게 되었다. 국민들의 거센 저항을 두려워한 여당 대표는 마침내 직선제를 포함한 민주화 요구를 받아들이겠다는 6·29 민주화 선언을 하였다.

✎ '나'는 ....

....

....

어휘력 확인

(1~2) **다음 뜻풀이를 참고하여 십자말풀이를 완성해 보세요.**

1 ㉠ 백성의 마음

2 ㉡ 국가나 사회를 구성하는 일반 국민

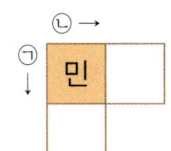

(3~5) **다음 빈칸에 알맞은 낱말을 보기 에서 찾아 써 보세요.**

┌─────────────── 보기 ───────────────┐

　　　부정　　　　　위협　　　　　항의

└──────────────────────────────────┘

3 시험의 난이도에 대한 [　　　　]이/가 빗발쳤다.

4 핵무기는 인류의 안전에 큰 [　　　　]이/가 된다.

5 교육부에서는 수능 시험에서의 [　　　　] 행위를 방지하기 위해 여러 대책을 세우고 있다.

(6~8) **다음 문장에 어울리는 낱말을 괄호 안에서 골라 ○표 해 보세요.**

6 수업을 (마치면 / 맞추면 / 맞히면) 교실 청소를 해야 한다.

7 화분에 눈을 (마치지 / 맞추지 / 맞히지) 말고 안으로 들여놓아라.

8 시험이 끝나자마자 나는 주희와 답을 (마치어 / 맞추어 / 맞히어) 보았다.

새 학기 증후군에 대처하는 자세

핵심 내용 이해

Q. 다음 글자 카드를 활용하여 새 학기 증후군의 의미를 완성해 보자!

경   과   응   적   정   환

✎ 새 학기 증후군이란 아이들이 새 학기가 되어 새로운 ☐☐에 ☐☐하는 ☐☐에서 스트레스를 느끼는 현상입니다.

새로 알게 된 사실

Q. 이 글을 읽고 새롭게 알게 된 내용을 적어 보자!

✎ _____

_____

나의 생각 정리

Q. 다음 체크리스트에서 나에게 해당하는 내용에 ∨ 표시한 후, 만약 새 학기 증후군을 겪는다면 어떻게 극복할 것인지 써 보자!

새 학기 증후군 체크리스트

☐ 짜증과 화를 자주 낸다.　　　　　　☐ 학교 이야기를 꺼려한다.

☐ 아침에 잘 일어나지 못한다.　　　　☐ 식사량이 눈에 띄게 줄었다.

☐ 하교 후 평소보다 피곤해한다.　　　☐ 일어나지 않은 일에 대해 불안해한다.

☐ 등교 전 두통이나 복통을 호소한다.　☐ 학교에 가고 싶지 않다고 자주 말한다.

✎ '나'는 _____

_____

_____

🔬 어휘력 확인

1~3 다음 뜻에 해당하는 낱말을 보기에서 찾아 써 보세요.

보기

가장	새	특히

1 보통과 다르게 → [　　　]

2 여럿 가운데 어느 것보다 정도가 높거나 세게 → [　　　]

3 이미 있던 것이 아니라 처음 마련하거나 다시 생겨난 → [　　　]

4~6 다음 빈칸에 알맞은 낱말을 보기에서 찾아 써 보세요.

보기

극복	역할	조성

4 그는 회사에서 중요한 [　　　]을 하고 있다.

5 이 소설은 가족 간의 갈등을 [　　　]하는 과정을 보여 주고 있다.

6 조용하고 안정된 분위기를 [　　　]하는 것은 독서에 도움이 된다.

7~8 다음 밑줄 친 말과 바꾸어 쓸 수 있는 낱말을 보기에서 찾아 내용에 어울리게 써 보세요.

보기

산만하다	설레다

7 방 안에는 여기저기 <u>어수선하게</u> 책이 펼쳐져 있었다. → [　　　]

8 나는 너무 반가워서 <u>두근거리는</u> 마음을 진정시킬 수 없었다. → [　　　]

13일차

전기 에너지로 차를 움직여요

☆ 핵심 내용 이해

Q. 다음 낱말 카드를 활용하여 전기 자동차와 내연 기관 자동차의 차이점을 완성해 보자!

> 가스   전기   화석   휘발유

✎ 전기 자동차는 (   )의 힘으로 움직이고, 내연 기관 자동차는 (   )
연료인 (   )나 경유, (   ) 등의 힘으로 움직입니다.

✈ 새로 알게 된 사실

Q. 이 글을 읽고 새롭게 알게 된 내용을 적어 보자!

✎ ....

....

☆ 나의 생각 정리

Q. 다음 글을 읽고, 만약 내가 자동차 발명가라면 어떤 자동차를 개발하고 싶은지 써 보자!

> 전기 자동차와 내연 기관 자동차에 앞서 발명된 것으로 증기 자동차가 있었다. 증기 자동차는 증기 기관을 동력으로 사용하는, 세계 최초의 자동차였다.
> 증기 자동차는 주행 안정성에서 경쟁력을 보였지만, 대기 오염 문제를 해결하지 못했고 무엇보다 차가 너무 무거웠다. 전기 자동차는 조용하고 깨끗하다는 장점이 있었지만, 장거리 주행이 힘들었다. 내연 기관 자동차도 여러 가지 단점을 지녔지만, 연료 가격이 내려가고 제1차 세계 대전으로 인해 장거리 운송에 대한 수요가 늘어나면서 점차 자동차의 표준으로 자리 잡았다.

✎ '나'는 ....

....

....

1~2 다음 뜻풀이를 참고하여 십자말풀이를 완성해 보세요.

1 ㉠ 흔들려 움직임.

2 ㉡ 사람이나 기계 따위가 움직여 일함.

```
        [ ]  ㉡↓
    [ ]  동
   ㉠→
```

3~5 다음 문장의 빈칸에 들어갈 낱말을 보기의 글자 카드를 짝지어 만들어 보세요.

보기

비 소 음 주 중 행

3 그 선수가 우리 팀에서 차지하는 [ ][ ]은/는 매우 크다.
　　　다른 것과 비교할 때 차지하는 중요도

4 이 차는 비록 중고차이지만 [ ][ ]에는 아무 문제가 없습니다.
　　　주로 동력으로 움직이는 자동차나 열차 따위가 달림.

5 층간 [ ][ ](으)로 인한 이웃 간의 갈등이 사회문제로 떠올랐다.
　　불규칙하게 뒤섞여 불쾌하고 시끄러운 소리

6~8 다음 밑줄 친 부분에 해당하는 뜻을 보기에서 찾아 기호를 써 보세요.

보기

끌다 ㉠ 바닥에 댄 채로 잡아당기다.
　　　㉡ 바퀴 달린 것을 움직이게 하다.
　　　㉢ 남의 관심 따위를 쏠리게 하다.
　　　㉣ 목적하는 곳으로 바로 가도록 같이 가면서 따라오게 하다.

6 동생이 가지 않겠다면 제가 끌고 갈게요.　　　→ ＿＿＿＿＿＿

7 손님을 끄는 이 가게만의 비결이라도 있습니까?　　→ ＿＿＿＿＿＿

8 오늘은 눈이 많이 내릴 예정이니 차를 끌고 나오지 마세요.　→ ＿＿＿＿＿＿

그림에서 사람 사는 냄새가 나요

⚑ **핵심 내용 이해**

Q. 다음 글자 카드를 활용하여 이 글의 중심 생각을 완성해 보자!

> | 람 | 사 | 속 | 풍 | 화 |

✎ 김홍도와 신윤복의 ☐☐☐ 에는 조선 후기를 살아가는 다양한 ☐☐ 들이 보입니다.

✈ **새로 알게 된 사실**

Q. 이 글을 읽고 새롭게 알게 된 내용을 적어 보자!

✎ _____

_____

☆ **나의 생각 정리**

Q. 내가 커서 학예 연구사가 된다면, 다음 신윤복의 그림을 어떻게 설명할 것인지 써 보자!

▲ 신윤복, 「단오풍정」   *출처 : (그림) 한국저작권위원회

 '나'는 _____

_____

_____

 **어휘력 확인**

1~2 다음 뜻풀이를 참고하여 십자말풀이를 완성해 보세요.

1 ㉠ 이름이 널리 알려져 있음.

2 ㉡ 특정한 행동 양식이나 사상 따위가 일시적으로 많은 사람의 추종을
받아서 널리 퍼짐.

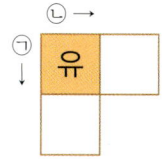

3~5 다음 문장에 어울리는 낱말을 괄호 안에서 골라 ○표 해 보세요.

3 네 생각과 내 생각은 서로 (다른 / 틀린) 것 같다.

4 잠깐만! 후렴 부분의 음이 (다르잖아 / 틀리잖아).

5 형제간이지만 생김새가 전혀 (다르구나 / 틀리구나)!

6~8 다음 밑줄 친 말과 뜻이 반대되는 낱말을 보기 에서 골라 써 보세요.

┌─────────── 보기 ───────────┐
　　거칠다　　　　대담하다　　　　화려하다
└────────────────────────────┘

6 덩치에 비해 의외로 <u>소심하구나</u>!　→ [　　　]

7 네 목소리는 항상 <u>부드럽고</u> 상냥해.　→ [　　　]

8 <u>초라한</u> 옷차림만으로 사람을 판단해서는 안 된다.　→ [　　　]

가는 말이 고와야 오는 말이 곱다

핵심 내용 이해

Q. 다음 낱말 카드를 활용하여 이 글의 특징을 완성해 보자!

| 말 | 배려 | 상대방 | 존중 |

이 글은 (   )의 중요성을 통해 (   )에 대한 (   )와
(   )을 강조하고 있습니다.

새로 알게 된 사실

Q. 이 글을 읽고 새롭게 알게 된 내용을 써 보자!

_____

_____

나의 생각 정리

Q. 다음 글을 읽고 느낀 점을 써 보자!

미국의 한 대기업 회장이 길거리에서 연필을 팔고 있는 걸인에게 1달러를 주고 연필을 받지 않은
채 가다가 무슨 생각인지 발걸음을 돌려 다시 걸인에게 다가갔다.
"방금 제가 1달러를 드렸는데 연필을 못 받았군요. 사장님, 연필을 주셔야죠."
걸인은 '사장님'이라는 호칭에 놀라 회장을 바라보았다.
"이제 당신은 더 이상 걸인이 아닙니다. 당신도 저와 같은 사업가인걸요."
'사장님'이라는 호칭을 듣고 자신을 달리 보게 된 걸인은 이후 열심히 노력한 끝에 사업가로 당당히
성공하고 회장을 만나 감사 인사를 전했다고 한다.

'나'는 _____

_____

🦠 어휘력 확인

(1~2) 다음 빈칸에 알맞은 낱말을 보기 에서 찾아 써 보세요.

┌─ 보기 ─┐

비록   제법

1 입동을 맞이하니 날씨가 [   ] 추워지는군.

2 [   ] 사소한 일일지라도 맡은 일에는 최선을 다해야 한다.

(3~5) 다음 문장에 어울리는 낱말을 괄호 안에서 골라 ○표 해 보세요.

3 나무를 함부로 (배지 / 베지) 마라.

4 옷에 땀이 (밸 / 벨) 정도로 운동을 하였다.

5 할머니의 무릎을 (배고 / 베고) 있으니 저절로 잠이 온다.

(6~8) 다음 뜻에 해당하는 낱말을 보기 에서 찾아 써 보세요.

┌─ 보기 ─┐

지긋하다   차리다   치밀다

6 살림, 가게 따위를 벌이다.   → [   ]

7 나이가 비교적 많아 듬직하다.   → [   ]

8 욕심, 분노, 슬픔, 연기 따위가 세차게 복받쳐 오르다.   → [   ]

조선 시대의 공공 기관

핵심 내용 이해

Q. 다음 글자 카드를 활용하여 글쓴이가 이 글을 쓴 목적을 완성해 보자!

| 공 | 관 | 기 | 보 | 선 | 정 | 조 |

✎ 글쓴이는 독자에게 ☐☐ 시대의 ☐☐☐ 에 대한 ☐☐ 를 전달하기 위한 목적으로 글을 썼다.

새로 알게 된 사실

Q. 이 글을 읽고 새롭게 알게 된 내용을 적어 보자!

✎ _____

_____

나의 생각 정리

Q. 다음 글을 읽고 '금화군'과 오늘날의 '소방관'의 공통점과 차이점을 써 보자!

> **세종 대왕이 만든 '금화도감'**
>
> '금화도감(禁火都監)'은 1426년에 한양에 큰 화재가 일어난 뒤 세종 대왕의 명으로 설치한 기관입니다. 불을 끄는 일을 하던 사람들을 금화군(禁火軍)이라고 하였는데, 이들은 군인이나 관청의 노비로 구성된 비상 대기조였습니다.

✎ _____

_____

_____

 **어휘력 확인**

1~3 다음 낱말의 알맞은 뜻을 찾아 선으로 이어 보세요.

1 곡물 •

2 관청 •

3 흉년 •

• ㉠ 국가의 사무를 집행하는 국가 기관

• ㉡ 사람의 식량이 되는 쌀, 보리 따위를 통틀어 이르는 말

• ㉢ 농작물이 예년에 비하여 잘되지 아니하여 굶주리게 된 해

4~6 다음 밑줄 친 말과 바꾸어 쓸 수 있는 낱말을 **보기**에서 찾아 내용에 어울리게 써 보세요.

보기

발생하다   수행하다   조절하다

4 그는 회사에서 자신의 업무를 <u>계획한 대로 해내고</u> 있다.   →

5 나는 방송반에서 음향을 <u>적당하게 맞추어 나가는</u> 일을 맡고 있다.   →

6 공동 주택에서는 층간 소음이 <u>생겨나지</u> 않도록 항상 조심해야 한다.   →

7~8 다음 뜻풀이를 참고하여 십자말풀이를 완성해 보세요.

7 ㉠ 현실에 실제로 있음.

8 ㉡ 뜻밖에 일어난 재앙과 고난

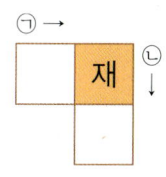

탄소 배출권을 사고팔아요

핵심 내용 이해

Q. 다음 낱말 카드를 활용하여 글쓴이가 이 글을 쓴 목적을 완성해 보자!

| 거래 | 배출권 | 정보 | 제도 | 탄소 |

✎ 글쓴이는 독자에게 (   )에 대한 (   )를 전달하기 위한 목적
으로 글을 썼다.

새로 알게 된 사실

Q. 이 글을 읽고 새롭게 알게 된 내용을 적어 보자!

✎ _____

_____

나의 생각 정리

Q. 다음 글을 읽고 탄소 배출에 대해 어떤 생각을 했는지 써 보자!

> 우리나라의 온실가스 배출량은 2018년 최고점을 찍었습니다. 이후 코로나바이러스감염증-19 사태
> 로 인해 온실가스 배출량이 2년 연속 감소세를 보였는데, 2022년이 되면서 3년 만에 다시 증가세로
> 돌아섰습니다. 국제 사회에 제출한 '2030 국가 온실가스 감축 목표'의 달성을 위해서는 매해 배출량이
> 4% 이상 줄어들어야 하는데, 올해도 에너지 수요 확대로 인해 배출량이 증가될 것으로 보입니다.

✎ '나'는 _____

_____

_____

어휘력 확인

1~3 다음 뜻에 알맞은 낱말을 글자의 첫소리를 참고하여 써 보세요.

1 덜어서 줄임. → ㄱ ㅊ : _____

2 정도나 경지가 점점 깊어짐. → ㅅ ㅎ : _____

3 예상하지 못한 사태나 괴이한 변고 → ㅇ ㅂ : _____

4~6 다음 빈칸에 알맞은 낱말을 보기에서 찾아 써 보세요.

보기

거래	권리	배출

4 중고 물품의 온라인 [ ]에는 주의가 필요하다.

5 음식물 쓰레기 [ ]은/는 지정된 장소에만 해 주십시오.

6 우리나라에서는 만 18세부터 대통령 선거를 할 수 있는 [ ]이/가 주어진다.

7~8 다음 문장에 어울리는 낱말을 괄호 안에서 골라 ○표 해 보세요.

7 환절기에는 아침과 저녁의 기온 차가 (가혹하다 / 극심하다).

8 우리 가족의 여권은 신청한 지 며칠 뒤에 (발급되었다 / 발생되었다).

바나나가 사라진다면

🏁 **핵심 내용 이해**

Q. 다음 글자 카드를 활용하여 글쓴이가 이 글을 쓴 목적을 완성해 보자!

| 기 | 멸 | 보 | 위 | 정 | 종 |

✏️ 글쓴이는 독자에게 바나나의 ☐☐☐☐에 대한 ☐☐를 전달하기 위한 목적으로 글을 썼다.

✈️ **새로 알게 된 사실**

Q. 이 글을 읽고 새롭게 알게 된 내용을 적어 보자!

✏️ _____

_____

⭐ **나의 생각 정리**

Q. 다음 글을 읽고 바나나의 생물 다양성에 대해 어떤 생각을 했는지 써 보자!

> **생물 다양성 보전 및 이용에 관한 법률**
>
> 이 법은 생물 다양성의 종합적·체계적인 보전과 생물 자원의 지속 가능한 이용을 도모하고 「생물 다양성 협약」의 이행에 관한 사항을 정함으로써 국민 생활을 향상시키고 국제 협력을 증진함을 목적으로 한다.

✏️ '나'는 _____

_____

_____

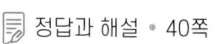

어휘력 확인

1~2 주어진 글자의 첫소리와 그 뜻에 알맞은 낱말을 빈칸에 넣어 문장을 완성해 보세요.

1 ㄱ ㅇ : 병원체인 미생물이 동물이나 식물의 몸 안에 들어가 증식하는 일

→ 사람 많은 곳에서는 질병 [   ]에 주의해야 한다.

2 ㄴ ㅅ : 약물의 반복 복용에 의해 약효가 저하하는 현상

→ 항생제를 오래 사용하면 약에 [   ]이/가 생길 수 있다.

3~5 다음 밑줄 친 말과 바꾸어 쓸 수 있는 낱말을 보기에서 찾아 내용에 어울리게 써 보세요.

보기

재배하다	풍부하다	확산되다

3 그 나라는 <u>넉넉하고 많은</u> 자원을 보유하고 있다. → [   ]

4 전국적으로 폭설로 인한 피해가 <u>널리 퍼지고</u> 있다. → [   ]

5 그의 부모님은 마당에서 다양한 꽃을 <u>심어 가꾸고</u> 있다. → [   ]

6~7 다음 뜻풀이를 참고하여 십자말풀이를 완성해 보세요.

6 ㉠ 생물의 한 종류가 아주 없어짐.

7 ㉡ 생물 분류학상, 종(種)의 하위 단위

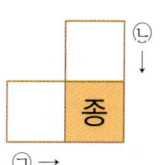

피아노가 현악기라고요?

핵심 내용 이해

Q. 다음 낱말 카드를 활용하여 피아노의 구조를 정리해 보자!

| 건반 | 소리 | 줄 | 진동 | 해머 |

✎ 피아노의 현은 _____

✎ 피아노의 액션은 _____

✎ 피아노의 댐퍼는 _____

새로 알게 된 사실

Q. 이 글을 읽고 새롭게 알게 된 내용을 적어 보자!

✎ _____

_____

나의 생각 정리

Q. 다음 글을 읽고 피아노에 대해 어떤 생각을 했는지 써 보자!

현악기의 종류

현악기에는 연주 방법에 따라 손가락이나 손톱 등으로 퉁겨서 소리를 내는 발현 악기, 활로 마찰시켜서 소리를 내는 찰현 악기, 채로 쳐서 소리를 내는 타현 악기 등 세 가지가 있다. 이 밖에 현악기에 건반을 장치한 건반 현악기를 따로 분리시키는 경우도 있다.

✎ '나'는 _____

_____

_____

어휘력 확인

1~3 다음 뜻에 알맞은 낱말을 글자의 첫소리를 참고하여 써 보세요.

1 사물의 범위가 늘어나 커짐. → ㅈ ㅍ : _____

2 물체에서 나는 소리와 그 울림 → ㅇ ㅎ : _____

3 돈이나 물건 혹은 마음 따위를 쓰는 형편 → ㅇ ㄷ : _____

4~6 다음 빈칸에 알맞은 낱말을 보기 에서 찾아 써 보세요.

보기

| 방식 | 부품 | 진동 |

4 나라마다 문화나 생활 [　　　] 에 차이가 있다.

5 회의 참석자들은 스마트폰을 [　　　] 으로 바꿔 주십시오.

6 텔레비전 수리를 맡겼더니 [　　　] 을 바꿔야 한다고 했다.

7~8 다음 문장에 어울리는 낱말을 괄호 안에서 골라 ◯표 해 보세요.

7 이 문제는 스마트폰을 (활동해서 / 활용해서) 해결해야 합니다.

8 그는 같은 음식에서도 맛의 (미세한 / 섬세한) 차이를 느낄 수 있다.

공부한 날   월   일

옷, 몇 벌이면 충분할까요?

📑 **핵심 내용 이해**

Q. 다음 낱말 카드를 활용하여 패스트 패션의 문제점을 정리해 보자!

| 노동자 | 오염 | 옷 | 임금 | 처리 |

✎ 패스트 패션 의류를 만들기 위해 _____

✎ 패스트 패션 의류를 만들 때 _____

✎ 빠르게 바뀌는 유행 때문에 _____

✈ **새로 알게 된 사실**

Q. 이 글을 읽고 새롭게 알게 된 내용을 적어 보자!

✎ _____

_____

☆ **나의 생각 정리**

Q. 다음 글을 읽고 패스트 패션에 대해 어떤 생각을 했는지 써 보자!

> 패스트 패션을 반성하는 움직임이 나타났습니다. 바로 슬로 패션(slow fashion) 운동입니다. 슬로 패션은 패스트 패션과 달리 유행을 따르지 않습니다. 옷을 생산하고 소비하는 속도를 늦추어 환경을 오염시키지 않으려고 노력하는 것입니다. 또한 옷을 만드는 근로자들의 권리도 중요하게 생각합니다.

✎ '나'는 _____

_____

_____

어휘력 확인

1~3 다음 낱말의 알맞은 뜻을 찾아 선으로 이어 보세요.

1 공정 •

2 대우 •

3 임금 •

• ㉠ 직장에서의 지위나 급료 따위의 근로 조건

• ㉡ 근로자가 노동의 대가로 사용자에게 받는 보수

• ㉢ 한 제품이 완성되기까지 거쳐야 하는 하나하나의 작업 단계

4~5 다음 밑줄 친 말과 바꾸어 쓸 수 있는 낱말을 보기 에서 찾아 내용에 어울리게 써 보세요.

보기

단축하다   처리하다

4 그는 수행 평가 결과를 절차에 따라 마무리 짓고 있다. →

5 학생들은 선생님에게 수업 시간을 5분만 짧게 줄이자고 요청하였다. →

6~7 다음 뜻풀이를 참고하여 십자말풀이를 완성해 보세요.

6 ㉠ 몸을 움직여 일을 함.

7 ㉡ 움직여 옮김. 또는 움직여 자리를 바꿈.

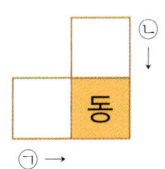

위인들은 어떻게 책을 읽었을까요?

☆ 핵심 내용 이해

Q. 다음 글자 카드를 활용하여 글쓴이가 이 글을 쓴 목적을 완성해 보자!

| 독 | 방 | 법 | 보 | 서 | 위 | 인 | 정 |

✎ 글쓴이는 독자에게 ☐☐들의 ☐☐☐에 대한 ☐☐를 전달하기 위한 목적으로 글을 썼다.

✈ 새로 알게 된 사실

Q. 이 글을 읽고 새롭게 알게 된 내용을 적어 보자!

✎ ....

....

☆ 나의 생각 정리

Q. 다음 글의 고사성어와 이 글의 내용을 비교하여 공통점을 써 보자!

> **위편삼절**
>
> 위편삼절(韋編三絶)은 공자가 『주역』을 즐겨 읽어 책의 가죽 끈이 세 번이나 끊어졌다는 뜻으로, 책을 열심히 읽음을 이르는 말입니다. 공자가 살았던 시대는 아직 종이가 발명되기 전으로, 대나무 조각을 가죽 끈으로 엮어서 만들었던 죽간(竹簡)이라는 형태의 책을 사용하였습니다. 공자는 『주역』을 셀 수 없을 정도로 반복해서 읽다 보니 책을 묶었던 끈을 새 것으로 바꾼 것이 여러 번이었다고 합니다.

✎ ....

....

....

어휘력 확인

1~3 다음 뜻에 알맞은 낱말을 글자의 첫소리를 참고하여 써 보세요.

1 낱낱의 수
→ ㅅ ㅎ : _____

2 뜻을 새겨 가며 자세히 읽음.
→ ㅈ ㄷ : _____

3 자신이 실제로 해 보거나 겪어 봄. 또는 거기서 얻은 지식이나 기능
→ ㄱ ㅎ : _____

4~6 다음 빈칸에 알맞은 낱말을 보기 에서 찾아 써 보세요.

보기

| 발견 | 습관 | 실생활 |

4 캘리그라피는 [   ]에서 여러 용도로 이용된다.

5 그는 어려서부터 절약하는 [   ]이 몸에 배어 있다.

6 아버지는 항상 나의 장점을 [   ]하고 격려해 주신다.

7~8 밑줄 친 낱말의 뜻으로 알맞은 것을 찾아 ○표 해 보세요.

7 지난번 시험에서 실수한 것을 <u>되새겨</u> 보아라.
→ (다시 떠올려 골똘히 생각해 / 본디의 상태가 되도록 해)

8 오랫동안의 장마가 <u>그치고</u> 나서 무더위가 시작되었다.
→ (세력이 약해지고 / 움직임이 멈추거나 끝나고)

공정 무역 제품을 찾아보아요

★ **핵심 내용 이해**

Q. 다음 낱말 카드를 활용하여 공정 무역의 특징을 정리해 보자!

| 금지 | 대가 | 아동 | 안전 | 지불 | 친환경적 |

✎ 공정 무역은 _____

✎ 공정 무역은 _____

✎ 공정 무역은 _____

✈ **새로 알게 된 사실**

Q. 이 글을 읽고 새롭게 알게 된 내용을 적어 보자!

✎ _____

_____

☆ **나의 생각 정리**

Q. 다음 글을 읽고 공정 무역에 대해 어떤 생각을 했는지 써 보자!

2000년대 초 세계적인 초콜릿 제조 회사들은 초콜릿 제품 생산에 아동 노동을 금지하겠다고 선언했습니다. 그러나 현재까지 가나와 코트디부아르 등의 국가에서는 5~17세 어린이들의 43% 이상이 초콜릿 생산 현장에서 일을 하고 있다고 합니다. 특히 늦은 밤까지 일을 하고, 날카로운 도구를 사용하거나 농약에 노출되는 등 작업 환경이 매우 위험하여 문제가 되고 있습니다.

✎ '나'는 _____

_____

_____

📝 정답과 해설 • 42쪽

🚀 어휘력 확인

1~2 주어진 글자의 첫소리와 그 뜻에 알맞은 낱말을 빈칸에 넣어 문장을 완성해 보세요.

1 ㅁ ㅇ : 나라와 나라 사이에 서로 물품을 매매하는 일

→ 다른 나라와의 [   ] 을/를 통해 우리나라에 없는 물건을 구할 수 있다.

2 ㅈ ㅅ : 어떤 상태가 오래 계속됨. 또는 어떤 상태를 오래 계속함.

→ 물가 상승 현상이 [   ] 되면서 서민들이 살기가 점점 어려워지고 있다.

3~5 다음 밑줄 친 말과 바꾸어 쓸 수 있는 낱말을 **보기**에서 찾아 내용에 어울리게 써 보세요.

보기

소비되다	수입하다	취급하다

3 이 일에는 많은 시간과 돈이 <u>든다</u>. → [   ]

4 그 가게는 가공식품을 대상으로 <u>처리하고</u> 있다. → [   ]

5 삼촌은 <u>다른 나라에서 사들인</u> 과일을 국내에서 되파는 일을 하신다. → [   ]

6~7 다음 뜻풀이를 참고하여 십자말풀이를 완성해 보세요.

6 ㉠ 양이나 수치가 늚.

7 ㉡ 원재료를 인공적으로 처리하여 새로운 제품을 만들거나 제품의 질을 높임.

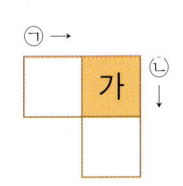

신 · 재생 에너지란?

핵심 내용 이해

Q. 다음 낱말 카드를 활용하여 글쓴이가 이 글을 쓴 목적을 완성해 보자!

| 신 | 에너지 | 정보 | 재생 |

✎ 글쓴이는 독자에게 (   )에 대한 (   )를 전달하기 위한 목적으로 글
을 썼다.

새로 알게 된 사실

Q. 이 글을 읽고 새롭게 알게 된 내용을 적어 보자!

✎ _____

_____

나의 생각 정리

Q. 다음 글을 읽고 신·재생 에너지에 대해 어떤 생각을 했는지 써 보자!

화석 연료와 지구 온난화

많은 과학자들이 지구 온난화가 화석 연료 사용에 따른 온실가스 증가 때문에 일어나는 현상이라
고 말하고 있다. 지구의 기온이 상승하면서 기후가 변해 북극이나 그린란드 같은 극지의 빙하가 급격
히 녹고 해수면이 상승하고 있다. 해마다 극심해지는 지구촌의 폭염도 지구 온난화의 결과이다.

✎ '나'는 _____

_____

🪐 어휘력 확인

1~3 다음 뜻에 알맞은 낱말을 글자의 첫소리를 참고하여 써 보세요.

1 이미 존재함. → ㄱ ㅈ : _____

2 지구 안에서 땅 표면으로 흘러나오는 열 → ㅈ ㅇ : _____

3 비, 눈, 우박, 안개 따위로 지상에 내린 물 → ㄱ ㅅ : _____

4~6 다음 빈칸에 알맞은 낱말을 【보기】에서 찾아 써 보세요.

┌─────────── 보기 ───────────┐
│   고갈   대안   반응   │
└───────────────────────────┘

4 그들은 회사를 다시 일으킬 [   ]을 찾고 있다.

5 그는 부모에 대한 이야기가 나오면 민감한 [   ]을 보인다.

6 아프리카의 많은 나라는 식수의 [   ](으)로 어려움을 겪고 있다.

7~8 다음 문장에 어울리는 낱말을 괄호 안에서 골라 ○표 해 보세요.

7 자신의 단점을 (보수하여 / 보완하여) 강점으로 만들어야 합니다.

8 그는 자료를 문서 파일로 (교환하여 / 변환하여) 보내 달라고 하였다.

서양화와 동양화의 원근법

⭐ **핵심 내용 이해**

Q. 다음 낱말 카드를 활용하여 원근법의 특징을 정리해 보자!

| 대기 | 물체 | 삼원법 | 역원근법 | 투시 | 평면 |

✎ 원근법은 _____

✎ 서양의 원근법에는 _____

✎ 동양의 원근법에는 _____

🖊 **새로 알게 된 사실**

Q. 이 글을 읽고 새롭게 알게 된 내용을 적어 보자!

✎ _____
_____

☆ **나의 생각 정리**

Q. 다음 글을 읽고 원근법에 대해 어떤 생각을 했는지 써 보자!

　　동양화에서 자연을 그린 그림을 '산수화(山水畵)'라고 합니다. 산수화는 자연의 사물을 빌려와 작가의 정신세계를 담아낸 그림입니다. 그래서 서양화에서처럼 대상을 정확하게 재현하기보다는 대상을 재구성해 표현함으로써 작가의 정서를 드러내고자 했습니다.

✎ '나'는 _____
_____
_____

어휘력 확인

1~3 주어진 글자의 첫소리와 그 뜻에 알맞은 낱말을 빈칸에 넣어 문장을 완성해 보세요.

1 ㄷ ㄱ : '공기'를 달리 이르는 말

→ 심호흡을 하여 신선한 [   ]을/를 들이마셨다.

2 ㅇ ㅊ : 삼차원의 공간에서 여러 개의 평면이나 곡면으로 둘러싸인 부분

→ 미술 시간에 [   ] 그림을 그려 전시했다.

3 ㄱ ㄱ ㅈ : 자기와의 관계에서 벗어나 제삼자의 입장에서 사물을 보거나 생각하는 것

→ 이 소설에서는 서술자가 주인공을 [   ](으)로 관찰하고 있다.

4~6 다음 빈칸에 들어갈 낱말을 보기 에서 골라 내용에 어울리게 써 보세요.

보기

비롯되다	연장하다	평행하다

4 그들의 싸움은 아주 사소한 오해에서 [   ] 것이었다.

5 선생님께 과제 작성 기간을 [   ] 달라고 요청하였다.

6 그 두 길은 갈라지고 나서도 몇 킬로미터 동안은 [   ] 길이다.

7~8 다음 뜻풀이를 참고하여 십자말풀이를 완성해 보세요.

7 ㉠ 막힌 물체를 환히 꿰뚫어 봄.

8 ㉡ 물체의 존재나 형상을 인식하는 눈의 능력

ㄱ→
	시	㉡↓

우리 지역 이름에 담긴 뜻

☆ 핵심 내용 이해

Q. 다음 글자 카드를 활용하여 글쓴이가 이 글을 쓴 목적을 완성해 보자!

름	보	역	이	정	지

✎ 글쓴이는 독자에게 ☐☐☐☐에 대한 ☐☐를 전달하기 위한 목적으로 글을 썼다.

✈ 새로 알게 된 사실

Q. 이 글을 읽고 새롭게 알게 된 내용을 적어 보자!

✎ _____

_____

☆ 나의 생각 정리

Q. 다음 글을 읽고 '경기'와 '관동'의 공통점을 써 보자!

> 강원도의 별칭 중에 '관동(關東)'이 있다. 고려 성종 때 전국을 열 개의 도(道)로 짜는 과정에서 오늘의 서울과 경기 일대를 '관내도(關內道)'라고 하였다. '관동'은 관내도의 동쪽에 있는 땅이라는 뜻을 담아 지어진 것이다. 한편 함경도에서 서울로 들어오는 길목인 철령관과 관련된 명칭이라는 설도 있다. 이곳을 중심으로 동쪽을 관동이라고 한 것이다.

✎ _____

_____

_____

🔬 어휘력 확인

1~3 다음 뜻에 알맞은 낱말을 글자의 첫소리를 참고하여 써 보세요.

1 달리 부르는 이름 → ㅂ ㅊ : _____

2 사람이나 사물 따위의 이름. 또는 그것을 일컫는 이름 → ㅁ ㅊ : _____

3 임금이나 황제가 있던 도읍지가 성으로 이루어져 있었다는 데서, '서울'을 이르던 말

→ ㄷ ㅅ : _____

4~6 다음 빈칸에 알맞은 낱말을 보기 에서 찾아 써 보세요.

보기

| 수석 | 원수 | 자수 |

4 일반적으로 [   ]을/를 하면 비교적 처벌이 가벼워진다.

5 철수는 열심히 공부하여 학교를 [   ](으)로 졸업하였다.

6 두 나라의 [   ]이/가 만나는 정상회담이 오랜만에 이루어졌다.

7~8 다음 문장에 어울리는 낱말을 괄호 안에서 골라 ○표 해 보세요.

7 '만물의 영장'은 인간을 (일구는 / 일컫는) 말이다.

8 사진첩 속에는 조부모님과의 추억이 (담겨 / 엉겨) 있다.

우리나라가 간직한 세계 유산

핵심 내용 이해

Q. 다음 글자 카드를 활용하여 글쓴이가 이 글을 쓴 목적을 완성해 보자!

| 계 | 네 | 산 | 세 | 스 | 유 | 코 |

글쓴이는 독자에게 우리나라의 대표적인 ☐☐☐☐☐☐☐☐에 대한 정보를 전달하기 위한 목적으로 글을 썼다.

새로 알게 된 사실

Q. 이 글을 읽고 새롭게 알게 된 내용을 적어 보자!

_____

_____

나의 생각 정리

Q. 다음 글을 읽고 우리나라의 유네스코 유산에 대해 어떤 생각을 했는지 써 보자!

유산이란 우리가 선조로부터 물려받아 오늘날 그 속에 살고 있으며, 앞으로 우리 후손들에게 물려주어야 할 자산이다. 자연 유산과 문화유산 모두 다른 어느 것으로도 대체할 수 없는 우리들의 삶과 영감의 원천이다. 유네스코는 이러한 인류 보편적 가치를 지닌 자연 유산 및 문화유산들을 발굴 및 보호, 보존하고자 1972년 '세계 문화 및 자연 유산 보호 협약(세계 유산 협약)'을 채택하였다.

'나'는 _____

_____

어휘력 확인

1~2 주어진 글자의 첫소리와 그 뜻에 알맞은 낱말을 빈칸에 넣어 문장을 완성해 보세요.

1 ㅊ ㅈ : 전에 없던 것을 처음으로 만듦.

→ 그는 새로운 디자인 [   ]에 전념하고 있다.

2 ㅈ ㅅ : 개인이나 법인이 소유하고 있는 경제적 가치가 있는 유형·무형의 재산

→ 노후 대비를 위해서는 [   ]을/를 모으는 것이 중요하다.

3~5 다음 밑줄 친 말과 바꾸어 쓸 수 있는 낱말을 보기에서 찾아 내용에 어울리게 써 보세요.

보기
분류하다   분포하다   지정되다

3 숭례문은 국보 1호로 <u>특정한 자격이 주어져</u> 있다.   → [   ]

4 도시에는 많은 유적지가 <u>일정한 범위에 흩어져 퍼져</u> 있다.   → [   ]

5 그는 상점에서 각종 상품을 <u>종류에 따라서 가르는</u> 일을 한다.   → [   ]

6~7 다음 뜻풀이를 참고하여 십자말풀이를 완성해 보세요.

6 ㉠ 남아 있는 자취

7 ㉡ 앞 세대가 물려준 사물 또는 문화

간접 광고란 무엇일까요?

Q. 다음 글자 카드를 활용하여 글쓴이가 이 글을 쓴 목적을 완성해 보자!

간	고	광	보	접	정

✎ 글쓴이는 독자에게 ☐☐☐☐에 대한 ☐☐를 전달하기 위한 목적으로 글을 썼다.

새로 알게 된 사실

Q. 이 글을 읽고 새롭게 알게 된 내용을 적어 보자!

✎ _____

_____

나의 생각 정리

Q. 다음 글을 읽고 광고에 대해 어떤 생각을 했는지 써 보자!

> **맥락 광고**
>
> 드라마가 끝나자마자 바로 드라마의 주인공이 모델을 맡은 광고가 나오는 경우를 본 적이 있을 것이다. 이런 광고를 맥락 광고라고 한다. 맥락 광고는 프로그램이 끝난 직후에 프로그램의 내용과 관련성이 높은 제품의 광고를 배치하는 것이다. 드라마의 주인공에 대한 좋은 인상이 광고 제품에 대한 긍정적인 인상으로 연결되도록 하는 것이다.

✎ '나'는 _____

_____

_____

🔬 어휘력 확인

1~3 다음 뜻에 알맞은 낱말을 글자의 첫소리를 참고하여 써 보세요.

1 깊이 파고들거나 빠짐. → ㅁ ㅇ : _____

2 연기, 공연, 연설 따위를 하기 위하여 무대나 연단에 나감. → ㅊ ㅇ : _____

3 규칙이나 규정에 의하여 일정한 한도를 정하거나 정한 한도를 넘지 못하게 막음.

→ ㄱ ㅈ : _____

4~6 다음 빈칸에 알맞은 낱말을 보기 에서 찾아 써 보세요.

보기
금지   진행   허용

4 강의 시간에 개인적인 통화는 [   ] 되지 않는다.

5 친구는 사회자로서 학급 회의의 [   ] 을/를 맡았다.

6 그는 손님들에게 다가가 실내 흡연은 [   ] (이)라고 말했다.

7~8 다음 문장에 어울리는 낱말을 괄호 안에서 골라 ◯표 해 보세요.

7 이 문제는 다시 (언급하지 / 인용하지) 않기로 했다.

8 그들은 참석자들이 앉을 의자를 (방치하였다 / 배치하였다).

더 강한 단맛을, 액상 과당

핵심 내용 이해

Q. 다음 낱말 카드를 활용하여 액상 과당의 특징을 정리해 보자!

| 과식 | 녹말 | 대체 | 비만 | 설탕 | 옥수수 |

✎ 액상 과당은 _____

✎ 액상 과당은 _____

✎ 액상 과당은 _____

새로 알게 된 사실

Q. 이 글을 읽고 새롭게 알게 된 내용을 적어 보자!

✎ _____

_____

나의 생각 정리

Q. 다음 글을 읽고 인공 감미료에 대해 어떤 생각을 했는지 써 보자!

> 많은 가공식품들이 인공 감미료를 사용하여 맛을 낸다. 인공 감미료는 아주 적은 양으로도 단맛을 낼 수 있고 값이 싸다. 인공 감미료 중 아스파탐은 설탕보다 200배, 수크랄로스는 600배나 단맛이 강하다. 인공 감미료는 복잡한 화학 처리 과정을 통해 만들어지기 때문에 유해성 면에서 논란이 되고 있다.

✎ '나'는 _____

_____

_____

어휘력 확인

1~3 다음 낱말의 알맞은 뜻을 찾아 선으로 이어 보세요.

1 방해 •

2 억제 •

3 축적 •

• ㉠ 남의 일을 간섭하고 막아 해를 끼침.

• ㉡ 지식, 경험, 자금 따위를 모아서 쌓음.

• ㉢ 감정이나 욕망, 충동적 행동 따위를 내리눌러서 그치게 함.

4~6 다음 밑줄 친 말과 바꾸어 쓸 수 있는 낱말을 **보기** 에서 찾아 내용에 어울리게 써 보세요.

보기

과도하다   대체하다   섭취하다

---

4 그는 학생들의 잘못을 정도에 지나치게 나무라지 않는다. → ☐

5 식습관 개선을 통해 영양소를 골고루 몸속에 빨아들여야 한다. → ☐

6 그 회사는 이 상품을 다른 것으로 대신할 신제품을 개발하고 있다. → ☐

7~8 다음 뜻풀이를 참고하여 십자말풀이를 완성해 보세요.

7 ㉠ 넘치도록 가득 차 있는 느낌

8 ㉡ 살이 쪄서 몸이 뚱뚱함.

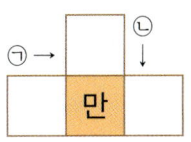

건물을 아름답게 만드는 단청

핵심 내용 이해

Q. 다음 낱말 카드를 활용하여 단청의 특징을 정리해 보자!

| 권위 | 기본 | 다섯 | 보호 | 의도 | 자연물 |

✎ 단청의 목적은

✎ 단청의 무늬는

✎ 단청의 색깔은

새로 알게 된 사실

Q. 이 글을 읽고 새롭게 알게 된 내용을 적어 보자!

✎

나의 생각 정리

Q. 다음 글을 읽고 단청에 대해 어떤 생각을 했는지 써 보자!

　　나무로 만든 건물을 보호하면서 아름다움을 높이는 것이 단청입니다. 단청은 삼국 시대부터 유행하기 시작한 것으로 알려져 있습니다. 실제로 고구려 벽화 고분인 쌍영총에도 단청이 남아 있습니다. 오늘날에는 옛 건물의 단청을 보존하고 훼손된 단청을 복원하는 것은 물론, 새로 짓는 건물에도 단청을 새겨 넣는 일이 진행되고 있습니다.

✎ '나'는

어휘력 확인

1~3 다음 뜻에 알맞은 낱말을 글자의 첫소리를 참고하여 써 보세요.

1 액세서리 따위로 치장함. → ㅈ ㅅ : _____

2 물기가 많아 젖은 듯한 기운 → ㅅ ㄱ : _____

3 남을 지휘하거나 통솔하여 따르게 하는 힘 → ㄱ ㅇ : _____

4~6 다음 빈칸에 알맞은 낱말을 보기에서 찾아 써 보세요.

┌─────────── 보기 ───────────┐
│   기원   손상   위엄   │
└──────────────────────────┘

4 큰비가 내려 학교 지붕에 [   ]이 생겼다.

5 조직의 대표는 적절한 [   ]을 갖추어야 한다.

6 우리는 반 친구의 회복을 한마음으로 [   ]하였다.

7~8 밑줄 친 낱말의 뜻으로 알맞은 것을 찾아 ○표 해 보세요.

7 국민 모두가 우리나라의 훌륭한 문화재를 <u>보존해야</u> 한다.

→ (부족한 부분을 보태어 채워야 / 잘 보호하고 간수하여 남겨야)

8 그들은 장마철이 시작되기 전에 홍수를 <u>방지하는</u> 작업을 하고 있다.

→ (상대편의 공격을 막는 / 현상이 일어나지 못하게 막는)

적정 기술을 알고 있나요?

핵심 내용 이해

Q. 다음 글자 카드를 활용하여 글쓴이가 이 글을 쓴 목적을 완성해 보자!

| 기 | 보 | 술 | 적 | 정 |

✎ 글쓴이는 독자에게 ☐☐☐☐에 대한 ☐☐를 전달하기 위한 목적으로 글을 썼다.

새로 알게 된 사실

Q. 이 글을 읽고 새롭게 알게 된 내용을 적어 보자!

✎ ....

....

나의 생각 정리

Q. 다음 글을 읽고 '큐-드럼'의 효과에 대해 어떤 생각을 했는지 써 보자!

> 남아프리카 공화국의 한스와 피에트 헨드릭스 형제는 케냐와 에티오피아처럼 물이 부족한 나라의 사람들을 돕기 위해 '큐-드럼'을 개발하였다. 이 나라들에서는 여성과 어린이들이 커다란 물통을 머리에 이고 하루에도 수차례씩 먼 거리를 이동하며 식수를 구해 와야 하는데, 이 과정에서 부상을 입는 일이 많았다. 또한 어린이들이 학교에 다닐 시간도 부족하였다.

✎ '나'는 ....

....

 **어휘력 확인**

1~3 다음 낱말의 알맞은 뜻을 찾아 선으로 이어 보세요.

1 소비 •

• ㉠ 어떤 상태가 오래 계속됨.

2 지속 •

• ㉡ 물 따위가 속까지 환히 비치도록 맑음.

3 투명 •

• ㉢ 돈이나 물자, 시간, 노력 따위를 들이거나 써서 없앰.

4~6 다음 밑줄 친 말과 바꾸어 쓸 수 있는 낱말을 에서 찾아 내용에 어울리게 써 보세요.

보기

고려하다   보관하다   운반하다

4 그는 친구들과 함께 의자를 교실로 <u>옮겨 나르고</u> 있다.   →

5 내일 일정은 날씨를 <u>생각하고 헤아려 보아</u> 정하기로 하였다.   →

6 학교에서는 학생들의 학생 기록부를 <u>맡아서 간직하고</u> 관리하고 있다.   →

7~8 다음 뜻풀이를 참고하여 십자말풀이를 완성해 보세요.

7 ㉠ 어떤 물질이 액체 상태에서 기체 상태로 변함.

8 ㉡ 새로운 물건을 만들거나 새로운 생각을 내어놓음.

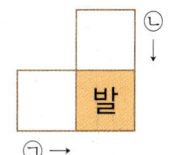

MEMO

MEMO

똑똑 초등 국어 문해력

똑똑한 똑독, 똑독하는

정답과 해설

3단계 | 실력편

초등 5·6학년

글의 내용 이 글은 조선 시대에 일본에 맞서 울릉도와 독도를 지킨 안용복에 대한 이야기예요. 두 차례에 걸쳐 일본으로 건너가 울릉도와 독도에서 일본 어선이 저지른 불법 어업을 항의하고, 울릉도와 독도가 우리나라 땅임을 확인받은 안용복의 애국심이 잘 드러난 글이에요. 당시 조선에서는 안용복에게 상을 주기는커녕 죄를 물어 귀양을 보냈지만, 안용복은 이를 달게 받아들였지요.

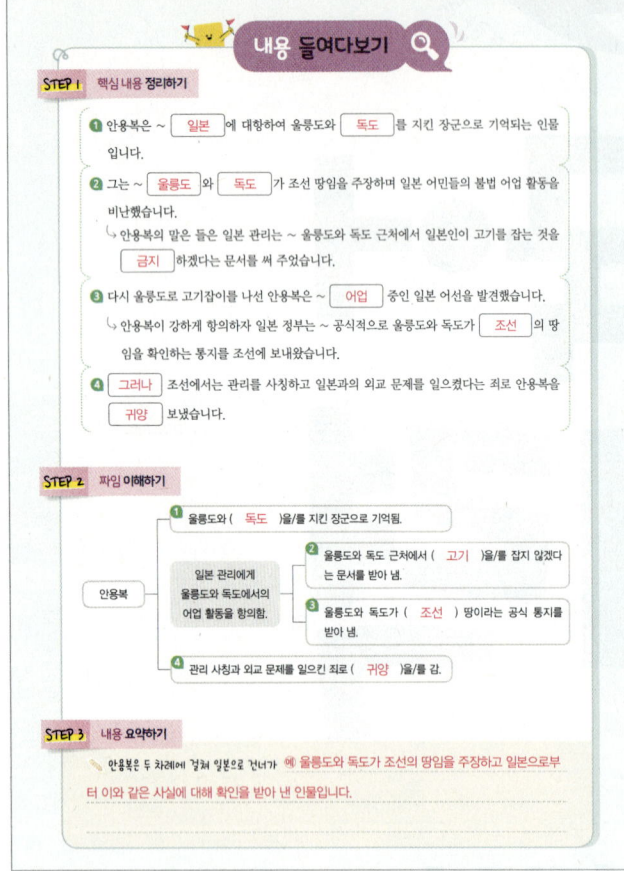

3 안용복은 조선 후기 수군 출신의 어부예요. 그는 일본으로 건너가 울릉도와 독도가 조선 땅임을 강하게 주장했지요. 그리고 일본 정부로부터 울릉도와 독도가 조선 땅임을 확인받아 왔어요. 후세 사람들이 안용복을 장군으로 기억하는 이유는 개인으로서 용감하게 우리나라의 땅을 지켰기 때문이에요.

4 안용복은 조선 후기 숙종 때 사람으로 울릉도와 독도가 조선의 땅임을 일본 사람들에게 확실하게 일깨워 준 인물이에요. 하지만 나라에서는 안용복이 허락도 없이 일본과 외교 문제를 일으켰다는 죄로 귀양을 보냈어요. **보기**의 말은 안용복이 귀양을 떠나기 전에 남긴 말이에요. 안용복의 말 중 '우리 땅'은 울릉도와 독도를 의미해요. 울릉도와 독도는 경상북도에 속해 있는 섬으로, 동해에 자리하고 있어요.

오답 풀이

㉠ 인천광역시 강화군에 속해 있는 강화도예요. 북한과 가까이 있는 섬으로, 대한민국에서 다섯 번째로 큰 섬이에요.

㉢ 전라남도 진도군에 속해 있는 진도예요. 우리에게는 진돗개로 잘 알려져 있지요.

㉣ 경상남도 거제시에 속해 있는 거제도예요. 우리나라에서 제주도 다음으로 큰 섬이에요.

㉤ 우리나라에서 가장 큰 화산섬인 제주도예요. 2006년도에 제주특별자치도로 승격되었어요.

📋 문제로 확인하기   본문 · 016쪽

1 ⑤   **2** ①   **3** ②   **4** ㉢

1 안용복은 일본에 울릉도와 독도가 조선의 땅임을 두 차례나 강하게 주장했어요. 처음에는 울릉도와 독도에서 일본 어민이 고기 잡는 것을 금지하겠다는 문서를 받아 냈고, 두 번째에는 일본 정부가 울릉도와 독도가 조선 땅이라는 통지를 조선에 공식적으로 보내도록 했어요.

2 안용복의 주장은 일본으로 잡혀간 안용복이 일본 관리에게 한 말에 나타나 있어요. 안용복은 울릉도와 독도는 조선 땅이므로 그곳에서 어업 활동을 한 일본 어민을 꾸짖은 것은 정당하다고 말했지요.

💬 어휘력 다지기   본문 · 017쪽

1 ㉢   **2** ㉠   **3** 기개   **4** 일리

5 일개   **6** 사칭

🔍 낱말 더 보기

· **후세:** 다음에 오는 세상. 또는 다음 세대의 사람들
  예 자연환경은 후세에게 물려줄 인류의 재산이다.

· **어업:** 재산상의 이익을 목적으로 물고기, 조개, 김, 미역 따위를 잡거나 기르는 산업
  예 최근 무허가 그물을 사용한 불법 어업 행위가 적발되었다.

· **이듬해:** 바로 다음의 해
  예 이듬해 봄에는 부모님을 만날 수 있겠지.

글의 내용 이 글은 준수가 아버지의 말씀을 통해서 '어린이 보호 구역'에 대해 알게 되는 과정을 보여 주고 있어요. '어린이 보호 구역'이란 어린이를 교통사고의 위험으로부터 지키기 위해 나라에서 법으로 정한 구역을 말해요. 이곳에서는 자동차들의 속도가 제한되고, 특별한 경우를 제외하고는 주정차도 금지돼요. 또한 어린이 보호를 위한 안전 표지판과 과속 방지 턱도 설치되어 있어요. 이 글의 준수처럼 여러분도 어린이 보호 구역에서는 자신이 먼저 안전 수칙을 지키겠다는 생각을 지니는 것이 중요해요.

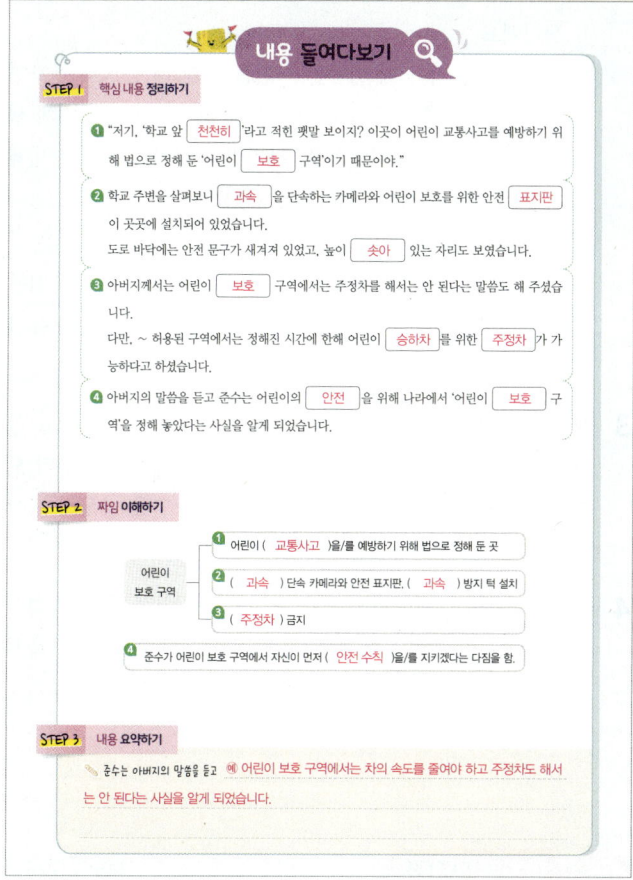

내용 들여다보기

STEP 1 핵심 내용 정리하기

❶ "저기, '학교 앞 천천히 '라고 적힌 팻말 보이지? 이곳이 어린이 교통사고를 예방하기 위해 법으로 정해 둔 '어린이 보호 구역'이기 때문이야."

❷ 학교 주변을 살펴보니 과속 을 단속하는 카메라와 어린이 보호를 위한 안전 표지판 이 곳곳에 설치되어 있었습니다.
도로 바닥에는 안전 문구가 새겨져 있었고, 높이 솟아 있는 자리도 보였습니다.

❸ 아버지께서는 어린이 보호 구역에서는 주정차를 해서는 안 된다는 말씀도 해 주셨습니다.
다만, ~ 허용된 구역에서는 정해진 시간에 한해 어린이 승하차 를 위한 주정차 가 가능하다고 하셨습니다.

❹ 아버지의 말씀을 듣고 준수는 어린이의 안전 을 위해 나라에서 '어린이 보호 구역을 정해 놓았다는 사실을 알게 되었습니다.

STEP 2 짜임 이해하기

어린이 보호 구역
① 어린이 (교통사고)을/를 예방하기 위해 법으로 정해 둔 곳
② (과속) 단속 카메라와 안전 표지판, (과속) 방지 턱 설치
③ (주정차) 금지
④ 준수가 어린이 보호 구역에서 자신이 먼저 (안전 수칙)을/를 지키겠다는 다짐을 함.

STEP 3 내용 요약하기

준수는 아버지의 말씀을 듣고 예 어린이 보호 구역에서는 차의 속도를 줄여야 하고 주정차도 해서는 안 된다는 사실을 알게 되었습니다.

문제로 확인하기

본문 · 020쪽

1 ①   2 ⑤   3 과속 방지 턱
4 희수

1 1문단에서 준수는 빨간 불이 켜져 횡단보도를 건너는 사람이 없는데도 느린 속도로 운전을 하는 아버지가 이상해 그 까닭을 질문하고 있어요. 아버지의 대답을 통해 준수네 차가 어린이 보호 구역을 지나고 있음을 알 수 있어요. 아버지께서는 어린이 보호 구역이기 때문에 제한 속도를 지키려고 느린 속도로 운전을 하고 있는 거예요.

오답 풀이

② 아버지는 운전 중에 어린이 보호 구역에 들어섰어요.
③ 준수는 아버지가 느리게 운전을 하는 까닭을 질문하고 있어요.
④ 어린이 보호 구역에서는 빨간 불이 켜져도 제한 속도를 지켜야 해요.
⑤ 아버지께서는 '학교 앞 천천히'라는 팻말을 보고 어린이 보호 구역임을 알게 된 거예요.

2 4문단의 첫 번째 문장에 준수가 아버지의 말씀을 듣고 알게 된 사실이 잘 나타나 있어요. 준수는 아버지가 들려주신 말씀을 통해 어린이의 안전을 위해 나라에서 '어린이 보호 구역'을 정해 놓았다는 사실을 알게 되었어요.

3 보기 는 '과속 방지 턱'의 역할, 위치, 색깔, 효과 등을 나타낸 글이에요. 과속 방지 턱은 차의 속도를 강제로 낮추는 역할을 하여 사람들이 안전하게 건널목을 건널 수 있도록 해 줄 뿐만 아니라, 학교 앞 교통사고를 줄이는 효과도 있어요.

4 어린이 보호 구역 내 주정차 금지는 어린이에게 일어나는 사고를 조금이라도 줄이기 위해 법으로 만들어졌어요(가은). 어린이 보호 구역 내 불법 주정차는 보행자와 운전자의 시야를 가리는 장애물이 되기 때문에 이를 방지하기 위해서 금지시키는 거예요(도훈). 하지만 먼 거리를 통학하는 친구들을 태운 차량의 경우 허용된 구역에서 제한된 시간에 한해 주정차가 가능해요(아라). 물론, 거동이 불편한 친구들을 태운 차량도 먼 거리를 통학하는 친구들을 태운 차량과 똑같이 제한된 시간에 한해 적용해요(희수가 잘못 이해한 부분).

어휘력 다지기

본문 · 021쪽

1 ㉡   2 ㉠   3 거동   4 수칙
5 과속   6 보행자

낱말 더 보기

• **예방**: 질병이나 재해 따위가 일어나기 전에 미리 대처하여 막는 일
예 전염병 예방을 위해서는 손 씻기를 생활화해야 한다.

• **단속**: 규칙이나 법령, 명령 따위를 지키도록 통제함.
예 고속도로에는 곳곳에 단속 카메라가 설치되어 있다.

• **주정차**: 주차와 정차를 아울러 이르는 말
예 불법 주정차를 했을 때는 과태료를 물어야 한다.

• **자칫**: 어쩌다가 조금 어긋남을 나타낼 때 쓰는 말
예 자칫 한눈이라도 팔면 약속 시간에 늦을 수 있겠다.

글의 내용 이 글은 한라산을 중심으로 여기저기 흩어져 있는 제주도 오름에 관한 내용이에요. 오름은 '산봉우리'를 의미하는 제주도 말로, 제주도에 무려 368개나 있다고 해요. 그중에서도 '거문오름'은 용암이 폭발하면서 형성된 여러 개의 동굴이 지닌 가치를 인정받아 유네스코 세계 자연 유산에 등재되기도 했어요. 오름은 제주도 사람들의 생활 터전이라고 할 만큼 제주도 사람들과 밀접한 관계가 있어요. 그렇기 때문에 오름의 가치를 훼손하지 않으면서 오름의 진면목을 즐길 줄 아는 성숙한 마음가짐이 필요해요.

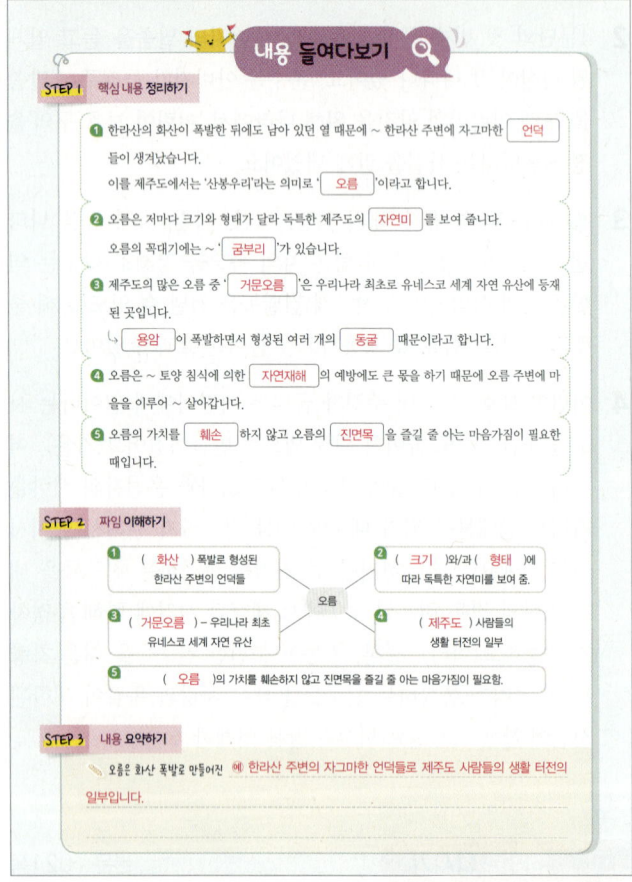

내용 들여다보기

STEP 1 핵심 내용 정리하기

1 한라산의 화산이 폭발한 뒤에도 남아 있던 열 때문에 ~ 한라산 주변에 자그마한 **언덕** 들이 생겨났습니다.
이를 제주도에서는 '산봉우리'라는 의미로 '**오름**'이라고 합니다.

2 오름은 저마다 크기와 형태가 달라 독특한 제주도의 **자연미** 를 보여 줍니다.
오름의 꼭대기에는 ~ **굼부리** 가 있습니다.

3 제주도의 많은 오름 중 '**거문오름**'은 우리나라 최초로 유네스코 세계 자연 유산에 등재된 곳입니다.
　용암 이 폭발하면서 형성된 여러 개의 **동굴** 때문이라고 합니다.

4 오름은 ~ 토양 침식에 의한 **자연재해** 의 예방에도 큰 몫을 하기 때문에 오름 주변에 마을을 이루어 ~ 살아갑니다.

5 오름의 가치를 **훼손** 하지 않고 오름의 **진면목** 을 즐길 줄 아는 마음가짐이 필요한 때입니다.

STEP 2 짜임 이해하기

1 (**화산**) 폭발로 형성된 한라산 주변의 언덕들
2 (**크기**)와/과 (**형태**)에 따라 독특한 자연미를 보여 줌.
3 (**거문오름**) - 우리나라 최초 유네스코 세계 자연 유산
4 (**제주도**) 사람들의 생활 터전의 일부
5 (**오름**)의 가치를 훼손하지 않고 진면목을 즐길 줄 아는 마음가짐이 필요함.

오름

STEP 3 내용 요약하기

✎ 오름은 화산 폭발로 만들어진 **예** 한라산 주변의 자그마한 언덕들로 제주도 사람들의 생활 터전의 일부입니다.

문제로 확인하기　　　　본문 · 024쪽

1 ①　　2 ⑤　　3 ④　　4 굼부리

1 오름은 한라산의 화산 폭발 후 크고 작은 폭발이 다시 일어나면서 생긴 작은 언덕들이에요. 오름은 '산봉우리'를 의미하는 제주도 말이에요. 꼭대기에는 화산이 솟구쳐 뿜어 나오면서 생긴 굼부리(분화구)가 있어요. 저마다 크기나 형태가 다양한 능선의 아름다움이 바다와 산과 어우러져 제주도의 독특한 멋을 자아내요. 제주도에는 368개의 오름이 있는데, 그 크기와 형태가 모두 다르다고 했으므로 ①은 이 글의 내용과 맞지 않아요.

---

2 거문오름은 제주도의 오름 중 유일하게 유네스코 세계 자연 유산에 등재된 오름이에요. 그 까닭은 거문오름에서 흘러나온 용암류가 제주도 북동쪽 해안가까지 흘러가면서 생긴 동굴(만장굴, 김녕굴 등)이 학술적 가치가 뛰어나기 때문이에요. 그래서 거문오름 탐방은 보호 차원에서 예약제로만 운영되고 있어요.

오답 풀이

① 꼭대기에 분화구(굼부리)가 있는 것은 오름의 일반적인 특징이에요.

② 오름은 빗물이 땅에 머무는 시간을 길게 해 줌으로써 자연재해 예방에 큰 도움을 주기 때문에 제주도 사람들에게 생활 터전의 일부가 되었어요. 하지만 이것이 유네스코 세계 자연 유산에 등재된 이유는 아니에요.

③, ④ 울창한 숲이 너무 깊어 검게 보이고, 실제로도 깊은 굼부리에 숲이 빽빽하게 들어서 있어 '거문오름'이라고 이름 붙이게 되었어요. 하지만 이것이 유네스코 세계 자연 유산에 등재된 이유는 아니에요.

3 제주도 사람들은 오름에서 태어나 오름으로 돌아간다고 할 만큼 오름과 밀접한 관계를 맺고 있어요. 그들은 예전부터 오름 주변에 마을을 이루어 농사를 짓고 소와 말을 방목하며 살아왔어요. 즉 오름이 생활 터전인 셈이지요.

4 용암이 솟구쳐 뿜어 나오면서 오름의 꼭대기에 생겨난 화산체의 분화구를 제주도에서는 '굼부리'라고 해요. 오름이 육지의 산과 가장 구별되는 요인 중의 하나가 바로 굼부리를 가지고 있다는 것이에요.

어휘력 다지기　　　　본문 · 025쪽

1 ㉠　　2 ㉡　　3 화산　　4 훼손
5 등재　　6 방목

낱말 더 보기

· **분화구**: 화산체의 일부에 열려 있는 용암 따위의 분출구
　예 백두산의 분화구인 천지에는 물이 고여 있다.

· **경이롭다**: 놀랍고 신기한 데가 있다.
　예 그는 이번 경기에서 경이로운 기록을 세웠다.

· **자아내다**: 어떤 감정이나 생각, 웃음, 눈물 따위가 저절로 생기거나 나오도록 일으켜 내다.
　예 그 이야기는 감수성이 예민한 소녀들의 눈물을 자아냈다.

· **진면목**: 본디부터 지니고 있는 그대로의 상태
　예 이번 국악 공연에서는 판소리의 진면목을 볼 수 있다.

Day 04 개성 있는 멋 글씨를 만나다

본문 · 026~029쪽

글의 내용 이 글은 오늘날 새로운 디자인 분야로 주목받고 있는 캘리그래피를 알기 쉽게 설명한 글이에요. 이 글을 통해 캘리그래피의 의미와 성격, 표현 방법, 효과 등을 알 수 있어요. 캘리그래피는 기계적 표현이 아니라 손으로 쓴 아름다운 글씨체예요. 그래서 개성이 돋보이는 예술이지요. 대중 매체의 광고 문구나 책의 제목 등에 많이 사용되고 있어요. 글의 마지막 부분에 나만의 글씨체를 가지고 싶다면 캘리그래피를 배워 보라는 글쓴이의 권유가 나타나 있어요.

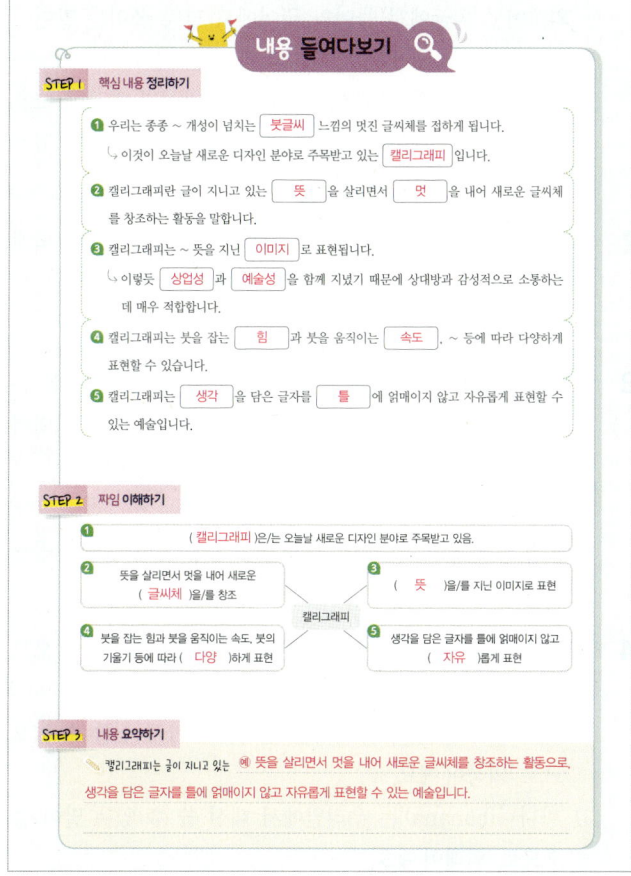

④ 캘리그래피는 한글의 자음과 모음이 묘한 조화를 이루어 마치 손으로 글씨를 그린 것 같은 느낌을 줘요.

⑤ 캘리그래피는 독특한 번짐과 선의 움직임, 여백의 균형 등을 개성 있게 표현함으로써 차분한 마음을 유지할 수 있으며 성취감도 느낄 수 있어요.

2 2문단에서 캘리그래피는 글이 지니고 있는 뜻을 살리면서 '멋을 내어' 새로운 글씨체를 창조하는 활동이라고 했어요. 그러므로 '멋을 부리지 않기 때문에'는 이 글의 내용과 맞지 않아요.

오답 풀이
3문단에서 캘리그래피는 뜻을 지닌 이미지로 표현되고(③), 이렇게 상업성과 예술성을 함께 지녔기 때문에 상대방과 감성적으로 소통하는 데 매우 적합하다고 했어요. 글씨체의 모양만 보아도 호기심을 불러일으켜(④) 상품의 특징과 성격이 쉽게 전달되므로(⑤), 기억에 더 오래 남게 되기 때문이라고 했어요(②).

3 글쓴이는 5문단에서 이 세상에 하나뿐인 나만의 멋진 글씨체를 가지고 싶다면 지금 바로 캘리그래피를 배워 보는 것에 도전해 보라고 권유하고 있어요.

4 '캘리그래피(Calligraphy)'란 말은 그리스어 'Kalligraphia'에서 생겨난 말이에요. '아름답다(kallos)'와 '쓰기(graphy)'가 결합된 단어로 '글이 가지고 있는 뜻에 맞게 아름답게 쓰는 기술'이라는 사전적 의미를 가지고 있어요.

어휘력 다지기

본문 · 029쪽

1 ㉠　　**2** ㉡　　**3** 주목　　**4** 호기심
5 소통　　**6** 구현

문제로 확인하기

본문 · 028쪽

1 ③　　**2** ①　　**3** ②　　**4** 아름답게

1 캘리그래피란 글이 지니고 있는 뜻을 살리면서 멋을 내어 새로운 글씨체를 창조하는 활동을 말해요. 서양에서는 꽃 장식으로 쓴 글씨를 의미하며, 우리나라와 중국, 일본 등에서는 붓에 의해 예술적 가치를 높게 구현한 서예를 의미한다고 했어요.

오답 풀이
① 캘리그래피는 붓글씨 느낌을 주는 멋진 글씨체를 말해요.
③ 캘리그래피는 글자가 뜻을 지닌 이미지로 표현되는 상업성과 예술성을 지녔기 때문에 상대방과 감성적으로 소통하는 데 매우 적합해요.

낱말 더 보기

· **문구:** 글의 구절
　例 나는 책을 읽다가 마음에 드는 문구가 있으면 표시를 한다.
· **묘하다:** 모양이나 동작이 색다르다.
　例 묘한 생김새의 바위들이 눈길을 끌었다.
· **조화:** 서로 잘 어울림.
　例 한옥 마을은 전통과 현대의 조화가 잘 이루어져 있었다.
· **가치:** 귀중하게 여길 만한 성질이나 중요한 것
　例 농촌 봉사 활동을 해 보니 농부들이 흘리는 땀의 가치를 알 것 같다.
· **여백:** 종이 따위에, 글씨를 쓰거나 그림을 그리고 남은 빈 자리
　例 이 그림은 여백의 미가 뛰어나다.

Day 05 외래어 같은 순우리말

글의 내용 우리말은 순우리말인 고유어와 중국에서 들어온 한자를 바탕으로 하여 만들어진 한자어, 외국에서 들어와 널리 쓰이는 외래어로 구성되어 있어요. 그런데 일상적인 언어생활을 하다 보면 고유어와 한자어, 외래어가 서로 잘 구분되지 않을 때가 많아요. 이 글은 외래어 같은 고유어와 고유어 같은 외래어를 예로 들어 설명하고 있어요. 이 글을 통해 순우리말인 고유어, 한자어, 외래어 등의 특징과 차이점을 이해하게 되면 한층 더 재미있는 언어생활을 할 수 있을 거예요.

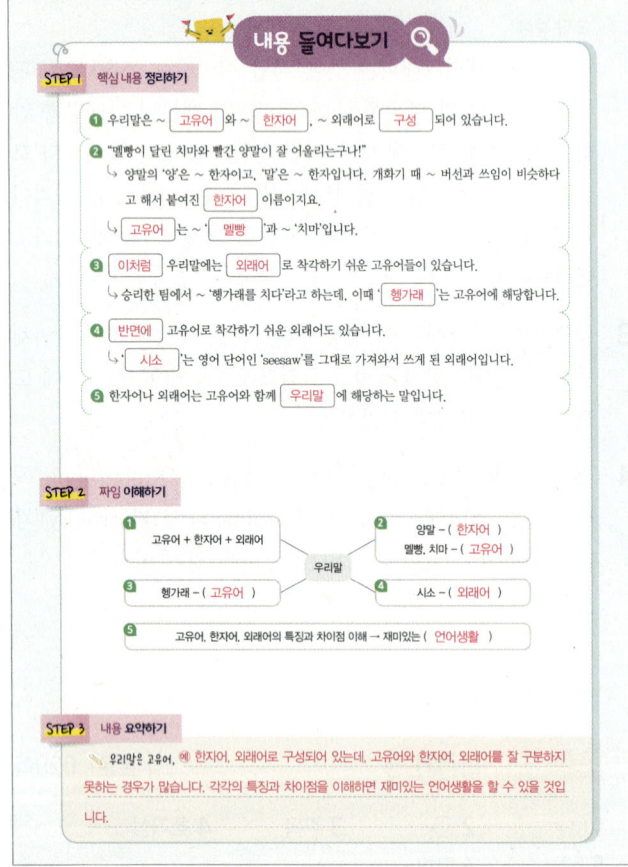

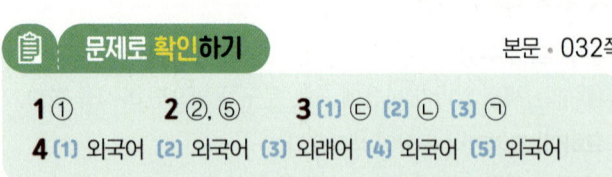

문제로 확인하기
본문 · 032쪽

1 ①
2 ②, ⑤
3 [1] ⓒ [2] ⓛ [3] ㄱ
4 [1] 외국어 [2] 외국어 [3] 외래어 [4] 외국어 [5] 외국어

1 한자어나 외래어는 고유어와 함께 우리말에 해당하는 말이에요. 우리말은 고유어와 한자어, 외래어로 구성되어 있기 때문이에요.

오답 풀이
② 우리말에는 '양말', '시소'와 같이 고유어로 착각하기 쉬운 한자어나 외래어가 있어요. '양말'은 개화기 때 들어온 서양 문물로 우리나라의 버선과 쓰임이 비슷하다고 해서 붙

여진 한자어이고, '시소'는 영어 단어인 'seesaw'를 그대로 가져와서 쓰게 된 외래어예요.
③ 우리말에는 '멜빵', '헹가래'와 같이 외래어로 착각하기 쉬운 고유어들이 있어요. '멜빵'은 '바지, 치마 따위가 흘러내리지 않도록 어깨에 걸치는 끈'의 뜻을 지닌 고유어이고, '헹가래'는 '사람의 몸을 번쩍 들어 자꾸 내밀었다 들이켰다 하는 일'을 의미하는 고유어예요.
④ 외래어는 외국에서 들어와 국어에서 널리 쓰이는 말이에요. 참고로 '외국어'는 '다른 나라의 말'을 의미해요.
⑤ 고유어와 한자어, 외래어는 모두 우리말이기 때문에 고유어, 한자어, 외래어의 특징과 차이점을 이해하면 재미있는 언어생활을 할 수 있어요.

2 우리말의 절반 이상이 한자어로 이루어져 있고, 오늘날 외래어의 사용이 늘어나면서 사람들이 언어의 출처를 제대로 이해하지 못하는 경우가 많아졌어요.

3 ㄱ 버스(bus): 많은 사람이 함께 타는 대형 자동차. 보통은 운임을 받고 정해진 길을 따라 운행하며, 시내버스, 시외버스, 관광버스, 고속버스 따위가 있다. → 외래어
ⓛ 등교(登校): 학생이 학교에 감. → 한자어
ⓒ 하늘: 지평선이나 수평선 위로 보이는 무한대의 넓은 공간 → 고유어

4 [1] '댄스(dance)'는 '춤'이라는 우리말로 바꾸어 쓸 수 있으므로 '외국어'예요.
[2] '테스트(test)'는 '시험'이라는 우리말로 바꾸어 쓸 수 있으므로 '외국어'예요.
[3] '바나나(banana)'는 우리말에서 대신 쓸 수 있는 말이 없으므로 '외래어'예요.
[4] '핸드폰(hand phone)'은 '휴대 전화'라는 우리말로 바꾸어 쓸 수 있으므로 '외국어'예요.
[5] '레스토랑(restaurant)'은 '식당'이라는 우리말로 바꾸어 쓸 수 있으므로 '외국어'예요.

어휘력 다지기
본문 · 033쪽

1 ㄱ
2 ⓛ
3 감독
4 출처
5 수훈
6 개화기

🔍 **낱말 더 보기**
• **문물**: 문화의 산물
예 그 나라는 외국의 유용한 <u>문물</u>들을 받아들였다.

글의 내용 지하철은 사람들이 가장 많이 이용하는 교통수단 중 하나예요. 지하철과 같은 공공장소에서는 누구나 지켜야 할 예절이 있어요. 지하철 예절은 안전하고 쾌적한 지하철 환경을 만들기 위해 모두가 함께 지켜야 할 의무예요. 이 글에서는 지하철에서 지켜야 할 예절을 크게 세 가지로 구분해서 알려 주고 있어요. 글의 내용을 잘 이해해서 나부터 실천하는 지하철 예절을 갖추도록 해요.

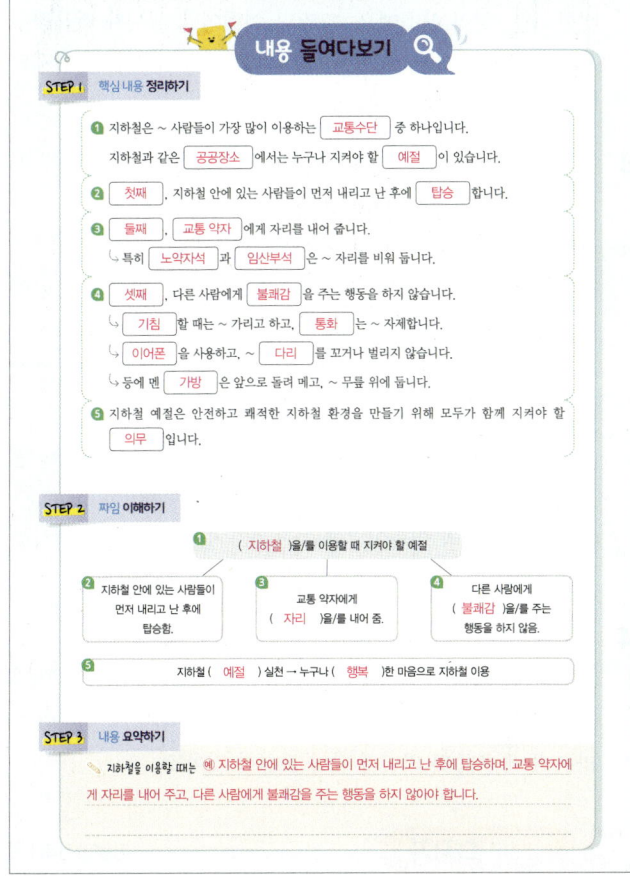

내용 들여다보기

STEP 1 핵심 내용 정리하기

❶ 지하철은 ~ 사람들이 가장 많이 이용하는 교통수단 중 하나입니다.
지하철과 같은 공공장소 에서는 누구나 지켜야 할 예절 이 있습니다.

❷ 첫째 , 지하철 안에 있는 사람들이 먼저 내리고 난 후에 탑승 합니다.

❸ 둘째 , 교통 약자 에게 자리를 내어 줍니다.
↳ 특히 노약자석 과 임산부석 은 ~ 자리를 비워 둡니다.

❹ 셋째 , 다른 사람에게 불쾌감 을 주는 행동을 하지 않습니다.
↳ 기침 할 때는 ~ 가리고 하고, 통화 는 ~ 자제합니다.
↳ 이어폰 을 사용하고, ~ 다리 를 꼬거나 벌리지 않습니다.
↳ 등에 멘 가방 은 앞으로 돌려 메고, ~ 무릎 위에 둡니다.

❺ 지하철 예절은 안전하고 쾌적한 지하철 환경을 만들기 위해 모두가 함께 지켜야 할 의무 입니다.

STEP 2 짜임 이해하기

❶ (지하철)을/를 이용할 때 지켜야 할 예절

❷ 지하철 안에 있는 사람들이 먼저 내리고 난 후에 탑승함.
❸ 교통 약자에게 (자리)을/를 내어 줌.
❹ 다른 사람에게 (불쾌감)을/를 주는 행동을 하지 않음.

❺ 지하철 (예절) 실천 → 누구나 (행복)한 마음으로 지하철 이용

STEP 3 내용 요약하기

지하철을 이용할 때는 예 지하철 안에 있는 사람들이 먼저 내리고 난 후에 탑승하며, 교통 약자에게 자리를 내어 주고, 다른 사람에게 불쾌감을 주는 행동을 하지 않아야 합니다.

문제로 확인하기   본문 · 038쪽

1 ③   2 ②   3 ②   4 에스컬레이터

1 주장하는 글의 중심 생각은 주로 글의 마지막 부분이나 제목을 통해서 알 수 있어요. 이 글은 공공장소인 지하철에서의 예절은 나부터 실천하자는 주장을 담은 글이에요. 지하철 예절을 나부터 실천한다면, 누구나 행복한 마음으로 지하철을 이용하게 될 것이라고 이야기하고 있어요.

2 지하철에서의 전화 통화는 정말 급한 일이 아니면 자제해야 해요. 급한 일로 통화를 할 때도 작은 목소리로 간단히 해야 해요. 지하철에서 큰소리로 통화하는 것은 다른 사람들에게는 소음이 된다는 사실을 알아야 해요.

오답 풀이

① 등에 멘 가방은 서 있을 때는 앞으로 돌려 메고, 좌석에 앉게 될 때는 무릎 위에 두어야 한다고 했어요. 사람이 많은 지하철 안에서는 자신도 모르는 사이에 다른 사람을 밀거나 다치게 할 수 있어요.

③ 지하철 안에 있는 사람들이 먼저 내리고 난 후에 타야 한다고 했어요. 사람이 내리기도 전에 타게 되면 질서가 흐트러져 자칫 사고가 발생할 위험이 커져요.

④ 자리에 앉아 있을 때는 다리를 꼬거나 벌리지 않아야 해요. 주변에 있는 다른 사람에게 불쾌감을 줄 수 있는 행동이기 때문이에요.

⑤ 교통 약자에게 자리를 내어 주어야 해요. 특히 노약자석과 임산부석은 필요로 하는 사람들을 위해 자리를 비워 두어야 해요. 만약 내가 자리에 앉아 있고, 모든 자리가 꽉 차 있는 상황에서 노약자나 임산부 등 좌석이 필요한 사람이 타면 내가 먼저 자리를 양보하는 마음이 필요해요.

3 3문단에서 교통 약자에게 자리를 내어 주는 것이 지하철에서 지켜야 할 예절이라고 설명하고 있어요. 노약자석과 임산부석은 비워 두고, 만약 모든 자리가 꽉 차 있는 경우 노약자나 임산부, 장애인, 아기를 안은 사람 등에게 먼저 자리를 양보하는 마음이 필요하다고 했어요. 따라서 ②는 올바른 지하철 예절과는 거리가 먼 내용이에요.

4 그림에서 말하고자 하는 내용을 살펴보세요. 그림은 지하철을 이용할 때 에스컬레이터에서 주의할 점을 나타내고 있어요.

어휘력 다지기   본문 · 039쪽

1 ⓒ   2 ㉠   3 교통 약자   4 탑승
5 이어폰   6 눈살

낱말 더 보기

· **공공장소:** 사회의 여러 사람 또는 여러 단체에 공동으로 속하거나 이용되는 곳
예 공공장소 곳곳에 '금연'이라는 게시문이 붙어 있었다.

· **간혹:** 어쩌다가 띄엄띄엄
예 똑똑한 철수도 간혹 실수할 때가 있다.

· **수속:** 어떤 일을 수행하거나 처리하기 전에 거쳐야 할 과정이나 단계
예 코로나 바이러스 때문에 입국 수속이 상당히 지체되었다.

오늘은 어린이날, 우리들 세상

글의 내용 이 글은 우리나라의 어린이날 역사뿐만 아니라 여러 나라의 어린이날이 지니고 있는 특징을 설명하고 있어요. 나라마다 정해 놓은 어린이날은 다르지만, 어린이를 위하는 마음은 같다는 것을 알 수 있어요. 또 세계 평화 기구인 국제 연합에서 정한 '세계 어린이날'이 있다는 점도 알 수 있어요. 어린이는 나라의 미래라고 하죠. 나라마다 어린이날을 정해 놓고 기념하는 것을 보면 세계의 공통된 생각인가 봐요.

내용 들여다보기

STEP 1 핵심 내용 정리하기

❶ 우리나라의 어린이날은 1923년에 [방정환]을 비롯한 색동회가 정한 5월 1일이 시초입니다.
↳ [그러다가] 광복 이듬해 [5]월 [5]일로 변경되었고, 1975년에 국가 공휴일로 지정되었습니다.

❷ 중국과 북한, 몽골의 어린이날은 [6]월 [1]일입니다.
[일본]의 어린이날은 남자 어린이날과 여자 어린이날로 나뉩니다.

❸ 튀르키예에서는 ~ [4]월 [13]일을 어린이날로 ~ 기념하고 있습니다.
아르헨티나 ~ 8월 셋째 주 [토요일]을 어린이날로 정해 ~ 있습니다.
아프리카의 많은 나라에서는 크리스마스인 [12]월 [25]일을 어린이날로 정해 놓고 있습니다.
프랑스와 [영국], 미국 등은 따로 어린이날이 정해져 있지 않습니다.

❹ 매년 [11]월 [20]일은 국제 연합이 정한 '세계 어린이날'입니다.

STEP 2 짜임 이해하기

❶ 우리나라 – 5월 (1)일(1923년) → 5월 (5)일(1946년), 국가 공휴일 지정(1975년)

❷ 중국, 북한, 몽골 – (6)월 1일 / 일본 – 3월 (1)일(여자), 5월 5일(남자)

어린이날

❸ 튀르키예 – 4월 13일 / 아르헨티나 – (8)월 셋째 주 토요일
· 아프리카 나라들 – (12)월 (25)일
· 프랑스, 영국, 미국 – 어린이날이 정해져 있지 않음.

❹ 세계 어린이날(국제 연합) – (11)월 (20)일

STEP 3 내용 요약하기

나라마다 어린이날은 예 조금씩 다릅니다. 하지만 어린이에게 최선을 다하려는 인류의 마음은 한결같습니다.

③, ⑤ 프랑스와 영국, 미국 등은 1년 365일을 어린이날로 생각하고 늘 어린이를 관심 대상에 두기 때문에 따로 어린이날이 정해져 있지 않아요. 크리스마스인 12월 25일을 어린이날로 정한 곳은 가봉을 비롯한 아프리카의 여러 나라들이에요.

2 우리나라의 어린이날은 1923년에 방정환을 비롯한 색동회가 정한 5월 1일이 시초예요. 그러나 어린이날 행사가 거듭될수록 어린이들의 저항 정신이 높아지자 이를 두려워한 일제의 탄압으로 1939년에 중단되었어요.

3 아르헨티나의 어린이날은 8월 셋째 주 토요일이기 때문에 매년 날짜가 바뀌게 돼요.

오답 풀이

② 어머니의 날과 함께 어린이날을 기념하는 나라는 몽골이에요.

③ 튀르키예는 독립 기념일인 4월 13일을 어린이날로 정해 함께 기념하고 있어요.

④ 몽골에서는 어린이날에 전통 의상이나 예쁜 옷을 입고 열두 띠의 동물 모양의 풍선을 길거리에 띄워요.

⑤ 아르헨티나의 어린이날에 아프리카의 여러 나라와 행사를 교류한다는 내용은 이 글에 나타나 있지 않아요.

4 나이가 적은 아동들을 대접하거나 격식을 갖추어 이르기 위해 방정환 선생이 사용한 말은 '어린이'예요. '높은 사람'이라는 뜻을 나타내는 '이'라는 말을 사용해 '나이가 적은 사람'이라는 뜻에 존중의 의미를 담아 표현한 것이죠.

💬 어휘력 다지기

본문 · 043쪽

1 ㉠ **2** ㉡ **3** 시초 **4** 저항
5 궁중 **6** 국제 연합

📋 문제로 확인하기

본문 · 042쪽

1 ④ **2** ⑤ **3** ① **4** 어린이

1 매년 11월 20일은 국제 연합이 정한 '세계 어린이날'이에요. '세계 어린이날'은 1989년 11월 20일 아동 권리 협약의 채택을 기념하여 제정되었어요.

오답 풀이

① 초등학생을 제외한 유치원생만을 대상으로 어린이날을 정한 나라는 북한이에요.

② 어린이날이 남자와 여자로 구분되어 있는 나라는 일본이에요.

🔍 낱말 더 보기

· **거듭되다:** 어떤 일이나 상황이 계속 생겨나거나 되풀이되다.
예 난관이 거듭될수록 더욱 희망을 잃지 말아야 한다.

· **지정:** 관공서, 학교, 회사, 개인 등이 어떤 것에 특정한 자격을 줌.
예 새로 발굴된 유물들이 문화재로 지정되었다.

· **투구:** 예전에, 군인이 전투할 때에 적의 화살이나 칼날로부터 머리를 보호하기 위하여 쓰던 쇠로 만든 모자
예 이 투구는 신기하게도 독수리 머리 모양을 하고 있구나!

· **한결같다:** ① 처음부터 끝까지 변함없이 꼭 같다. ② 여럿이 모두 꼭 같이 하나와 같다.
예 자식을 사랑하는 부모의 마음은 세계 어디나 한결같다.

글의 내용 코로나바이러스감염증-19의 확산으로 사람들은 감염병의 무서움을 몸소 경험하게 되었어요. 이 시기에 가장 훌륭한 백신 역할을 한 것이 마스크예요. 바이러스가 사람의 입이나 코에 들어가는 것을 예방해 주었지요. 이 글은 마스크가 언제, 누구에 의해서 만들어졌고 어떻게 발전되어 왔는지 소개하고 있어요. 이 글을 통해 개인위생의 중요성을 다시 한번 깨닫고, 마스크의 생활화를 되돌아보는 계기를 마련할 수 있을 거예요.

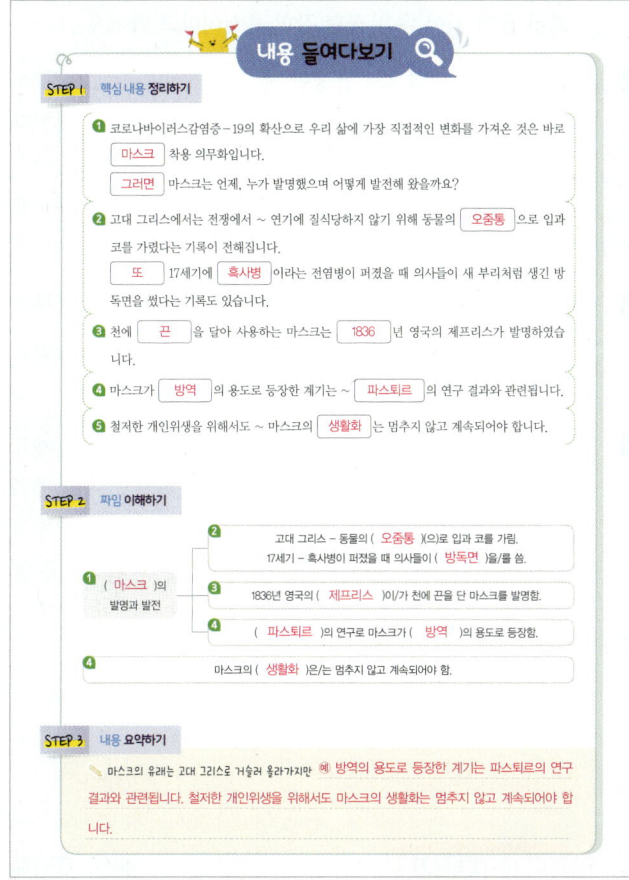

감염증-19의 확산은 사회적 거리 두기와 더불어 마스크 착용을 의무화하도록 했어요.

3 3문단을 볼 때, 최초로 천에 끈을 달아 사용하는 마스크를 발명한 사람은 영국의 제프리스예요. 하지만 제프리스가 만든 마스크는 폐가 좋지 않아 질병을 앓는 환자들이 숨을 편안하게 쉬도록 하기 위해 만든 것으로, 입만 가리는 용도로 사용되었어요.

오답 풀이

① 프랑스의 화학자이자 미생물학자인 파스퇴르는 부패나 발효가 미생물의 작용임을 설명하였고, 유산균·효모균을 발견하였어요. 저온 살균법, 탄저병, 광견병의 백신을 개발하여 면역학의 창시자가 되어 '현대 세균학의 아버지'로 불리었어요.

④ 마스크가 방역의 용도로 등장한 계기는 파스퇴르의 연구 결과와 관련이 있어요.

⑤ 파스퇴르는 눈으로는 볼 수 없는 아주 작은 생물과 질병 사이의 일정한 관계를 밝혀 마스크가 방역에 도움이 된다는 사실을 밝혀냈어요.

4 씻지 않은 손으로는 눈, 코, 입 등이 간지러워도 만지지 말아야 해요. 비누를 이용해 손을 씻거나 손 소독제를 사용한 후 만져야 해요. 손수건 등을 활용하는 것도 좋은 방법이에요.

어휘력 다지기 　　　　　　本文 • 047쪽

1 ㉠　　**2** ㉡　　**3** 착용　　**4** 백신
5 방역　　**6** 방독면

낱말 더 보기

• **확산:** 흩어져 널리 퍼짐.
　예) 전염병으로 인한 공포가 확산되고 있다.

• **의무화:** 하여야 하는 것으로 만듦.
　예) 전동 킥보드 탑승 시 헬멧 의무화가 시행되었다.

• **발명:** 아직까지 없던 기술이나 물건을 새로 생각하여 만들어 냄.
　예) 새로운 기술의 발명에는 큰 노력이 필요하다.

• **용도:** 쓰이는 길. 또는 쓰이는 곳
　예) 수건은 용도에 따라 색깔을 구분해 두었다.

• **개량:** 나쁜 점을 보완하여 더 좋게 고침.
　예) 품종 개량이 이루어지면 생산량이 더욱 늘어날 것이다.

• **생체:** 생물의 몸. 또는 살아 있는 몸
　예) 그 독버섯을 먹은 후 생체 기능이 마비되었다.

문제로 확인하기 　　　　　　本文 • 046쪽

1 ②　　**2** ④　　**3** ②, ③　　**4** 도균

1 글쓴이의 주장은 5문단에 잘 나타나 있어요. 글쓴이는 철저한 개인위생을 위해서도 손 씻기와 더불어 마스크 착용의 생활화는 멈추지 않고 계속되어야 한다고 강조하고 있어요.

2 1문단에서 코로나바이러스감염증-19의 확산으로 우리 삶에 가장 직접적인 변화를 가져온 것은 마스크 착용 의무화라고 했어요. 이전에도 감기 예방이나 미세 먼지, 황사에 대비하여 마스크를 쓰는 사람들이 있었지만, 개인의 의지에 따른 선택 사항이었지 의무 사항은 아니었어요. 하지만 코로나바이러스

글의 내용 우리나라 사람들이 즐겨 먹는 음식 중 하나인 비빔밥은 언제부터 시작되었는지 정확하게 알려져 있지 않지만, 그 유래에는 제사 후 제사 음식을 밥에 비벼 먹었다는 설과, 한 해의 마지막 날 밤 남은 밥과 반찬을 비벼 먹었다는 설, 들일을 할 때 음식 재료를 들로 가지고 나가 밥에 비벼 먹었다는 설 등이 있어요. 비빔밥은 맛이 좋을 뿐만 아니라 여러 가지 영양소가 골고루 들어 있어 매우 균형 잡힌 음식이에요. 그래서 각 고장마다 특산물을 활용한 비빔밥이 생겨나게 되었어요. 비빔밥으로 유명한 고장으로는 전주, 진주, 해주 등이 있어요. 이제 비빔밥은 비행기 안에서도 제공될 정도로 한식의 세계화를 이야기할 때 빼놓을 수 없는 음식이 되었어요.

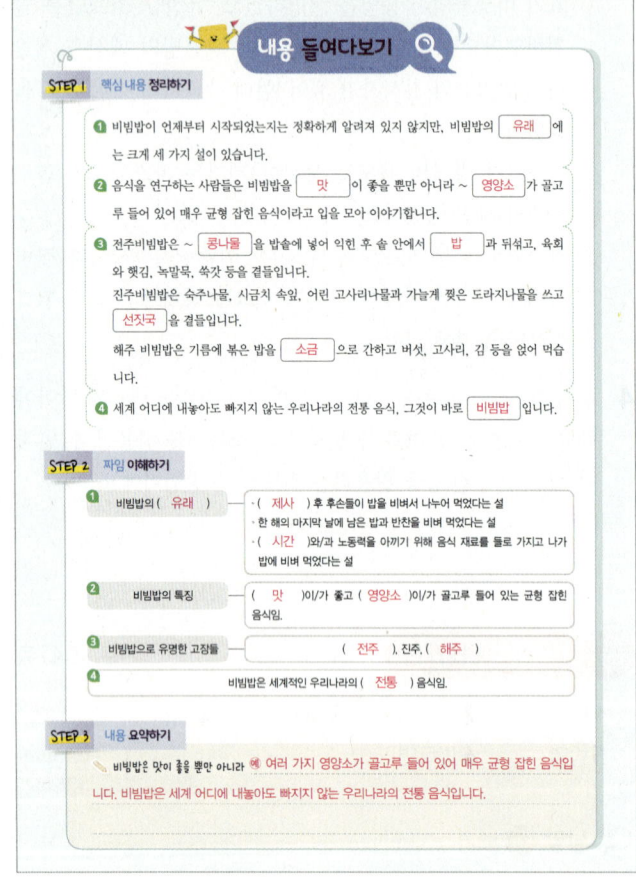

문제로 확인하기   본문 · 050쪽

1 ①   2 (1) ⓒ (2) ⓛ (3) ㉠   3 ③
4 채소, 재료

1 비빔밥은 언제부터 먹기 시작했는지 정확하게 알려져 있지 않다고 했으므로 ①은 이 글의 내용과 맞지 않아요.

오답 풀이

② 1문단에서는 비빔밥의 유래에 관한 세 가지 설을 설명하고 있어요. 첫째는 제사를 지내고 남은 음식들로 밥을 비벼 먹었다는 설이고, 둘째는 한 해의 마지막 날에 남은 밥과 반찬을 비벼 먹었다는 설이에요. 셋째는 들에서 일을 할 때 음식 재료를 가지고 나가서 비벼 먹었다는 설이에요.

③, ⑤ 4문단에서 비빔밥은 한식의 세계화를 이야기할 때 가장 먼저 떠올리는 음식으로, 비행기 안에서도 제공되는 세계적인 음식이 되었다고 했어요.

④ 2문단에서 비빔밥은 맛이 좋을 뿐만 아니라 영양소가 골고루 들어 있어 매우 균형 잡힌 음식이라고 했어요.

2 3문단에서는 비빔밥으로 유명한 세 고장의 비빔밥에 대해 소개하고 있어요. 전주비빔밥은 콩나물을 밥솥에 넣어 익힌다는 점이, 진주비빔밥은 여러 가지 나물과 가늘게 찢은 도라지나물을 쓴다는 점이, 해주 비빔밥은 기름에 밥을 볶는다는 점이 특징이라는 것을 알 수 있어요.

3 2문단에서 비빔밥에 들어가는 여러 종류의 나물과 양념들이 쌀밥에 부족한 영양소를 보충해 주며, 채소를 데친 나물들은 소화 작용에 탁월한 효과가 있다고 했어요.

4 3문단과 4문단으로 볼 때 비빔밥에는 여러 가지 채소가 재료로 사용된다는 것을 알 수 있어요. **보기**의 잡채도 여러 가지 채소를 이용해서 만든다는 것을 알 수 있죠. 따라서 비빔밥과 잡채 모두 여러 가지 채소를 재료로 하여 만드는 음식임을 알 수 있어요.

어휘력 다지기   본문 · 051쪽

1 ㉠   2 ⓛ   3 제공   4 풍습
5 영양소   6 설

낱말 더 보기

· **균형:** 어느 한쪽으로 기울거나 치우치지 아니하고 고른 상태
  ⑳ 줄타기는 균형 감각이 있어야 탈 수 있다.

· **데치다:** 물에 넣어 살짝 익히다.
  ⑳ 어떤 채소는 데칠 때 소금을 넣기도 한다.

· **소화:** 섭취한 음식물을 분해하여 영양분을 흡수하기 쉬운 형태로 변화시키는 일
  ⑳ 점심 먹은 게 벌써 다 소화가 된 거니?

· **고장:** ① 사람이 많이 사는 지방이나 지역 ② 어떤 물건이 특히 많이 나거나 있는 곳
  ⑳ 개성은 인삼의 고장으로 유명하다.

글의 내용 토론은 어떤 주제를 가지고 찬성과 반대 측으로 나뉘어 각각의 주장을 펼친 뒤 상대방으로 하여금 자신의 의견을 받아들이게 하는 설득의 말하기예요. 이 글은 "공원 내 반려동물의 출입을 금지해야 하는가?"라는 주제로 토론을 진행했는데, 철민이는 반대 의견을, 지수는 찬성 의견을 제시했어요. 토론에서 사회자는 찬성과 반대 어느 쪽에도 치우침 없이 토론을 이끌어 가며 발언 기회를 주는 역할을 해요.

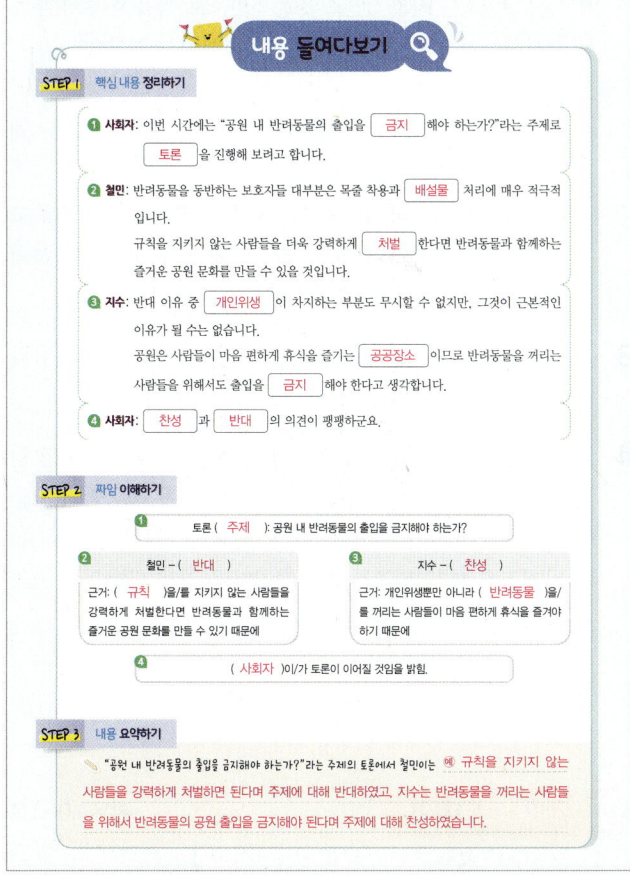

내용 들여다보기

STEP 1 핵심 내용 정리하기

1 사회자: 이번 시간에는 "공원 내 반려동물의 출입을 [금지]해야 하는가?"라는 주제로 [토론]을 진행해 보려고 합니다.

2 철민: 반려동물을 동반한 보호자들 대부분은 목줄 착용과 [배설물] 처리에 매우 적극적입니다.
규칙을 지키지 않는 사람들을 더욱 강력하게 [처벌]한다면 반려동물과 함께하는 즐거운 공원 문화를 만들 수 있을 것입니다.

3 지수: 반대 이유 중 [개인위생]이 차지하는 부분을 무시할 수 없지만, 그것이 근본적인 이유가 될 수는 없습니다.
공원은 사람들이 마음 편하게 휴식을 즐기는 [공공장소]이므로 반려동물을 꺼리는 사람들을 위해서도 출입을 [금지]해야 한다고 생각합니다.

4 사회자: [찬성]과 [반대]의 의견이 팽팽하군요.

STEP 2 짜임 이해하기

1 토론 ([주제]): 공원 내 반려동물의 출입을 금지해야 하는가?

2 철민 – ([반대])
근거: [규칙]을/를 지키지 않는 사람들을 강력하게 처벌한다면 반려동물과 함께하는 즐거운 공원 문화를 만들 수 있기 때문에

3 지수 – ([찬성])
근거: 개인위생뿐만 아니라 [반려동물]을/를 꺼리는 사람들이 마음 편하게 휴식을 즐겨야 하기 때문에

4 ([사회자])이/가 토론이 이어질 것임을 밝힘.

STEP 3 내용 요약하기

"공원 내 반려동물의 출입을 금지해야 하는가?"라는 주제의 토론에서 철민이는 예 규칙을 지키지 않는 사람들을 강력하게 처벌하면 된다며 주제에 대해 반대하였고, 지수는 반려동물을 꺼리는 사람들을 위해서 반려동물의 공원 출입을 금지해야 된다며 주제에 대해 찬성하였습니다.

거나 따지고 의논하는 토론이에요. 토론은 어떤 주제에 대하여 찬성 측과 반대 측으로 나뉘어 상대방을 설득할 수 있는 말하기예요.

오답 풀이

① 책을 읽고 서로의 생각과 느낌을 나누는 것도 토론의 일종인 독서 토론이라고 할 수 있어요. 하지만 책을 읽는다는 전제가 있으므로 일반 토론과 차이점을 보여요.

② 문제 상황을 해결하기 위하여 까닭을 들어 제안하는 것은 '제안하는 말하기'에 해당해요.

④ 어떤 주제에 대하여 여러 가지 의견을 나누고 가장 좋은 해결 방법을 찾는 말하기는 '토의'예요.

⑤ 듣는 사람들의 공감을 불러일으킬 수 있도록 느낌을 살려 글의 내용을 전달하는 것은 '낭송'에 해당해요.

3 철민이는 "공원 내 반려동물의 출입을 금지해야 하는가?"라는 주제에 대하여 반대 입장을 취하고 있어요. 즉, 반려동물과 함께 공원을 출입하는 것을 원하고 있어요. 반면, 지수는 반려동물 출입 금지에 대하여 찬성 입장에 있어요.

4 보기 에서 혜주는 친환경 장소인 공원에 반려동물 출입을 금지하는 것이 이해가 안 된다고 말하고 있어요. 즉 철민이와 같은 의견을 가지고 있어요.

문제로 확인하기

본문 · 054쪽

1 ⑤ **2** ③ **3** ② **4** 철민

1 토론에서 사회자는 찬성 측과 반대 측 어느 쪽에도 치우침 없이 발언 기회를 주며 토론을 공평하게 이끄는 역할을 해요. 이에 더해 사회자는 토론의 주제를 알려 주고, 토론 내용이 주제에서 벗어날 때는 주제에 맞는 내용을 말하도록 유도해요. 또한 중요한 내용을 요약하며 토론을 돕기도 하고, 토론의 결과를 정리하며 토론을 마무리하기도 한답니다.

2 이 글은 "공원 내 반려동물의 출입을 금지해야 하는가?"라는 주제로 찬성과 반대 의견을 가진 사람끼리 자기 생각을 말하

어휘력 다지기

본문 · 055쪽

1 ㉠ **2** ㉡ **3** 알레르기 **4** 동반
5 통계 **6** 부당

낱말 더 보기

• **인구:** 일정한 지역에 사는 사람의 수
  예 나의 고향은 인구 10만이 채 못 되는 소도시이다.

• **근본적:** 근본을 이루거나 근본이 되는. 또는 그런 것
  예 이번 사업은 근본적으로 문제가 많다.

• **꺼리다:** 사물이나 일 따위가 자신에게 해가 될까 하여 피하거나 싫어하다.
  예 그는 모두가 꺼리는 잡일을 도맡아 하곤 했다.

• **이치:** 사물의 정당한 조리. 또는 도리에 맞는 취지
  예 죄를 지으면 벌을 받는 것은 당연한 이치이다.

• **항체:** 항원의 자극에 의하여 생체 내에 만들어져 특이하게 항원과 결합하는 단백질
  예 예방 접종으로 그 병균에 대한 항체가 형성되었다.

글의 내용 이 글은 대한민국 역사에서 4.19 혁명의 배경, 과정, 결과, 의의 등을 나타낸 글이에요. 4.19 혁명은 이승만과 자유당 정권의 독재와 부정부패, 3.15 부정 선거에 항의해서 온 국민이 들고일어난 대한민국 최초의 민주 혁명이에요. 당시 고등학생인 김주열 군의 죽음이 도화선이 되어 전국으로 퍼져 나갔고, 이러한 민중의 힘은 결국 이승만을 대통령직에서 물러나게 함으로써 자유당 정권을 무너뜨렸어요. 4.19 혁명은 훗날 5.18 민주화 운동과 6월 민주 항쟁 등 민주주의를 쟁취하기 위한 운동의 밑바탕이 되었어요.

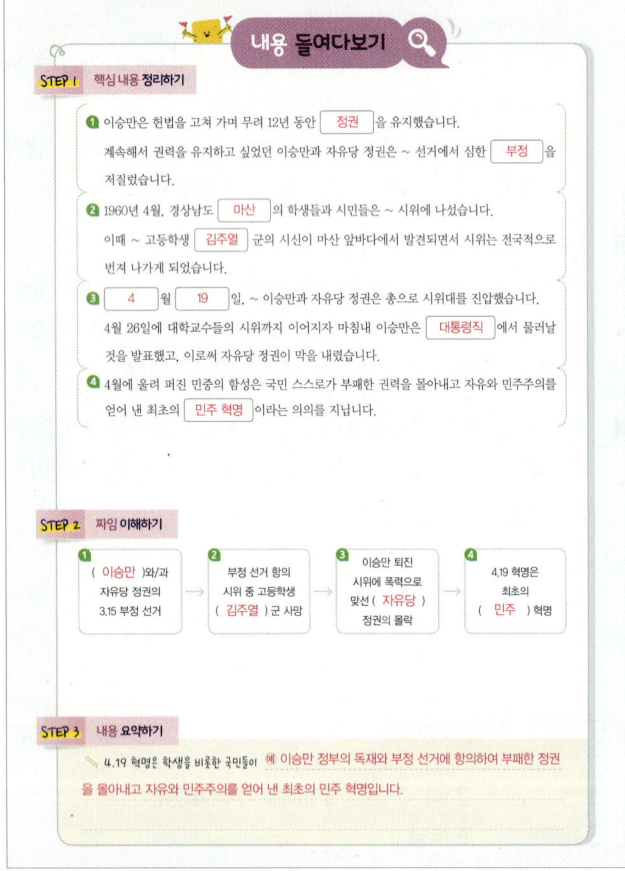

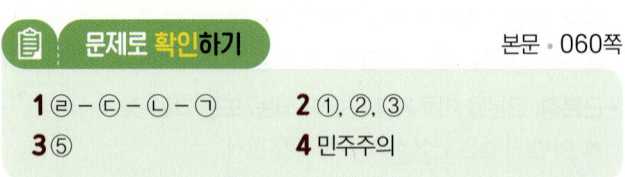

이승만과 자유당 정권은 총으로 시위대를 진압하였다.

↓

이승만이 대통령직에서 물러날 것을 발표하였다.

2 영구 집권을 꿈꾸던 이승만과 자유당 정권은 1960년 3월 15일 대통령과 부통령을 뽑는 선거에서 심한 부정을 저질렀어요. 돈으로 표를 사고 3인조 또는 5인조로 짝을 이루어 투표를 감시하는가 하면 투표함을 바꿔치기하기도 했어요.

오답 풀이

④ 3.15 부정 선거는 선거 날짜를 미리 정해 부정 선거를 계획하고 실행한 사건이에요.

⑤ 이승만은 대한민국 제1대 대통령에 당선된 이후 헌법을 고쳐 가며 12년 동안 정권을 계속 유지한 상태였어요. 하지만 3.15 선거 때 헌법을 고치지는 않았어요.

3 4.19 혁명은 국민 스스로가 부패한 권력을 몰아내고 자유와 민주주의를 얻어 낸 최초의 민주 혁명이에요.

4 4.19 혁명의 정신은 이후 전두환 군사 정권의 권력에 맞선 1980년 5.18 민주화 운동, 대통령 직접 선거 제도의 정착을 이끌어 낸 1987년 6월 민주 항쟁 등에 큰 영향을 끼쳤어요. 이 사건들은 모두 민주주의를 쟁취하기 위해 국민들이 스스로 나서서 진행한 운동이라는 공통점을 지녀요.

어휘력 다지기　본문 • 061쪽

1 ㉡	**2** ㉠	**3** 민심	**4** 진압
5 정권	**6** 퇴진		

낱말 더 보기

- **헌법**: 국가 통치 체제의 기초에 관한 각종 근본 법규의 총체로, 다른 법률이나 명령으로써 변경할 수 없는 최고 법규이다.
  예 우리나라 헌법에는 자유권이 규정되어 있다.
- **부통령**: 대통령 중심제 국가에서 대통령에 다음가는 직위에 있는 사람. 현재 우리나라에는 없다.
  예 미국의 부통령이 우리나라를 방문했다.
- **부정**: 올바르지 아니하거나 옳지 못함.
  예 그는 남다른 정의감을 지니고 있어 사소한 부정도 참아 넘기지 못한다.
- **최루탄**: 눈물을 흘리게 하는 약이나 물질을 넣은 탄환
  예 시위 진압대가 최루탄을 쏘기 시작했다.

문제로 확인하기　본문 • 060쪽

1 ㉣ - ㉢ - ㉡ - ㉠	**2** ①, ②, ③
3 ⑤	**4** 민주주의

1 4.19 혁명을 시간의 흐름대로 정리하면 다음과 같아요.

경찰에게 최루탄을 맞아 숨진 고등학생 김주열 군의 시신이 마산 앞바다에서 발견되었다.

↓

수천 명의 국민이 경무대 앞에서 퇴진을 외치며 시위를 벌였다.

글의 내용 이 글은 아름이가 부모님과 선생님의 보살핌으로 '새 학기 증후군'을 극복해 나가는 과정을 그리고 있어요. 새 학기 증후군이란 아이들이 새로운 환경에 적응하는 과정에서 스트레스를 느끼는 일종의 적응 장애라고 해요. 새 학기 증후군을 극복하기 위해서는 규칙적인 생활을 해야 하고, 부모님 등 주변의 어른들이 아이의 감정을 이해하고 공감해 주어야 해요. 아이가 새 학기 증후군을 겪고 있을 때 부모님의 지나친 걱정은 오히려 아이를 더 불안하게 할 수도 있어요. 이 글의 아름이 부모님처럼 아이의 눈높이에 맞추어 대화를 나누고 행동하는 것이 중요해요.

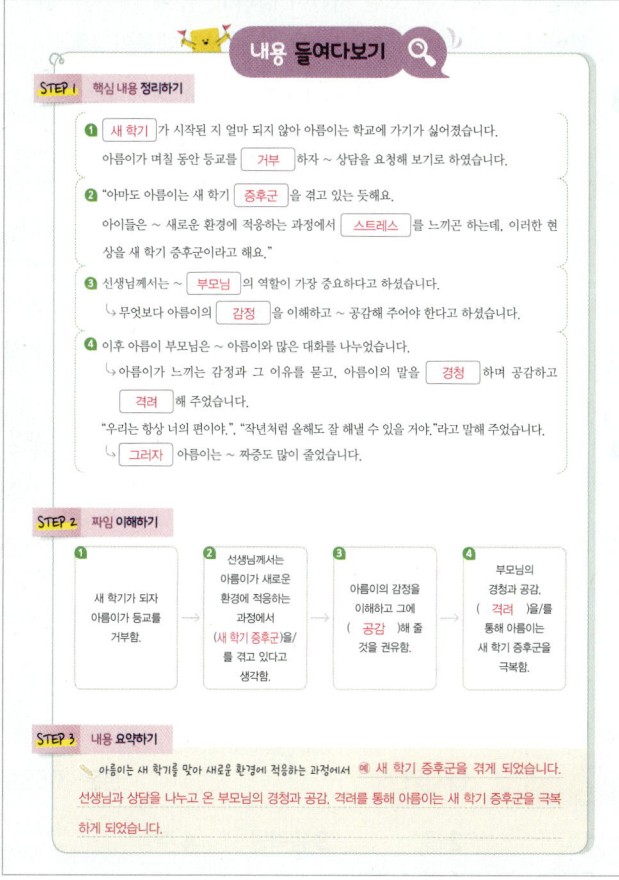

내용 들여다보기

STEP 1 핵심 내용 정리하기

① 새 학기 가 시작된 지 얼마 되지 않아 아름이는 학교에 가기가 싫어졌습니다.
└ 아름이가 며칠 동안 등교를 거부 하자 ~ 상담을 요청해 보기로 하였습니다.

② "아마도 아름이는 새 학기 증후군 을 겪고 있는 듯해요.
└ 아이들은 ~ 새로운 환경에 적응하는 과정에서 스트레스 를 느끼곤 하는데, 이러한 현상을 새 학기 증후군이라고 해요."

③ 선생님께서는 ~ 부모님 의 역할이 가장 중요하다고 하셨습니다.
└ 무엇보다 아름이의 감정 을 이해하고 ~ 공감해 주어야 한다고 하셨습니다.

④ 이후 아름이 부모님은 ~ 아름이와 많은 대화를 나누었습니다.
└ 아름이가 느끼는 감정과 그 이유를 묻고, 아름이의 말을 경청 하며 공감하고 격려 해 주었습니다.
"우리는 항상 너의 편이야.", "작년처럼 올해도 잘 해낼 수 있을 거야."라고 말해 주었습니다.
└ 그러자 아름이는 ~ 짜증도 많이 줄었습니다.

STEP 2 파악 이해하기

① 새 학기가 되자 아름이가 등교를 거부함. → ② 선생님께서는 아름이가 새로운 환경에 적응하는 과정에서 (새 학기 증후군)을/를 겪고 있다고 생각함. → ③ 아름이의 감정을 이해하고 그에 (공감)해 줄 것을 권유함. → ④ 부모님의 경청과 공감, (격려)을/를 통해 아름이는 새 학기 증후군을 극복함.

STEP 3 내용 요약하기

✎ 아름이는 새 학기를 맞아 새로운 환경에 적응하는 과정에서 **예** 새 학기 증후군을 겪게 되었습니다. 선생님과 상담을 나누고 온 부모님의 경청과 공감, 격려를 통해 아름이는 새 학기 증후군을 극복하게 되었습니다.

새로운 환경에 적응하는 과정에서 스트레스를 느낀다고 했으므로 낯섦과 불안감도 관련이 있어요. 그러나 '성취감'이란 어떤 일을 내 힘으로 해냈을 때 느낄 수 있는 감정으로, 새로 시작하는 단계에서 느낄 수 있는 감정으로 볼 수는 없어요.

3 3문단에서 새 학기 증후군을 극복하는 방법을 제시하고 있고, 4문단에서 아름이 부모님이 새 학기 증후군을 겪는 아름이에게 어떻게 대했는지를 확인할 수 있어요. 그런데 "어제부터 머리가 아프다고 했는데, 정말 아픈 게 맞니?"라는 질문은 새 학기 증후군으로 인해 느낄 수 있는 두통, 복통 등의 신체적 증상을 꾀병으로 여기는 듯한 태도를 보여 주므로, 새 학기 증후군을 겪는 친구에게 해 줄 말로는 적절하지 않아요.

오답 풀이

① 새 학기 증후군은 새롭게 만나게 된 학급 친구들과의 관계에서 비롯된 것일 수 있어요. 따라서 새로운 반에서도 좋은 친구를 사귈 수 있다고 격려해 주는 것은 새 학기 증후군을 극복하는 데 도움이 될 수 있어요.
② 3문단에서 규칙적인 생활이 새 학기 증후군을 극복하는 데 도움이 된다고 했어요.
③ 3문단에서 아이의 감정을 이해하고 공감해 주는 것이 새 학기 증후군을 극복하는 데 도움이 된다고 했어요.
⑤ 본인만이 겪는 일이 아니라는 점을 말해 주는 것은 새 학기 증후군을 극복하는 데 도움이 될 수 있어요.

4 이 글에서 적응하기 어려운 환경에 처할 때 느끼는 심리적·신체적 긴장 상태를 가리키는 말은 '스트레스'예요. 성인들뿐만 아니라 아이들도 새로운 환경에 적응해야 하는 상황에 놓이면 스트레스로 인한 여러 증상들을 보이기도 해요.

어휘력 다지기
본문 · 065쪽

| 1 ⓒ | 2 ⓛ | 3 ㉠ | 4 경청 |
| 5 요령 | 6 공존 | 7 주의 | |

낱말 더 보기

· **사소하다**: 보잘것없이 작거나 적다.
예 사소한 일에 너무 집착하지 마라.
· **산만하다**: 어수선하여 질서나 통일성이 없다.
예 그 아이는 병원 안을 산만하게 돌아다녔다.
· **적응**: 일정한 조건이나 환경 따위에 맞추어 응하거나 알맞게 됨.
예 시차 적응에 실패한 탓인지 경기를 그르쳤다.
· **조성하다**: 분위기나 정세 따위를 만들다.
예 그는 전학 온 첫날부터 공포 분위기를 조성하였다.

문제로 확인하기
본문 · 064쪽

| 1 ⑤ | 2 ③ | 3 ④ | 4 스트레스 |

1 1문단에서는 아름이가 겪은 새 학기 증후군의 여러 증상(①)을 제시하고 있어요. 2문단에서는 새 학기 증후군의 개념(②)과 원인(③)을 제시하고 있어요. 3문단에서는 새 학기 증후군의 극복 방법(④)을 제시하고 있어요. 하지만 새 학기 증후군을 치료하는 병원에 대해서는 말하지 않았어요.

2 2문단에서 선생님은 새 학기가 설렘(①)과 긴장(④)이 공존하는 시기라고 했어요. 그리고 아이들이 낯선 교실과 친구 등

글의 내용 이 글은 휘발유나 경유, 가스 같은 화석 연료가 아닌 전기 에너지로 움직이는 전기 자동차에 관한 이야기예요. 이 글을 통해 전기 자동차가 만들어진 시기와 배경, 움직이는 원리, 장점과 단점 등에 대해 알 수 있어요. 전기 자동차는 배기가스가 배출되지 않는 친환경 자동차이기 때문에 자동차 시장에서 차지하는 비중이 점점 늘고 있어요. 또한 소음과 진동이 적어서 쾌적하게 운행을 할 수 있어요. 에너지 비용이 효율적이어서 경제적인 것은 말할 것도 없고, 환경 보호 차원에서도 전기 자동차는 꼭 필요한 존재라고 할 수 있어요.

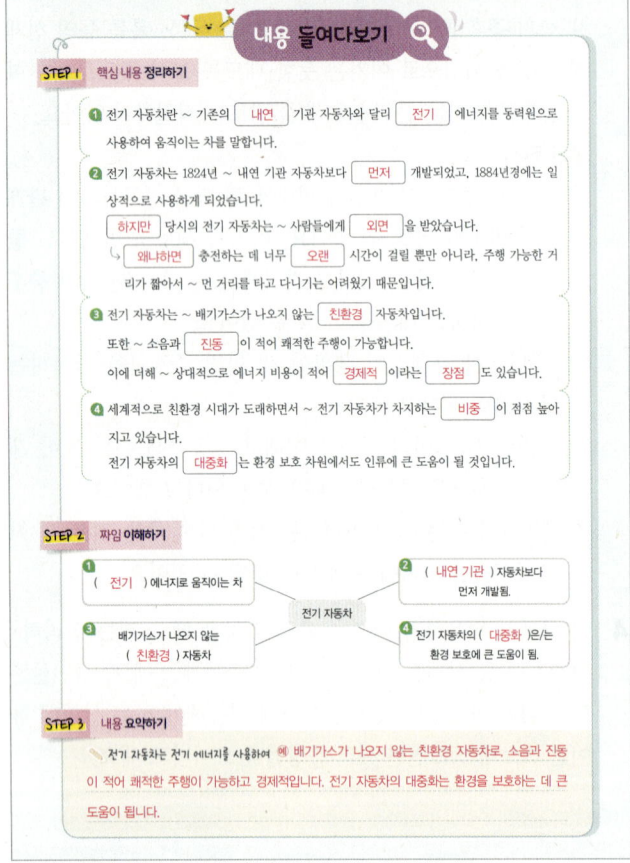

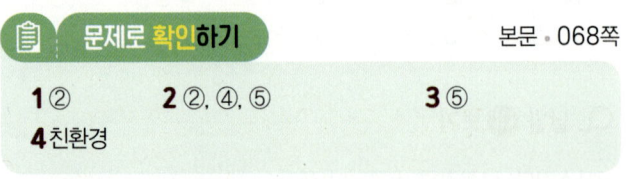

1824년 헝가리 사람에 의해 내연 기관 자동차보다 먼저 개발되었어요.

④ 보통 전기 자동차는 플러그를 통해 직접 전기를 충전하여 엔진을 가동시키는 방식을 사용해요.

⑤ 전기 자동차는 높은 전압의 축전지에 저장된 전력으로 모터를 회전하여 주행을 해요.

2 1884년경에 일상적으로 사용하게 된 전기 자동차는 처음에 잠깐 인기를 끌다가 사람들에게 외면을 받았어요. 그 까닭은 충전하는 데 너무 오랜 시간이 걸리고, 주행 가능한 거리가 짧아서 먼 거리를 타고 다니기는 어려웠기 때문이에요.

3 전기 자동차는 연료를 폭발시키는 과정이 없기 때문에 소음과 진동이 적다고 했어요.

오답 풀이

① 전기 자동차는 소음과 진동이 적어 쾌적한 운행이 가능해요.

②, ④ 전기 자동차는 전기 에너지만 사용하기 때문에 배기가스가 나오지 않는 친환경 자동차예요.

③ 전기 자동차는 휘발유나 경유를 사용하는 자동차보다 상대적으로 에너지 비용이 적어 경제적이에요.

4 전기 자동차와 수소 자동차는 화석 연료 대신 각각 전기와 수소를 연료로 사용해서, 유해한 가스들이 배출되지 않는 친환경 자동차예요.

📋 **문제로 확인하기**

본문 · 068쪽

1 ②　　**2** ②, ④, ⑤　　**3** ⑤
4 친환경

1 휘발유나 가스를 이용하는 것은 전기 자동차가 아닌 기존의 내연 기관 자동차예요.

오답 풀이

① 전기 자동차는 화석 연료를 이용하여 움직이는 내연 기관 자동차와 달리 전기의 힘으로 움직이는 차를 말해요.

③ 많은 사람들이 내연 기관 자동차가 만들어진 이후에 전기 자동차가 발명된 것으로 알고 있지만, 전기 자동차는

💬 **어휘력 다지기**

본문 · 069쪽

1 ⓒ　　**2** ㉠　　**3** 동력원　　**4** 주행
5 내연　　**6** 화석 연료

🔍 **낱말 더 보기**

· **가동**: 사람이나 기계 따위가 움직여 일함.
　예 시설을 갖추자마자 공장이 본격 가동되었다.

· **도래**: 어떤 시기나 기회가 닥쳐옴.
　예 학자는 곧 원격 근무 시대가 도래할 것이라고 주장하였다.

· **비중**: 다른 것과 비교할 때 차지하는 중요도
　예 그 선수가 우리 팀에서 차지하는 비중은 매우 크다.

· **대중화**: 대중 사이에 널리 퍼져 친숙해짐.
　예 그는 국악의 대중화에 노력을 기울였다.

· **연소**: 물질이 산소와 화합할 때에, 많은 빛과 열을 내는 현상
　예 이것은 연소할 때 유독한 가스를 배출한다.

글의 내용 김홍도와 신윤복은 조선 시대를 대표하는 풍속화가예요. 두 사람의 그림에는 조선 후기를 살아가는 사람들의 모습이 생생하게 나타나 있어요. 김홍도의 그림에는 일반 백성들의 소박한 일상이 풍자적·해학적으로 그려져 있는 반면, 신윤복의 그림에는 여인의 모습이나 양반층의 풍류, 남녀 간의 사랑 등이 화려하게 그려져 있어요. 표현 대상은 달랐지만, 두 사람의 그림에서는 사람 사는 냄새가 풍기지요. 오늘날 사람들이 조선 후기의 대표적인 풍속화가로 김홍도와 신윤복 두 사람을 꼽는 이유이기도 해요.

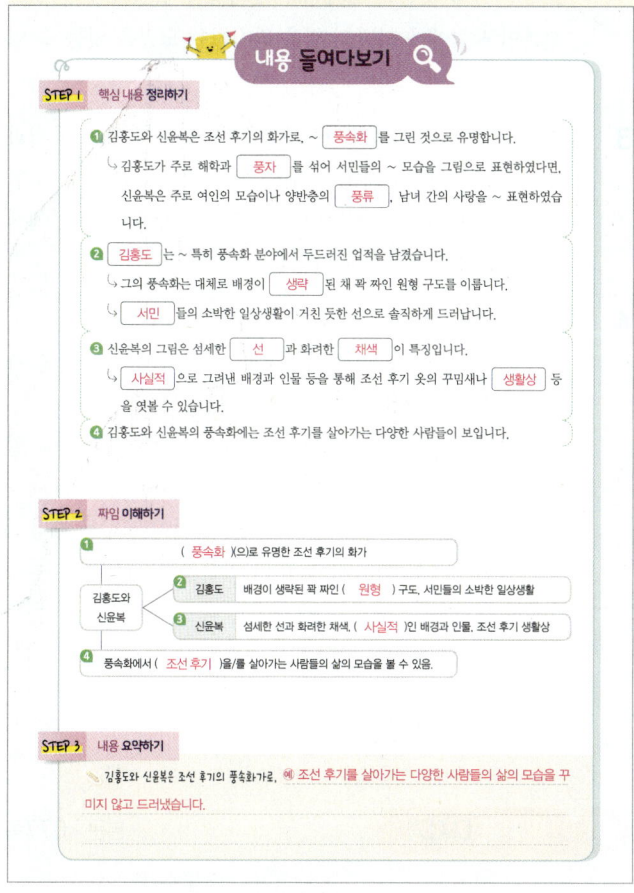

내용 돌여다보기

STEP 1 핵심 내용 정리하기

1 김홍도와 신윤복은 조선 후기의 화가로, ~ **풍속화** 를 그린 것으로 유명합니다.

↳ 김홍도가 주로 해학과 **풍자** 를 섞어 서민들의 ~ 모습을 그림으로 표현하였다면, 신윤복은 주로 여인의 모습이나 양반층의 **풍류** , 남녀 간의 사랑을 ~ 표현하였습니다.

2 **김홍도** 는 ~ 특히 풍속화 분야에서 두드러진 업적을 남겼습니다.

↳ 그의 풍속화는 대체로 배경이 **생략** 된 채 꽉 짜인 원형 구도를 이룹니다.
↳ **서민** 들의 소박한 일상생활이 거친 듯한 선으로 솔직하게 드러납니다.

3 신윤복의 그림은 섬세한 **선** 과 화려한 **채색** 이 특징입니다.

↳ **사실적** 으로 그려낸 배경과 인물 등을 통해 조선 옷의 꾸밈새나 **생활상** 등을 엿볼 수 있습니다.

4 김홍도와 신윤복의 풍속화에는 조선 후기를 살아가는 다양한 사람들이 보입니다.

STEP 2 짜임 이해하기

1 (**풍속화**)(으)로 유명한 조선 후기의 화가

김홍도와 신윤복 — 2 김홍도 배경이 생략된 꽉 짜인 (**원형**) 구도, 서민들의 소박한 일상생활
— 3 신윤복 섬세한 선과 화려한 채색, (**사실적**)인 배경과 인물, 조선 후기 생활상

4 풍속화에서 (**조선 후기**)을/를 살아가는 사람들의 삶의 모습을 볼 수 있음.

STEP 3 내용 요약하기

김홍도와 신윤복은 조선 후기의 풍속화가로, **예** 조선 후기를 살아가는 다양한 사람들의 삶의 모습을 꾸미지 않고 드러냈습니다.

＊출처: (그림 1) "씨름", 한국저작권위원회
＊출처: (그림 2) "미인도", 한국저작권위원회
＊출처: (그림 3) "춤추는 아이", 한국저작권위원회

문제로 확인하기   본문 · 072쪽

1 ④   2 ⑤   3 ④   4 원형

1 김홍도와 신윤복은 조선 후기의 화가들로 시대상을 꾸밈 없이 담은 풍속화로 유명해요. 두 사람 모두 도화서 출신으로 같은 시대를 살았지만, 그림의 느낌은 전혀 달라요. 모두 사람들의 생활 모습이나 유행 등을 담은 풍속화를 그렸지만, 김홍도의 풍속화에는 서민들의 소박한 모습이 해학적·풍자적

으로 표현되어 있고, 신윤복의 풍속화에는 주로 여인의 모습이나 양반층의 풍류, 남녀 간의 사랑이 섬세하고 화려하게 표현되어 있어요.

2 김홍도는 풍속화를 그릴 때 주로 품위를 갖춘 익살스러움(해학)과 현실의 부정적 현상이나 모순 등의 빗댐(풍자)을 섞어 서민들의 소박한 모습을 자연스럽게 표현하였어요.

오답 풀이

①, ② 화려한 채색과 섬세한 선은 신윤복 그림의 특징이에요.
③, ④ 신윤복은 주로 여인의 모습과 양반층의 풍류, 남녀 간의 사랑을 그림으로 대담하게 표현하였어요.

3 남녀 간의 사랑 등 신윤복이 그린 그림의 소재를 받아들이기에는 당시 조선 시대의 유교적 사회 분위기가 너무 엄격했어요. 그래서 신윤복은 결국 도화서에서 쫓겨나게 되었어요.

4 김홍도의 「춤추는 아이」에서는 신이 나서 춤을 추는 아이(무동)를 악기를 연주하는 사람들이 동그랗게 둘러싸고 있어요. 주인공인 무동을 중심으로 한 원형 구도는 춤과 연주가 함께 어우러지는 모습을 효과적으로 표현하였어요. 이처럼 김홍도의 풍속화는 대체로 배경이 생략된 채 꽉 짜인 원형 구도를 이루고 있어요. 그리고 그 구도 안에서 서민들의 소박한 일상생활이 거친 듯한 선으로 솔직하게 드러나요.

어휘력 다지기   본문 · 073쪽

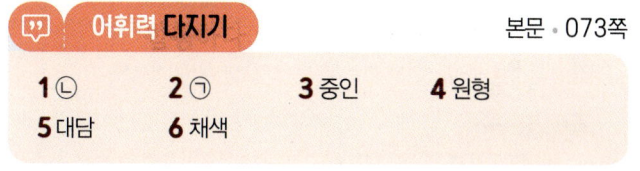

1 ⓛ   2 ㉠   3 중인   4 원형
5 대담   6 채색

낱말 더 보기

• **생활상**: 생활해 나가는 모습
  예 이 책은 이 지역 주민들의 생활상을 보여 주고 있다.

• **소박하다**: 꾸밈이나 거짓이 없고 수수하다.
  예 할머니는 소박한 옷차림으로 우리를 반갑게 맞아 주셨다.

• **풍류**: 멋스럽고 풍치가 있는 일. 또는 그렇게 노는 일
  예 이곳은 멋과 풍류의 고장입니다.

• **관아**: 예전에, 벼슬아치들이 모여 나랏일을 처리하던 곳
  예 사또의 명에 따라 죄인을 관아로 잡아 왔다.

• **업적**: 어떤 사업이나 연구 따위에서 세운 공적
  예 그는 조국 광복에 탁월한 업적이 있는 독립투사이다.

• **구도**: 그림에서 모양, 색깔, 위치 따위의 짜임새
  예 그림을 그릴 때는 먼저 구도를 잡아야 한다.

• **시대상**: 어떤 시대의 되어 가는 모든 형편. 또는 한 시대의 사회상
  예 그 사진에는 당시의 시대상이 잘 반영되어 있다.

가는 말이 고와야 오는 말이 곱다

글의 내용 이 글은 푸줏간을 하는 박상길에 대한 두 양반의 호칭을 통해 말조심의 중요성을 일깨우는 이야기예요. '상길이'와 '박 서방'의 차이가 곱절이나 차이 나는 고기의 양으로 나타나 있어요. 듣는 사람의 입장에서는 자신을 막 대하는 사람보다 자신을 존중하고 배려해 주는 사람에게 더 마음이 끌리는 건 당연한 일이에요. 말 한마디가 천 냥 빚을 갚을 수도 있고, 가는 말이 고와야 오는 말도 고와지는 법이니 말 한마디를 할 때도 상대방을 생각해 주는 마음이 필요해요.

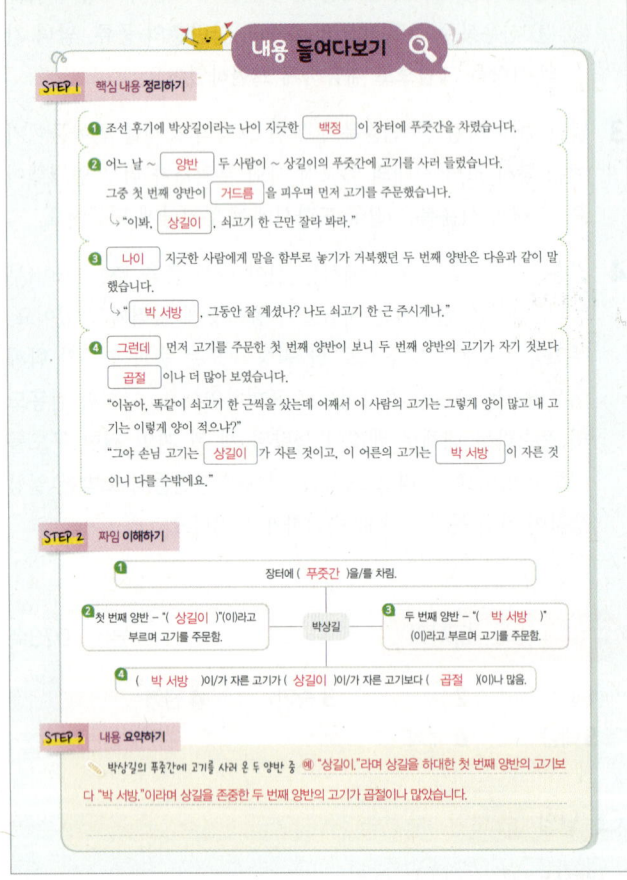

문제로 확인하기
본문 • 076쪽

1 ⑤　　**2** ③　　**3** ⑤　　**4** 신중하고 조심히

1 이 글에서 첫 번째 양반과 두 번째 양반의 쇠고기 한 근의 양은 박상길을 부르는 '상길이'와 '박 서방'에서 곱절의 차이를 보여 주고 있어요. 푸줏간 주인인 박상길은 자신을 부를 때 존중을 해 준 두 번째 양반이 고마웠기 때문에 그에게 자신을 막 대한 첫 번째 양반보다 곱절이나 많은 쇠고기를 주었던 거예요. 따라서 이 글의 제목으로 가장 어울리는 것은 '상길이와 박 서방'이에요.

2 두 번째 양반은 박상길이 비록 천한 신분이기는 하지만, 나이가 많았기 때문에 말을 함부로 놓지 않고 '박 서방'이라고 부르며 안부 인사도 건넸어요. 두 번째 양반이 쇠고기 한 근을 주문하는 말에서 상대방을 배려할 줄 아는 성격을 엿볼 수 있어요.

오답 풀이
②, ⑤ 이 글을 통해서 알 수 있는 첫 번째 양반의 성격이에요. 첫 번째 양반의 말에서 아랫사람을 업신여기며, 천한 신분인 사람에게 양반의 힘을 과시하는 모습을 엿볼 수 있어요.

3 이 글은 같은 내용이라도 어떻게 표현하느냐에 따라서 결과가 달라질 수 있다는 점을 일깨워 주고 있어요. 푸줏간 주인인 박상길은 자신을 박 서방이라고 불러 준 두 번째 양반에게 곱절이나 많은 쇠고기를 주었어요.

4 보기 의 내용들은 '말조심'과 관련된 속담들이에요.
– 말이 씨가 된다. → 늘 말하던 것이 실제로 어떤 사실을 가져오는 결과가 됨을 비유적으로 이르는 말
– 말 한마디에 천 냥 빚도 갚는다. → 말만 잘하면 어려운 일이나 불가능해 보이는 일도 해결할 수 있다는 말
– 말이란 아 해 다르고 어 해 다르다. → 말이란 같은 내용이라도 표현하는 데 따라서 아주 다르게 들린다는 말
– 낮말은 새가 듣고 밤말은 쥐가 듣는다. → 아무도 안 듣는 데서라도 말조심해야 한다는 말

어휘력 다지기
본문 • 077쪽

1 ⓒ　　**2** ⓙ　　**3** 푸줏간　　**4** 곱절
5 백정　　**6** 서방

낱말 더 보기

• **지긋하다**: 나이가 비교적 많아 듬직하다.
　예 나이 지긋한 노인들이 모여서 이야기를 나누고 있었다.
• **고되다**: 하는 일이 힘에 겨워 고단하다.
　예 일이 좀 고되기는 하지만 보람은 있다.
• **거드름**: 거만스러운 태도
　예 그는 거드름만 부리는 사람들과는 달랐다.
• **근**: 무게의 단위. 고기의 무게를 잴 때는 600그램에 해당한다.
　예 월급날이라 집에 갈 때 쇠고기 한 근을 사 가려 한다.
• **치밀다**: 욕심, 분노, 슬픔, 연기 따위가 세차게 복받쳐 오르다.
　예 목구멍까지 울음이 치미는데 눈물은 나오지 않는다.

글의 내용 이 글은 조선 시대에 존재했던 공공 기관에 대해 이야기하고 있어요. '포도청'은 범죄자를 잡거나 다스렸던 관청으로, 오늘날의 경찰서와 비슷해요. '진휼청'은 흉년 때 백성을 구제했던 관청이에요. '혜민서'는 가난한 백성을 무료로 치료했던 곳으로, 오늘날의 보건소와 비슷해요. 그 외에도 소방서 역할을 했던 '금화도감', 주민 센터 역할을 했던 '향청' 등의 공공 기관이 있었어요.

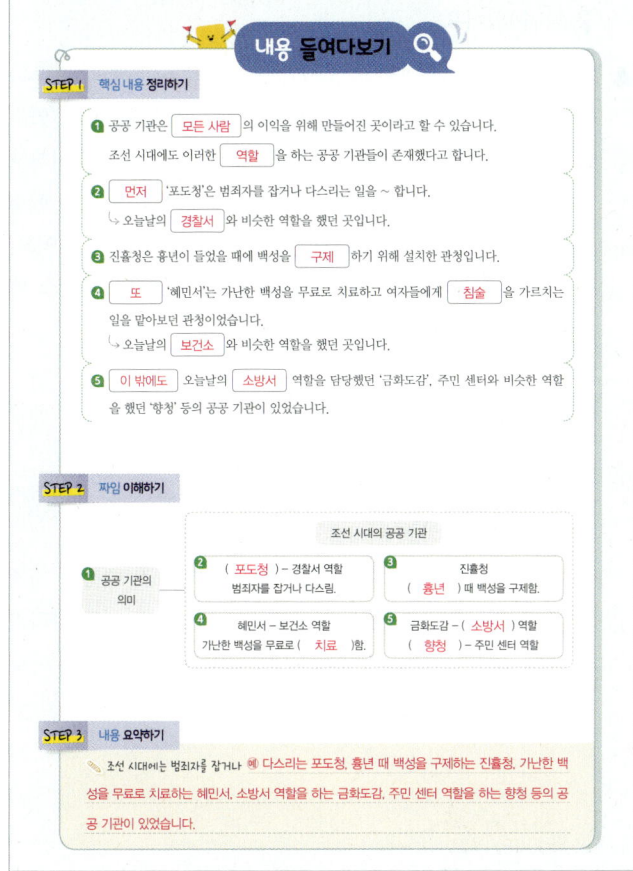

내용 들여다보기

STEP 1 핵심 내용 정리하기

❶ 공공 기관은 모든 사람 의 이익을 위해 만들어진 곳이라고 할 수 있습니다.
조선 시대에도 이러한 역할 을 하는 공공 기관들이 존재했다고 합니다.

❷ 먼저 '포도청'은 범죄자를 잡거나 다스리는 일을 ~ 합니다.
↳ 오늘날의 경찰서 와 비슷한 역할을 했던 곳입니다.

❸ 진휼청은 흉년이 들었을 때에 백성을 구제 하기 위해 설치한 관청입니다.

❹ 또 '혜민서'는 가난한 백성을 무료로 치료하고 여자들에게 침술 을 가르치는 일을 맡아보던 관청이었습니다.
↳ 오늘날의 보건소 와 비슷한 역할을 했던 곳입니다.

❺ 이 밖에도 오늘날의 소방서 역할을 담당했던 '금화도감', 주민 센터와 비슷한 역할을 했던 '향청' 등의 공공 기관이 있었습니다.

STEP 2 파입 이해하기

조선 시대의 공공 기관

❶ 공공 기관의 의미

❷ (포도청) - 경찰서 역할
범죄자를 잡거나 다스림.

❸ 진휼청
(흉년) 때 백성을 구제함.

❹ 혜민서 - 보건소 역할
가난한 백성을 무료로 (치료)함.

❺ 금화도감 - (소방서) 역할
(향청) - 주민 센터 역할

STEP 3 내용 요약하기

조선 시대에는 범죄를 잡거나 **예** 다스리는 포도청, 흉년 때 백성을 구제하는 진휼청, 가난한 백성을 무료로 치료하는 혜민서, 소방서 역할을 하는 금화도감, 주민 센터 역할을 하는 향청 등의 공공 기관이 있었습니다.

문제로 확인하기 본문 • 082쪽

1 ⑤   **2** ③   **3** ④   **4** ㉣

1 이 글은 모든 사람의 이익을 위해 만들어진 공공 기관이 조선 시대에도 있었다는 것을 설명하고, 그때 존재했던 여러 공공 기관을 소개하고 있어요. 포도청은 범죄자를 잡거나 다스리는 일을 했고, 진휼청은 흉년이 들었을 때 백성을 구제하는 일을 했던 곳이에요. 그리고 혜민서는 가난한 백성을 무료로 치료하는 일을 했던 곳이에요. 소방서 역할을 했던 금화도감, 주민 센터 역할을 했던 향청 등도 있었다고 해요.

오답 풀이
① 1문단에서 공공 기관은 모든 사람의 이익을 위해 만들어진

곳이라고 했지만, 조선 시대의 여러 공공 기관에 대한 설명이 중심 내용이에요.
② 포도청에서 하던 일은 2문단에서만 설명하고 있어요.
③ 진휼청이 설치된 이유는 3문단에서만 설명하고 있어요.
④ 포도청과 혜민서가 한성(서울)에 설치되어 있었다는 것을 알 수 있지만, 공공 기관이 설치되는 장소는 이 글에서 중요하게 다루지 않았어요.

2 2문단에서 포도청은 범죄자를 잡거나 다스리는 일을 했던 관청으로(①), 백성의 안전과 나라의 평화를 지켰던 곳이라고 했어요(④). 포도청은 좌포도청과 우포도청 두 곳이 있었으며(⑤), 성종 임금 때 만들어진 기관이라고 했어요(②). 하지만 포도청이 고종 임금 때까지 존재했다는 설명은 나와 있지 않아요. 고종 임금 때까지 존재한 기관은 4문단에 설명한 혜민서예요.

3 4문단에 혜민서는 '한성에만 설치되었기 때문에 지방 백성은 이용하기 어려웠습니다.'라고 나와 있어요. 그러므로 '혜민서는 오늘날의 보건소처럼 전 국민이 이용할 수 있었어.'라고 한 경호는 이 글의 내용을 정확하게 이해한 학생으로 볼 수 없어요.

4 3문단의 내용을 통해 조선 시대에는 흉년이 들었을 때 진휼청에서 백성을 구제해 주었음을 알 수 있어요. 하지만 오늘날에 이와 같은 기관이 있다는 내용은 찾아볼 수 없어요.

오답 풀이
㉠, ㉡ 5문단의 '오늘날의 소방서 역할을 담당했던 금화도감'에서 불이 났을 때의 담당 기관을 알 수 있어요.
㉢, ㉣ 2문단의 "포도청'은 ~ 오늘날의 경찰서와 비슷한 역할을 했던 곳'에서 범죄를 담당하는 기관을 알 수 있어요.

어휘력 다지기 본문 • 083쪽

1 재난   **2** 관청   **3** 흉년   **4** 구성원
5 설치해   **6** 구제하기   **7** 조정할

낱말 더 보기

• **두루:** 빠짐없이 골고루
  예 손수건은 여러 가지로 용도로 두루 사용된다.

• **흉년:** 농작물이 예년에 비하여 잘되지 아니하여 굶주리게 된 해
  예 신축년에 큰 흉년이 들었다.

• **침술:** 몸을 바늘로 찔러서 통증이나 병 따위를 고치는 동양 의술
  예 김 의원의 침술은 두통에 효과적이다.

글의 내용 이 글은 탄소 배출권 거래 제도에 대해 설명하고 있어요. 탄소 배출권이란 UN 기후 변화 협약에서 발급하는, 온실가스를 배출할 수 있는 권리예요. 이 권리를 상품처럼 거래할 수 있도록 한 것이 탄소 배출권 거래 제도예요. 이 제도는 온실가스 배출량을 줄여 지구 온난화를 늦추기 위한 것이에요. 우리나라에서도 2015년부터 시행하고 있어요.

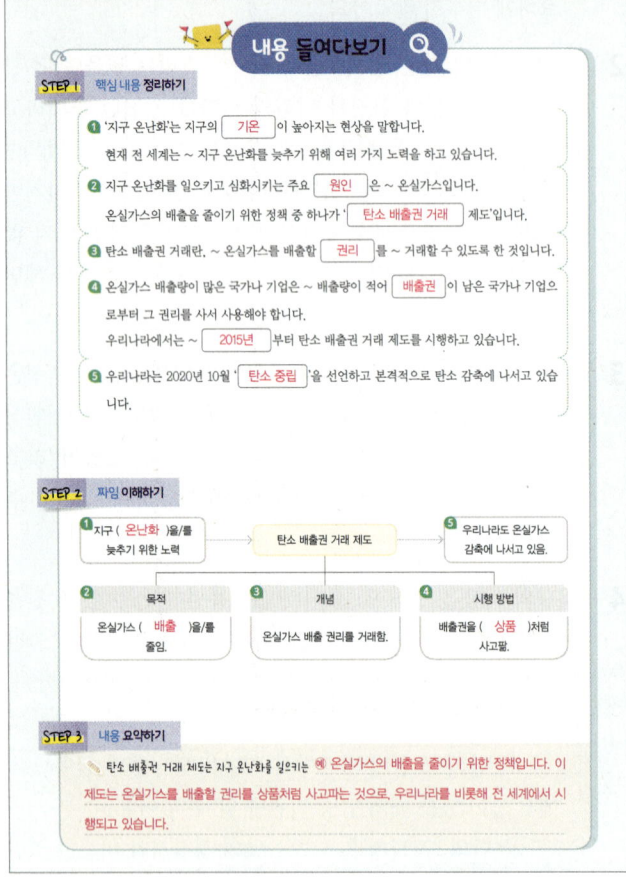

내용 돌여다보기

STEP 1 핵심 내용 정리하기

1 '지구 온난화'는 지구의 기온 이 높아지는 현상을 말합니다.
현재 전 세계는 ~ 지구 온난화를 늦추기 위해 여러 가지 노력을 하고 있습니다.

2 지구 온난화를 일으키고 심화시키는 주요 원인 은 ~ 온실가스입니다.
온실가스의 배출을 줄이기 위한 정책 중 하나가 '탄소 배출권 거래' 제도'입니다.

3 탄소 배출권 거래란, ~ 온실가스를 배출할 권리 를 ~ 거래할 수 있도록 한 것입니다.

4 온실가스 배출이 많은 국가나 기업은 ~ 배출량이 적어 배출권 이 남은 국가나 기업으로부터 그 권리를 사서 사용해야 합니다.
우리나라에서는 ~ 2015년 부터 탄소 배출권 거래 제도를 시행하고 있습니다.

5 우리나라는 2020년 10월 '탄소 중립 '을 선언하고 본격적으로 탄소 감축에 나서고 있습니다.

STEP 2 짜임 이해하기

1 지구 (온난화)을/를 늦추기 위한 노력 → 탄소 배출권 거래 제도 → 5 우리나라도 온실가스 감축에 나서고 있음.

2 목적 온실가스 (배출)을/를 줄임.
3 개념 온실가스 배출 권리를 거래함.
4 시행 방법 배출권을 (상품)처럼 사고팔.

STEP 3 내용 요약하기

탄소 배출권 거래 제도는 지구 온난화를 일으키는 예 온실가스의 배출을 줄이기 위한 정책입니다. 이 제도는 온실가스를 배출할 권리를 상품처럼 사고파는 것으로, 우리나라를 비롯해 전 세계에서 시행되고 있습니다.

부터 탄소 배출권 거래 제도를 시행하고 있다.'는 이 글의 내용과 달라요.

3 1문단에서 '현재 전 세계는 UN 기후 변화 협약(UNFCCC) 등의 기구를 만들어 지구 온난화를 늦추기 위해 여러 가지 노력을 하고 있습니다.'라고 했어요. 이 내용으로 볼 때, UN 기후 변화 협약은 '지구 온난화를 늦추기' 위해 설립된 기구라는 점을 알 수 있어요.

4 탄소 배출권 거래 제도는 온실가스 배출량을 줄여 지구 온난화를 늦추기 위한 제도라고 했어요. 그리고 보기 에서 '탄소 중립'은 온실가스의 배출량과 흡수량을 같게 하는 것이라고 했어요. 온실가스의 배출은 지구 온난화의 원인이므로 탄소 중립은 지구 온난화를 늦추기 위한 방법이라고 할 수 있어요. 그런데 '온실가스를 배출할 권리를 사고파는 방법'은 탄소 배출권 거래 제도에만 해당하는 내용이에요.

오답 풀이

① 탄소 배출권 거래 제도와 탄소 중립은 모두 온실가스 배출을 줄여 지구 온난화를 늦추기 위한 방법이에요.

②, ③ 탄소 배출권 거래 제도와 탄소 중립은 모두 온실가스 배출을 줄여 기후 위기를 극복하기 위한 방법이에요.

④ 4문단에서는 우리나라에서 2015년부터 탄소 배출권 거래 제도가 시행되고 있다고 했고, 5문단에서는 우리나라가 2020년 10월 탄소 중립을 선언했다고 했어요.

📋 문제로 확인하기 본문 • 086쪽

1 ④ 2 ⑤ 3 지구 온난화를 늦추기
4 ⑤

1 이 글은 탄소 배출권 거래 제도에 대해 설명하고 있어요. 이 제도는 지구 온난화를 일으키고 심화시키는 온실가스의 배출량을 줄이기 위해 만들어진 제도예요. 탄소 배출권은 온실가스를 배출할 수 있는 권리이고, 이것을 상품처럼 거래할 수 있도록 한 것이 탄소 배출권 거래 제도예요.

2 4문단에서 '우리나라에서는 2012년에 '온실가스 배출권 할당 및 거래에 관한 법률'이 제정되어 2015년부터 탄소 배출권 거래 제도를 시행하고 있습니다.'라고 했어요. 따라서 '2012년

💬 어휘력 다지기 본문 • 087쪽

1 ㉠ 2 ㉣ 3 ㉡ 4 ㉢
5 할당 6 중립 7 이변 8 제정

🔍 낱말 더 보기

• 극심하다: 매우 심하다.
예 8월이 되자 무더위가 극심해졌다.

• 채택하다: 작품, 의견, 제도 따위를 골라서 다루거나 뽑아 쓰다.
예 그 사건의 목격자를 증인으로 채택하였다.

• 시행하다: ① 실지로 행하다. ② 법령을 공포한 뒤에 그 효력을 실제로 발생시키다.
예 전 세계는 환경을 보호하기 위한 법을 시행하고 있다.

글의 내용 이 글은 바나나가 멸종될 수도 있다는 것을 이야기하고 있어요. 원래 바나나는 400여 가지 종류가 있었지만, 인간은 상품 가치가 높은 품종만 골라서 재배해 왔어요. 처음에 널리 재배되었던 그로미셸이라는 품종의 바나나는 파나마 병이라는 전염병 때문에 사라졌어요. 그 후 파나마 병에 내성이 있는 캐번디시 품종의 바나나가 재배되고 있어요. 그런데 캐번디시 바나나도 변종 파나마 병이 생겨나 위기를 맞고 있어요. 바나나의 유전적 다양성을 지키지 못했기 때문에 바나나가 멸종될 위기에 처한 거예요.

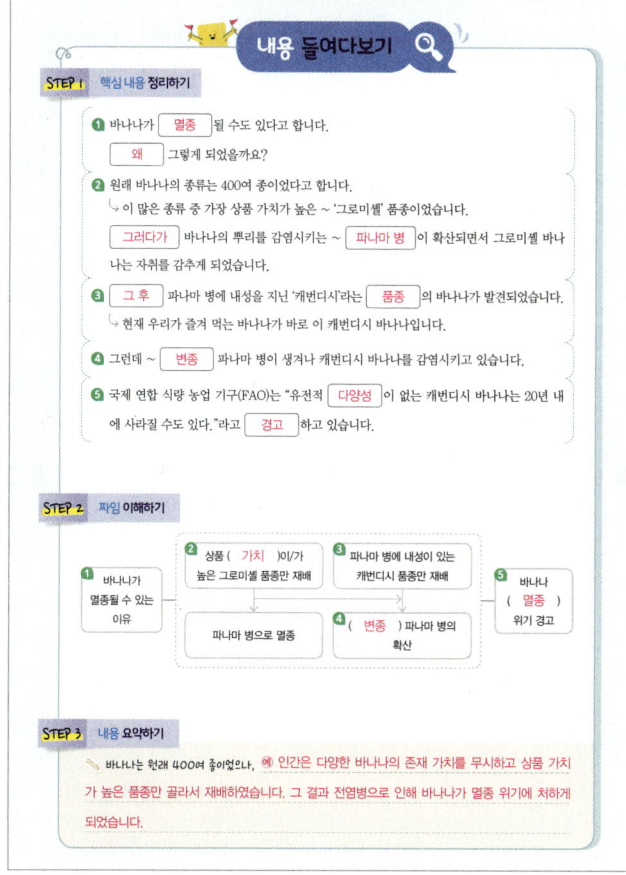

🔍 내용 들여다보기

STEP 1. 핵심 내용 정리하기

❶ 바나나가 멸종 될 수도 있다고 합니다.
  왜 그렇게 되었을까요?

❷ 원래 바나나의 종류는 400여 종이었다고 합니다.
  └ 이 많은 종류 중 가장 상품 가치가 높은 ~ '그로미셸' 품종이었습니다.
  그러다가 바나나의 뿌리를 감염시키는 ~ 파나마 병 이 확산되면서 그로미셸 바나나는 자취를 감추게 되었습니다.

❸ 그 후 파나마 병에 내성을 지닌 '캐번디시'라는 품종 의 바나나가 발견되었습니다.
  └ 현재 우리가 즐겨 먹는 바나나가 바로 이 캐번디시 바나나입니다.

❹ 그런데 ~ 변종 파나마 병이 생겨나 캐번디시 바나나를 감염시키고 있습니다.

❺ 국제 연합 식량 농업 기구(FAO)는 "유전적 다양성 이 없는 캐번디시 바나나는 20년 내에 사라질 수도 있다."라고 경고 하고 있습니다.

STEP 2. 짜임 이해하기

❶ 바나나가 멸종될 수 있는 이유
→ ❷ 상품 (가치)이/가 높은 그로미셸 품종만 재배 → 파나마 병으로 멸종
→ ❸ 파나마 병에 내성이 있는 캐번디시 품종만 재배 → ❹ (변종) 파나마 병의 확산
→ ❺ 바나나 (멸종) 위기 경고

STEP 3. 내용 요약하기

✏️ 바나나는 원래 400여 종이었으나, 예 인간은 다양한 바나나의 존재 가치를 무시하고 상품 가치가 높은 품종만 골라서 재배하였습니다. 그 결과 전염병으로 인해 바나나가 멸종 위기에 처하게 되었습니다.

📋 문제로 확인하기
본문 · 090쪽

1 ④   2 ④   3 ⑤   4 생태계, 유지

1 이 글은 바나나가 멸종 위기를 맞고 있다는 것에 대해 말하고 있어요. 원래 바나나는 400여 가지 종류가 있었지만, 상품 가치가 높은 그로미셸 품종만 골라서 재배하게 되었어요. 이 바나나는 파나마 병이라는 전염병 때문에 사라졌어요. 그 후에 재배되고 있는 캐번디시 품종의 바나나도 변종 파나마 병 때문에 위기를 맞고 있어요. 다양한 품종의 바나나가 존재하게 두지 않아서 바나나가 멸종될 위기에 처하게 되었다는 거예요.

2 3문단에서 캐번디시 바나나는 '이전의 그로미셸 품종보다 부족한 점이 많았지만 대량 생산과 수출에 알맞은 상품성을 갖춘 바나나'라고 했어요. 그러므로 '캐번디시 바나나는 그로미셸 바나나보다 품질이 좋다.'는 이 글의 내용과 맞지 않아요.

오답 풀이
① 1문단에서 바나나는 맛도 좋고 영양도 풍부한 과일이라고 했어요.
② 2문단에서 원래 바나나의 종류는 400여 종이었다고 했어요.
③ 2문단의 '바나나의 뿌리를 감염시키는 곰팡이성 전염병인 파나마 병'에서 파나마 병의 특징을 알 수 있어요.
⑤ 4문단에서 변종 파나마 병을 농약과 살충제로 막으려 애쓰고 있지만, 지구 온난화로 인해 질병이 빠르게 확산되고 있다고 했어요.

3 3문단에서 캐번디시 바나나는 '대량 생산과 수출에 알맞은 상품성을 갖춘 바나나'라고 했으므로, 캐번디시 바나나가 선택된 이유는 '상품성'임을 알 수 있어요.

오답 풀이
①, ②, ③ 맛과 향, 크기에서 좋은 평가를 받은 것은 그로미셸 바나나예요.
④ 캐번디시 바나나는 바나나의 한 품종이므로 다양성과는 관련이 없어요.

4 이 글에서는 바나나에 다양한 종류가 있었지만, 상품성이 높은 한 종류의 바나나만 선택하여 재배하게 되면서 바나나가 멸종 위기를 맞고 있다는 점을 말하고 있어요. 보기 에서는 생물 종이 다양하면 어떠한 변화에도 전체 생태계는 안정적으로 유지될 수 있다고 했어요. 따라서 생물 다양성을 보존해야 생태계가 유지된다는 점을 알 수 있어요.

💬 **어휘력 다지기**
본문 · 091쪽

1 멸종   2 자취   3 포만감   4 확산
5 경고   6 대가   7 내성

🔍 낱말 더 보기

• **대용**: 대신하여 다른 것을 씀. 또는 그런 물건
  예 나는 사무실에서 종이 상자를 서류함 대용으로 쓰고 있다.

• **살충제**: 사람과 가축, 농작물에 해가 되는 벌레를 죽이거나 없애는 약
  예 모기가 많은 곳에 살충제를 뿌렸다.

• **경고**: 조심하거나 삼가도록 미리 주의를 줌. 또는 그 주의
  예 게임을 너무 오래 하지 말라는 어머니의 경고를 잊지 마라.

피아노가 현악기라고요?

본문 · 092~095쪽

글의 내용 이 글은 피아노가 악기의 종류 중 어디에 속하는지를 이야기하고 있어요. 피아노는 건반으로 현을 때려 소리를 내는 현악기라는 것이지요. 이를 설명하기 위해 피아노의 구조를 살펴보고 있는데, 소리를 내는 장치로는 현과 액션이 있고, 소리를 잡아 주는 장치로는 댐퍼가 있다는 점을 말하고 있어요. 피아노는 이러한 장치들을 통해 소리를 내며 음의 세기를 미세하게 조절할 수 있다고 해요.

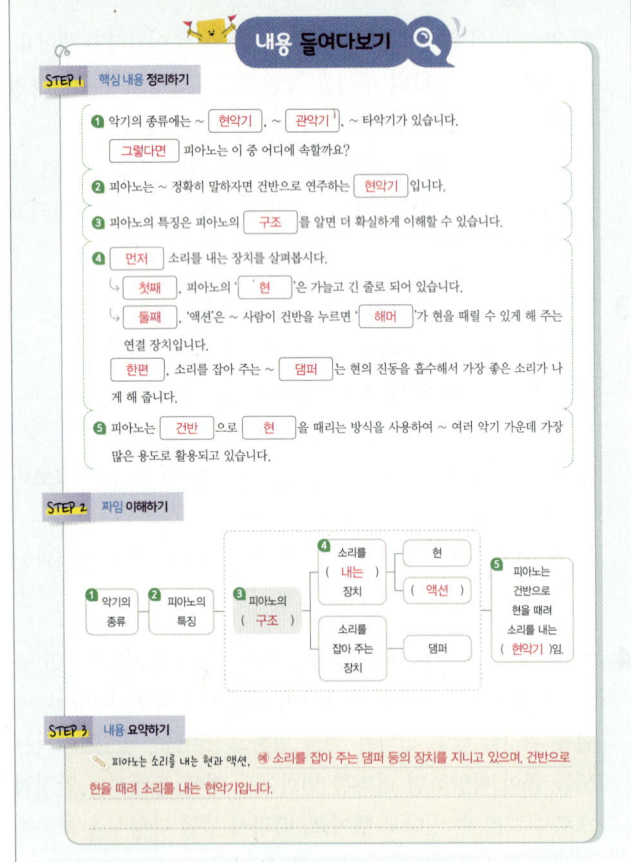

내용 들여다보기

STEP 1 핵심 내용 정리하기

1 악기의 종류에는 ~ 현악기 , ~ 관악기 , ~ 타악기가 있습니다.
그렇다면 피아노는 이 중 어디에 속할까요?

2 피아노는 ~ 정확히 말하자면 건반으로 연주하는 현악기 입니다.

3 피아노의 특징은 피아노의 구조 를 알면 더 확실하게 이해할 수 있습니다.

4 먼저 소리를 내는 장치를 살펴봅시다.
↳ 첫째 , 피아노의 ' 현 '은 가늘고 긴 줄로 되어 있습니다.
↳ 둘째 , '액션은 ~ 사람이 건반을 누르면 해머 '가 현을 때릴 수 있게 해 주는 연결 장치입니다.
한편 , 소리를 잡아 주는 ~ 댐퍼 는 현의 진동을 흡수해서 가장 좋은 소리가 나게 해 줍니다.

5 피아노는 건반 으로 현 을 때리는 방식을 사용하여 ~ 여러 악기 가운데 가장 많은 용도로 활용되고 있습니다.

STEP 2 파임 이해하기

1 악기의 종류 → 2 피아노의 특징 → 3 피아노의 구조 →
4 소리를 내는 장치 → 현 / 액션
소리를 잡아 주는 장치 → 댐퍼
→ 5 피아노는 건반으로 현을 때려 소리를 내는 현악기 임.

STEP 3 내용 요약하기

✎ 피아노는 소리를 내는 현과 액션, 예 소리를 잡아 주는 댐퍼 등의 장치를 지니고 있으며, 건반으로 현을 때려 소리를 내는 현악기입니다.

문제로 확인하기

본문 · 094쪽

1 ⑤   2 ⑤   3 ②
4 피아노는 음의 세기를 미세하게 조절할 수 있기 때문이다.

1 이 글은 피아노가 타악기가 아니라 현악기임을 이야기하고 있어요. 이를 위해 피아노의 구조를 설명하고 있어요. 피아노의 소리를 내는 장치로는 현과 액션이 있고, 소리를 잡아 주는 장치로는 댐퍼가 있다고 설명하였어요. 이러한 내용을 바탕으로 피아노가 건반으로 현을 때려서 소리를 내는 현악기라는 점을 설명하고 있어요.

2 4문단에서 '액션'은 사람이 건반을 누르면 '해머'가 현을 때릴 수 있게 해 주는 연결 장치라고 했어요. 즉 피아노의 건반을

때리는 것은 '해머'예요. 따라서 '피아노 건반을 때리는 액션'이라는 표현은 이 글의 내용과 맞지 않아요.

3 4문단에서 액션은 각 건반마다 하나씩 있다고 했어요. 하지만 액션의 개수와 현의 개수가 같은지는 설명하지 않았어요. 따라서 경수의 말은 이 글의 내용을 통해서는 짐작하기 어려운 내용이에요. 실제로 피아노의 건반(액션)은 88개, 현은 220~230개라고 해요.

오답 풀이
① 3문단에서 피아노는 현과 해머, 액션, 댐퍼, 건반 등의 여러 가지 부품으로 구성되어 있다고 했어요.
③ 4문단에서 댐퍼는 현의 진동을 흡수해서 가장 좋은 소리가 나게 해 준다고 했어요. 따라서 댐퍼가 없으면 현의 진동을 흡수할 수 없겠죠.
④ 2문단에서 건반에 연결된 해머가 피아노의 현을 때리면 현의 진동에 의해 만들어진 음이 음향 판에서 증폭되어 소리를 낸다고 했어요.
⑤ 4문단에서 낮은 음의 현은 구리선으로, 높은 음의 현은 철선으로 만들어 서로 다른 소리를 내도록 한다고 했어요.

4 이 글의 5문단에서 피아노는 음의 세기를 미세하게 조절할 수 있어서 여러 악기 가운데 가장 많은 용도로 활용되고 있다고 했어요. 그리고 보기 에서 하프시코드는 피아노가 등장하기 전에 사용된 건반 악기인데, 음량의 세기를 미세하게 조절할 수 없었다고 했어요. 따라서 음량의 세기를 미세하게 조절할 수 있는 피아노가 등장하면서 하프시코드가 거의 쓰이지 않게 된 것이라는 점을 알 수 있어요.

어휘력 다지기

본문 · 095쪽

1 ㉣   2 ㉤   3 ㉢   4 ㉠
5 조절해야   6 미세한   7 흡수하는

🔍 낱말 더 보기

· **음향**: 물체에서 나는 소리와 그 울림
예 그 카페는 음향 시설이 잘 갖춰져 있어 자주 찾게 된다.

· **용도**: 쓰이는 길. 또는 쓰이는 곳
예 이 물건은 개인적인 용도로 사용해서는 안 된다.

· **활용되다**: 충분히 잘 이용되다.
예 이 자료는 신제품 개발에 활용될 만한 것이라고 한다.

· **연주**: 악기를 다루어 곡을 표현하거나 들려주는 일
예 그의 바이올린 연주 실력은 매우 뛰어나다.

글의 내용 이 글은 패스트 패션의 특징과 문제점을 이야기하고 있어요. 패스트 패션은 최신 유행을 반영하여 빠르게 만들어 유통시키는 의류예요. 그런데 이렇게 빠르게 만들어 내는 과정에서 많은 문제점이 생겼어요. 옷을 만드는 노동자들이 많은 시간을 일해야 하지만 값싼 임금을 받고, 제작 과정에서 토양, 수질, 대기 등이 오염돼요. 이러한 문제점이 알려지면서 많은 사람들이 옷을 사는 방식을 바꾸고 있다고 해요.

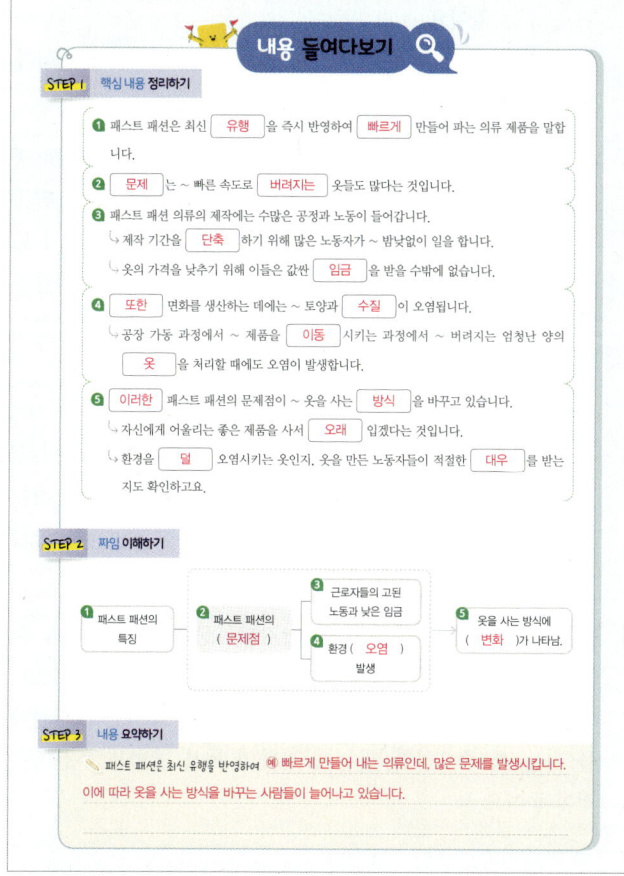

사는 방식을 바꾸려는 움직임이 나타났다는 점을 말하고 있어요. '지속 가능한 세계'는 패스트 패션에 반대하는 사람들과 관련되는 내용이에요.

오답 풀이

① 3문단에서 패스트 패션 의류를 만드는 노동자들이 옷의 가격을 낮추기 위해 값싼 임금을 받는다고 했어요.

②, ③, ④ 4문단에서 패스트 패션 의류를 만드는 과정에서 발생하는 환경 오염에 대해 설명하고 있어요.

3 이 글에서 패스트 패션 의류를 만드는 제작 비용에 대해 직접적으로 말하지는 않았어요. 하지만 패스트 패션 의류가 비교적 저렴하다는 내용과, 패스트 패션이 옷의 가격을 낮추려고 노력한다는 내용으로 볼 때 제작 비용이 높다고 볼 수는 없어요.

오답 풀이

① 1문단에서 패스트 패션 제품은 비교적 가격이 저렴하다는 것을 알 수 있어요.

② 1문단에서 패스트 패션은 최신 유행을 즉시 반영하여 빠르게 만들어 파는 의류 제품이라고 했어요.

④ 2문단과 4문단에서 많은 양의 패스트 패션 의류가 버려지는 상황을 설명하고 있어요.

⑤ 1문단과 4문단에서 패스트 패션 제품은 대량 생산되고 전 세계로 유통된다는 것을 알 수 있어요.

4 5문단에서는 패스트 패션의 문제점이 알려지면서 많은 사람들이 옷을 사는 방식을 바꾸고 있다고 했어요. 유행을 따르기보다는 자신에게 어울리는 좋은 옷을 사서 오래 입고, 환경을 덜 오염시키는지 확인한다고 해요. 이러한 방식은 ㉡, ㉣, ㉤에도 나타나 있어요.

문제로 확인하기

본문 · 098쪽

1 ④   **2** ⑤   **3** ③   **4** ㉡, ㉣, ㉤

1 이 글은 패스트 패션의 문제점을 이야기하고 있어요. 패스트 패션은 최신 유행을 반영한 의류를 빠르게 만들어 내는 과정에서 많은 문제점을 발생시켜요. 옷을 빠르게 만들기 위해 노동자들이 많은 시간을 일해야 하지만 옷 가격을 낮추기 위해 값싼 임금을 받고 있어요. 또 옷을 만드는 과정에서 토양, 수질, 대기 오염이 발생하고 엄청난 양의 옷이 버려져요.

2 3문단과 4문단에서는 패스트 패션의 문제점을 설명하고 있어요. 그리고 5문단에서는 패스트 패션의 문제점을 알고 옷을

어휘력 다지기

본문 · 099쪽

1 가동   **2** 단축   **3** 반영   **4** 민감
5 공정   **6** 대우   **7** 임금   **8** 유통

낱말 더 보기

• **임금:** 근로자가 노동의 대가로 사용자에게 받는 보수
㉠ 그들은 <u>임금</u> 인상을 요구하고 있다.

• **토양:** 지구의 표면을 덮고 있는, 바위가 부스러져 생긴 가루인 무기물과 동식물에서 생긴 유기물이 섞여 이루어진 물질 ＝ 흙
㉠ 산업화로 인해 <u>토양</u>의 오염이 심각해지게 되었다.

• **대우:** 직장에서의 지위나 급료 따위의 근로 조건
㉠ 나는 직장을 옮기면서 과장 승진이라는 <u>대우</u>를 받았다.

위인들은 어떻게 책을 읽었을까요?

본문 · 102~105쪽

글의 내용 이 글은 위인들의 독서 방법에 대해 이야기하고 있어요. 세종 대왕은 책을 여러 번 읽어 완전히 이해하는 것을 중요하게 생각했고, 책을 가까이 두고 자주 읽었어요. 신사임당은 책을 읽을 때 메모를 자주 했는데, 책의 내용을 되새기고 기억에 오래 남기기 위한 방법이었어요. 실학자인 정약용은 뜻을 새기며 자세히 책을 읽는 정독을 강조했어요. 어린이날을 만든 방정환은 책을 읽고 현장에 나가 견학하는 것을 강조했어요.

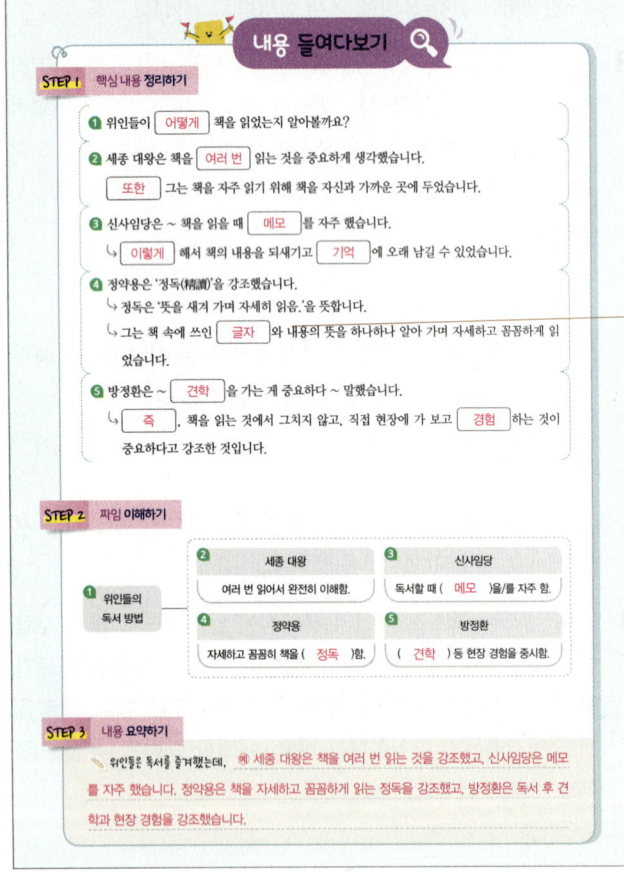

당은 책을 읽을 때 메모를 자주 했는데, 책을 읽다가 발견한 좋은 내용을 종이에 적어서 아이들이 볼 수 있게 집 안 곳곳에 붙여 두기도 했어요. 이렇게 메모를 자주 한 것은 책의 내용을 되새기고 기억에 오래 남기기 위한 방법이었어요.

오답 풀이

①, ② 신사임당은 매일 새벽에 일어나 책을 읽었다고 했지만, 이것을 책의 내용을 오래 기억하기 위해 한 일이라고 볼 수는 없어요.

③, ⑤ 신사임당이 책을 집 안 곳곳에 두거나 아이들과 함께 책을 읽었다는 내용은 나오지 않았어요.

3 2문단에서 세종 대왕은 책을 여러 번 읽는 것을 중요하게 생각했는데, 한 권의 책을 제대로 읽어서 완전히 이해하기 위해서였다고 했어요. 4문단에서 정약용은 정독을 강조하면서 모르는 부분을 반복해 읽었다고 했어요. 그러므로 세종 대왕과 정약용은 책의 내용을 이해할 때까지 여러 번 읽었다는 공통점이 있어요.

오답 풀이

①, ③ 책을 가까이 두고 매일 읽는 것은 세종 대왕의 독서 방법이에요.

②, ④ 다른 책을 찾아보거나 다른 사람에게 물어보는 독서 방법은 정약용이 사용한 방법이에요.

4 보기 의 지수는 책에서 '금동 반가사유상'에 관한 내용을 읽고 실제 모습을 보면 이해가 더 잘 될 것 같다고 생각했어요. 그러므로 지수에게는 '책 안에 나온 내용을 표시했다가 견학을 가는 게 중요하다.'라는 방정환의 독서 방법을 추천하는 것이 좋아요.

📋 문제로 확인하기

본문 · 104쪽

1 ⑤	2 ④	3 ⑤	4 방정환

1 이 글은 위인들의 독서 방법을 예를 들어서 설명하고 있어요. 먼저 세종 대왕은 책을 완전히 이해할 때까지 여러 번 읽는 것을 중요하게 생각했어요. 그리고 신사임당은 책을 읽을 때 메모를 자주 해서 집 안 곳곳에 붙여 두기도 했대요. 실학자인 다산 정약용은 뜻을 새기며 자세히 읽는 정독을 강조했어요. 어린이날을 만든 방정환은 책에 나온 내용과 관련된 곳을 견학하여 직접 경험하는 것이 좋다고 했어요.

2 3문단에서 신사임당의 독서 방법을 설명하고 있어요. 신사임

💬 어휘력 다지기

본문 · 105쪽

1 ⓛ	2 ⓒ	3 ⓡ	4 ㉠
5 되새겨	6 새겨야	7 그치고	

🔍 낱말 더 보기

• 강조하다: 어떤 부분을 특별히 강하게 주장하거나 두드러지게 하다.
예 어머니는 아이들에게 저축의 필요성을 강조하셨다.

• 전시: 여러 가지 물품을 한곳에 벌여 놓고 보임.
예 그 화가는 작품 전시에 매우 신중하다.

• 수효: 낱낱의 수
예 사진에 찍힌 사람의 수효를 헤아려 보았다.

글의 내용 이 글은 공정 무역이 무엇이고 어떻게 시작되었는지 이야기하고 있어요. 커피와 같이 전 세계적으로 소비되는 농산물을 재배하는 농민들의 수익이 매우 적은 것은 판매자와 수입업자들의 몫이 크기 때문이에요. 이러한 불평등한 구조를 반대하며 시작된 착한 소비 운동이 공정 무역으로 이어졌어요. 공정 무역은 제품을 생산하는 농민들에게 정당한 대가를 지불하는 무역 방식이에요.

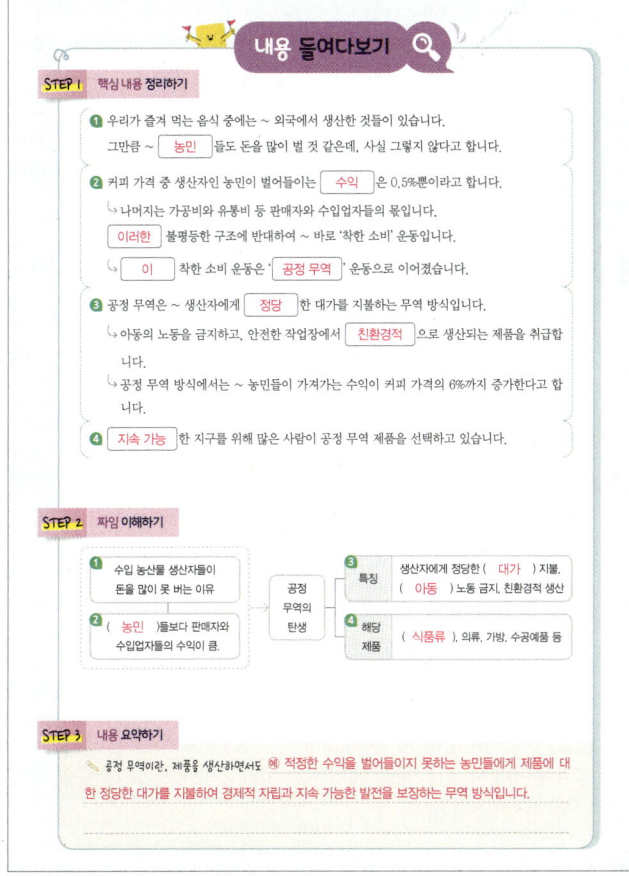

내용 들여다보기

STEP 1 핵심 내용 정리하기

① 우리가 즐겨 먹는 음식 중에는 ~ 외국에서 생산한 것들이 있습니다.
↳ 그만큼 ~ 농민 들도 돈을 많이 벌 것 같은데, 사실 그렇지 않다고 합니다.

② 커피 가격 중 생산자인 농민이 벌어들이는 수익 은 0.5%뿐이라고 합니다.
↳ 나머지는 가공비와 유통비 등 판매자와 수입업자들의 몫입니다.
이러한 불평등한 구조에 반대하여 ~ 바로 '착한 소비' 운동입니다.
이 착한 소비 운동은 '공정 무역' 운동으로 이어졌습니다.

③ 공정 무역은 ~ 생산자에게 정당 한 대가를 지불하는 무역 방식입니다.
↳ 아동의 노동을 금지하고, 안전한 작업장에서 친환경적 으로 생산되는 제품을 취급합니다.
↳ 공정 무역 방식에서는 ~ 농민들이 가져가는 수익이 커피 가격의 6%까지 증가한다고 합니다.

④ 지속 가능 한 지구를 위해 많은 사람이 공정 무역 제품을 선택하고 있습니다.

STEP 2 짜임 이해하기

① 수입 농산물 생산자들이 돈을 많이 못 버는 이유 → ② 농민 들보다 판매자와 수입업자들의 수익이 큼. → 공정 무역의 탄생 → ③ 특징 생산자에게 정당한 (대가) 지불, (아동) 노동 금지, 친환경적 생산 → ④ 해당 제품 (식품류), 의류, 가방, 수공예품 등

STEP 3 내용 요약하기

✏️ 공정 무역이란, 제품을 생산하면서도 예 적정한 수익을 벌어들이지 못하는 농민들에게 제품에 대한 정당한 대가를 지불하여 경제적 자립과 지속 가능한 발전을 보장하는 무역 방식입니다.

하는 농민들의 수입이 적은 이유를 커피의 사례를 통해 알아보자고 했어요. 그다음 2문단에서 커피를 재배하는 농민들이 판매자와 수입업자에 비해 적은 수익을 얻는 구조를 반대하는 착한 소비 운동에서 공정 무역이 시작되었다고 했어요. 이를 통해 처음으로 공정 무역 제품이 된 것은 커피라는 점을 알 수 있어요.

3 2문단에서 '커피의 가격에서 ~ 나머지는 가공비와 유통비 등 판매자와 수입업자들의 몫입니다.'라고 했어요. 즉 공정 무역 커피가 아닌 경우에 수입업자의 몫이 크다는 것이에요. 공정 무역은 이러한 불평등한 구조에 반대하는 것이므로, 수입업자들 때문에 공정 무역 제품이 비싼 것이라고 생각하는 것은 이 글을 잘못 이해한 것이에요.

오답 풀이

① 4문단에서 공정 무역 제품에는 식품류뿐만 아니라 의류나 가방, 수공예품도 있다고 했어요.
② 3문단에서 공정 무역은 생산자들의 경제적 자립과 지속 가능한 발전을 보장하기 위해 시작되었음을 알 수 있어요.
③ 3문단에서 공정 무역은 친환경적으로 생산되는 제품을 취급한다고 했어요.
⑤ 2문단에서 농민보다 판매자와 수입업자의 수입이 많은 불평등한 구조에 반대하여 공정 무역이 시작되었다고 했어요.

4 3문단의 내용 중 '공정 무역은 제품 생산 과정에서 아동의 노동을 금지하고'는 보기 의 ⑤ '아동 노동과 강제 노동 금지'와 관계가 있어요. 그리고 '안전한 작업장'은 ⑦ '양호한 노동 조건 보장'과 관계가 있고, '친환경적으로 생산되는 제품'은 ⑩ '환경 존중'과 관계가 있어요.

문제로 확인하기
본문 · 108쪽

1 ③　　**2** 커피　　**3** ④　　**4** ⑤, ⑦, ⑩

1 이 글에서는 커피를 예로 들어 농민들이 판매자와 수입업자보다 훨씬 적은 수익을 가져가는 기존 무역의 문제점을 지적하고 있어요(②). 또한 이러한 불평등한 구조에 반대하여 시작된 착한 소비 운동에서 공정 무역이 시작됐음을 말하고 있어요(⑤). 그리고 3문단에서는 공정 무역의 의미를 설명하고(①), 4문단에서는 공정 무역 제품의 종류를 말하고 있어요(④). 하지만 공정 무역 제품의 가격에 대해서는 설명하지 않았어요.

2 1문단에서 전 세계적으로 소비되는 여러 가지 농산물을 재배

어휘력 다지기
본문 · 109쪽

1 재배　　**2** 적정　　**3** 수익　　**4** 보장
5 지불　　**6** 자립　　**7** 불평등

낱말 더 보기

• **저개발국:** 산업의 근대화와 경제 개발이 선진국에 비하여 뒤떨어진 나라
예 과거에 우리나라는 대표적인 저개발국 중 하나였다.

• **불평등:** 차별이 있어 고르지 아니함.
예 어서 사회적 불평등을 해소하고 통합해야 한다.

• **자립:** 남에게 예속되거나 의지하지 아니하고 스스로 섬.
예 누나는 취직하면서부터 집에서 나와 자립 생활을 시작했다.

글의 내용 이 글은 신·재생 에너지에 대해 이야기하고 있어요. 현재 에너지 소비에서 80% 이상을 차지하는 화석 연료는 고갈 위험이 크다고 해요. 그래서 화석 연료를 대체하도록 개발하고 있는 에너지가 신·재생 에너지래요. 신·재생 에너지는 신에너지와 재생 에너지가 합쳐진 말이에요. 신에너지에는 수소 에너지, 연료 전지 등이 포함되고, 재생 에너지에는 태양 에너지, 풍력, 수력 등이 포함돼요. 신·재생 에너지는 여러 장점이 있지만, 단점도 있어서 이를 보완하는 연구가 계속되고 있어요.

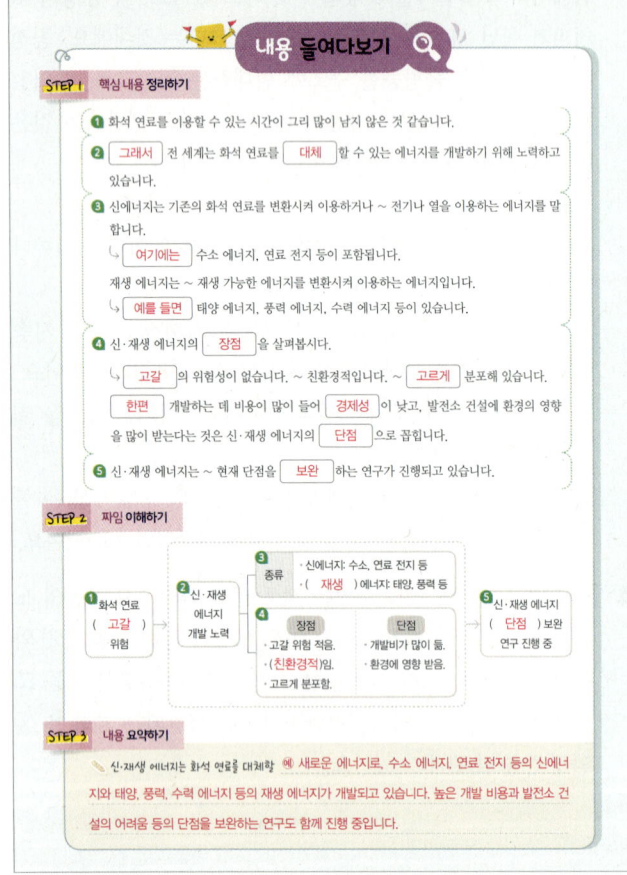

2 1문단에서는 화석 연료의 문제점이 고갈의 위험이라고 했어요. 하지만 화석 연료의 생산 비용이 점점 늘어나고 있는지는 말하지 않았어요.

오답 풀이

①, ② 1문단에서 '현재 전 세계 에너지 소비의 80% 이상은 석유, 석탄, 천연가스 등의 화석 연료에 의존하고 있습니다.'라고 했어요.

④ 2문단에서 '신·재생 에너지는 신에너지와 재생 에너지가 합쳐진 말입니다.'라고 했어요.

⑤ 신·재생 에너지는 2문단에서 '화석 연료를 대체할 수 있는 에너지', 5문단에서 '화석 연료의 고갈과 환경 오염 문제를 해결하는 대안'이라고 했어요.

3 3문단에서 '재생 에너지는 햇빛과 바람, 지열, 강수(물), 식물 연료 등과 같이 재생 가능한 에너지를 변환시켜 이용하는 에너지'라고 했어요. '기존의 화석 연료를 변환시켜 이용하는 에너지'는 신에너지예요.

오답 풀이

① 4문단에서 신·재생 에너지는 고갈의 위험성이 없다고 했어요.

② 3문단에서 재생 에너지는 햇빛과 바람, 지열, 강수(물), 식물 연료 등과 같이 재생 가능한 에너지를 변환시켜 이용하는 에너지라고 했어요.

③ 4문단에서 신·재생 에너지는 오염 물질을 적게 배출하므로 친환경적이라고 했어요.

⑤ 4문단에서 신·재생 에너지는 전 세계에 고르게 분포되어 있다고 했어요.

4 보기 에서 '햇빛을 이용하기 때문에'라고 했으므로 '태양 에너지'에 대한 설명이라는 점을 알 수 있어요.

📋 **문제로 확인하기** 본문 · 112쪽

1 ⑤   **2** ③   **3** ④   **4** ③

1 이 글은 신·재생 에너지에 대해 이야기하고 있어요. 신·재생 에너지는 고갈 위험에 처해 있는 화석 연료를 대체하도록 개발하고 있는 에너지예요. 신·재생 에너지에는 여러 가지 종류가 있어요. 신·재생 에너지는 고갈 위험이 적고 친환경적이며 전 세계에 고르게 분포되어 있다는 장점이 있어요. 건설 비용이 높고 발전소 건설에 환경의 영향이 크다는 단점이 있어서 이를 보완하는 연구가 계속되고 있어요.

💬 **어휘력 다지기** 본문 · 113쪽

1 ㉡   **2** ㉣   **3** ㉠   **4** ㉢

5 고갈되어   **6** 분포하는   **7** 대체할

🔍 낱말 더 보기 ┈┈┈┈┈┈┈┈┈┈┈

• **강수**: 비, 눈, 우박, 안개 따위로 지상에 내린 물
  예 강수는 대기의 상태와 밀접한 관계가 있다.

• **경제성**: 재물, 자원, 노력, 시간 따위가 적게 들면서도 이득이 되는 성질
  예 가전제품은 경제성을 따져서 구매해야 한다.

글의 내용 이 글은 그림에서 원근법을 사용하는 데에도 동양화와 서양화에 차이가 있다는 점을 이야기하고 있어요. 서양화에서는 소실점을 기준으로 입체를 표현하는 투시 원근법과 색의 진하기를 달리함으로써 거리감을 나타내는 대기 원근법을 사용해요. 동양화에서는 삼원법을 사용하여 공간을 표현해요. 그중 고원법은 높이감을, 심원법은 깊이감을, 평원법은 공간의 넓이를 표현해요. 이 외에 사물보다 풍경을 크게 그리는 역원근법도 사용돼요. 이러한 서양화와 동양화의 차이는 자연을 대하는 서양과 동양의 가치관이 서로 다르기 때문에 생겨난 거예요.

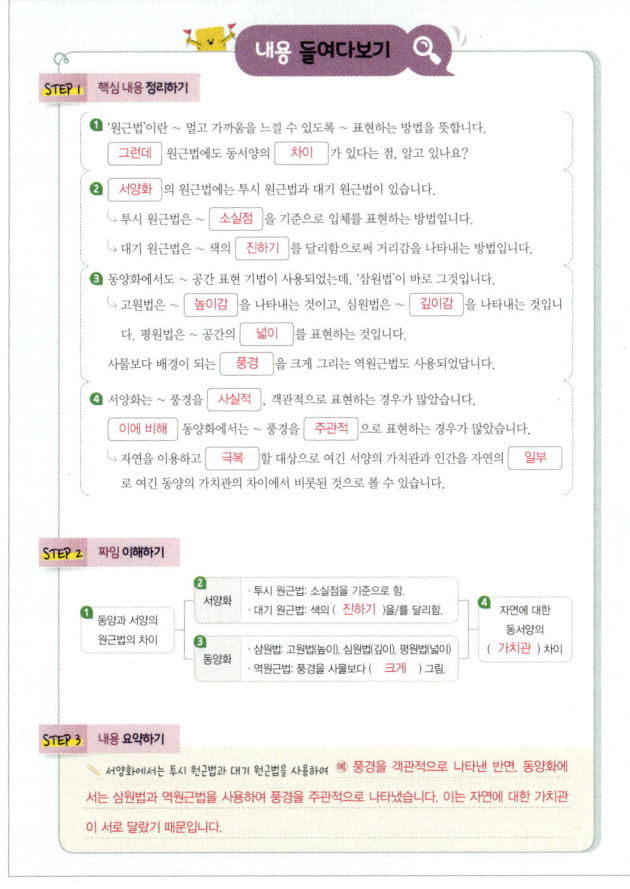

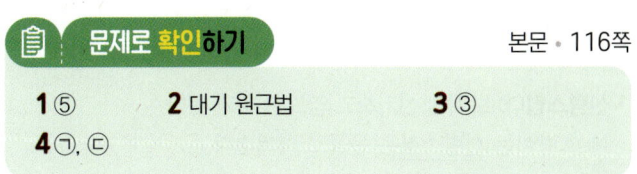

＊출처: (그림 1) "최후의 만찬", 한국저작권위원회
＊출처: (그림 2) "사시팔경도_만춘", 한국저작권위원회
＊출처: (그림 3) "인왕제색도", 한국저작권위원회

문제로 확인하기   본문 · 116쪽

1 ⑤   2 대기 원근법   3 ③
4 ㉠, ㉢

1 이 글은 동양화와 서양화에서 사용하는 원근법에 차이가 있다는 점을 이야기하고 있어요. 서양화에서는 투시 원근법과 대기 원근법을 사용하여 풍경을 보다 사실적이고 객관적으로 표현해요. 이에 비해 동양화에서는 삼원법과 역원근법 등을 사용하여 풍경을 주관적으로 표현한다는 차이점이 있어요.

2 2문단에서 '멀리 있는 사물이 가까이 있는 것보다 흐릿하게 보인다는 점을 이용하여 색의 진하기를 달리함으로써 거리감을 나타내는 방법'을 '대기 원근법'이라고 설명했어요.

3 3문단에서는 동양화에 사용되는 원근법을 종류별로 설명했어요. '삼원법 외에도 배경이 되는 풍경을 가까이 보이는 사물보다 크게 그리는 역원근법도 사용되었습니다.'로 볼 때, '배경이 되는 풍경은 가까이 있는 사물보다 항상 작게 그린다.'는 틀린 내용이에요.

오답 풀이

① 4문단에서 동양화에서 풍경을 주관적으로 표현하는 경우가 많았음을 알 수 있어요.

② 4문단에서 동양화에서는 여러 시점과 원근법이 동시에 사용되기도 한다는 것을 알 수 있어요.

④ 3문단에서 고원법은 산 아래에서 산 정상을 바라보는 시점으로 높이감을 나타내는 것이라고 했어요.

⑤ 3문단에서 평원법은 눈을 지평선에 맞추어 가까운 산에서 먼 산을 바라보는 시점으로 공간의 넓이를 표현하는 것이라고 했어요.

4 3문단에서는 동양화에 사용되는 원근법의 종류를 설명하고, 4문단에서는 풍경을 표현하는 동양화의 방식을 말하고 있어요. 보기 에 제시된 작품은 조선 시대의 그림인 동양화예요. 이 그림에 원근법이 사용되었다는 설명(㉢)은 3문단과 관련되고, 화가의 개인적인 느낌이 반영되었다는 설명(㉠)은 4문단과 관련되므로 알맞은 내용이에요.

어휘력 다지기   본문 · 117쪽

| 1 평면 | 2 사물 | 3 시점 | 4 지평선 |
| 5 비롯되었다 | 6 투시하는 | 7 유사하다고 | 8 극복하고 |

낱말 더 보기

• **객관적:** 자기와의 관계에서 벗어나 제삼자의 입장에서 사물을 보거나 생각하는. 또는 그런 것
  예 옳고 그름을 객관적으로 판단하다.

• **주관적:** 자기의 견해나 관점을 기초로 하는. 또는 그런 것
  예 설명문에는 주관적 의견이 들어가지 않도록 한다.

• **가치관:** 가치에 대한 관점. 인간이 자기를 포함한 세계에 대하여 가지는 평가의 근본적 태도이다.
  예 사람마다 가치관이 다르다는 점을 인정하자.

글의 내용 이 글은 우리나라 각 지역의 이름이 어떻게 지어졌고, 어떤 뜻을 담고 있는지를 이야기하고 있어요. 먼저 서울은 2천 년 전에 세워진 나라의 이름과 관련이 있는데, 이 이름에는 '높고 신령스러운 들판'이라는 뜻이 담겨 있어요. 그리고 경기도라는 이름은 고려 때 등장했는데, 서울을 관리하고 방어한다는 뜻을 담고 있어요. 전라도, 경상도, 충청도, 강원도는 각각 지역의 큰 도시들의 이름을 따서 지어졌어요. 전라도의 다른 이름인 호남은 호수의 남쪽 땅을, 경상도의 다른 이름인 영남은 조령의 남쪽 땅을 뜻한다고 해요.

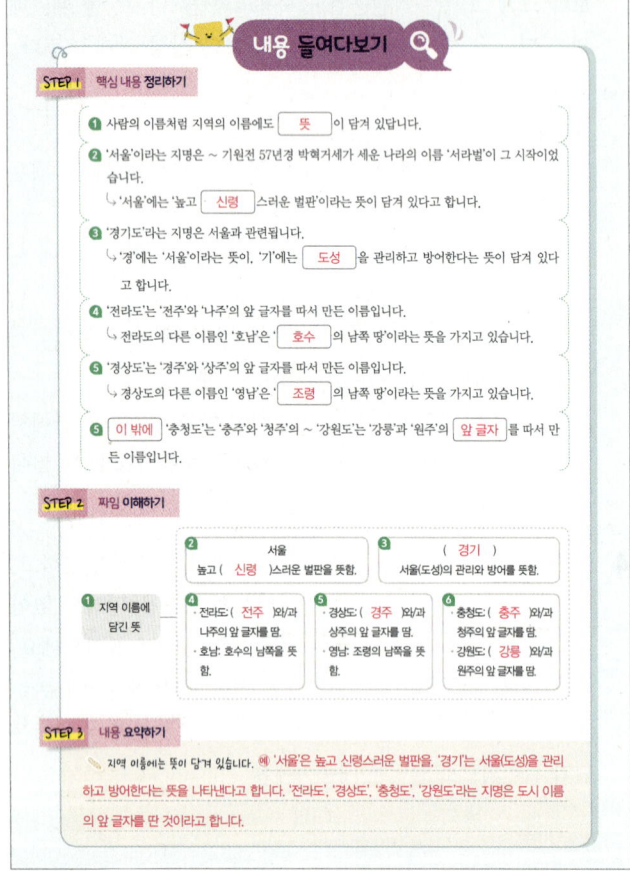

①, ② 3문단에서 경기도라는 이름은 서울과 관련이 있고 고려 때부터 쓰였다고 했어요.
④ 4문단에서 호남은 김제의 벽골제호 또는 금강의 남쪽 땅이라는 뜻이라고 했어요.
⑤ 전라도는 '호남', 경상도는 '영남'이라는 또 다른 이름을 가지고 있다고 했어요.

3 2문단에서 서울이라는 지명이 기원전 57년경 박혁거세가 세운 나라의 이름 '서라벌'에서 시작되었다고 했어요. 그렇지만 박혁거세가 직접 서울이라는 이름을 지었다고 하지는 않았어요. 따라서 태진이는 이 글을 정확히 이해한 것으로 볼 수 없어요.

오답 풀이
① 서울의 이름은 2천 년 전인 기원전 57년경에 시작되었어요.
② 서울이라는 이름은 박혁거세가 세운 나라 '서라벌'에서 시작되었어요.
④ 서울이라는 이름에는 '높고 신령스러움'과 '들판'이라는 뜻이 담겨 있어요. 한 나라의 수도의 이름이므로 중요한 뜻을 담았다는 점을 알 수 있어요.
⑤ 서울은 백제와 조선의 수도 역할을 했고, 오늘날에도 우리나라의 수도라고 했어요.

4 강원도는 강릉과 원주, 경상도는 경주와 상주, 전라도는 전주와 나주, 충청도는 충주와 청주라는 도시의 이름 앞 글자를 따서 만든 이름이에요. 이렇게 지역의 이름은 각 지역의 대표적인 도시의 이름과 관련된다는 점을 알 수 있어요.

오답 풀이
④ 호남은 호수, 영남은 고개와 관련된다고 했는데, 이를 보고 그 지역의 지형을 알 수 있는 것은 아니에요.

문제로 확인하기 본문 • 120쪽

1 이름, 뜻   **2** ③   **3** ③   **4** ⑤

1 이 글의 1문단에서는 '사람의 이름처럼 지역의 이름에도 뜻이 담겨 있답니다.'라고 했어요. 이어지는 2~6문단에서는 서울, 경기, 호남, 영남 등 각 지역의 이름에 담긴 뜻을 설명하고 있어요.

2 5문단에서 경상도는 경주와 상주의 앞 글자를 딴 지명이라고 했어요. 문경새재와 관련된 이름은 '영남'이에요.

오답 풀이

어휘력 다지기 본문 • 121쪽

| **1** 외곽 | **2** 수도 | **3** 지명 | **4** 고개 |
| **5** 위치 | **6** 방어 | **7** 따서 | |

낱말 더 보기

• **신령스럽다**: 보기에 신기하고 영묘한 데가 있다.
  ㉠ 호랑이는 <u>신령스러운</u> 동물로 여겨졌다.
• **일컫다**: 가리켜 말하다.
  ㉠ 사람을 <u>일컬어</u> 흔히 이성적 동물이라고 한다.
• **비탈지다**: 땅이 경사가 급하게 기울어져 있다.
  ㉠ 집에 가기 위해서는 <u>비탈진</u> 언덕을 넘어야 한다.

우리나라가 간직한 세계 유산

본문 • 124~127쪽

글의 내용 이 글은 우리나라가 가지고 있는 대표적인 유네스코 세계 유산에 대해 이야기하고 있어요. 유네스코 세계 유산은 인류 전체를 위해 보호해야 할 뚜렷한 보편적 가치가 있다고 인정한 것이에요. 우리나라의 대표적인 세계 유산으로는 '경주 역사 유적 지구'와 '고창, 화순, 강화의 고인돌 유적'이 있어요. 대표적인 무형 문화 유산으로는 '아리랑'과 '줄다리기'가, 세계 기록 유산으로는 '훈민정음 해례본'이 있어요.

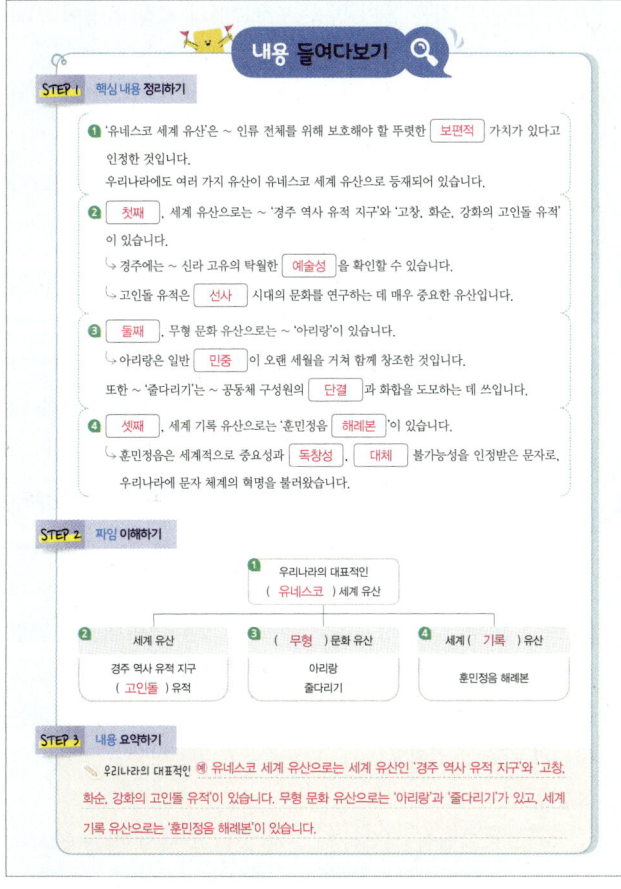

내용 돌여다보기

STEP 1 핵심 내용 정리하기

1 '유네스코 세계 유산'은 ~ 인류 전체를 위해 보호해야 할 뚜렷한 보편적 가치가 있다고 인정한 것입니다.
우리나라에도 여러 가지 유산이 유네스코 세계 유산으로 등재되어 있습니다.

2 첫째, 세계 유산으로는 ~ '경주 역사 유적 지구'와 '고창, 화순, 강화의 고인돌 유적'이 있습니다.
↳ 경주에는 ~ 신라 고유의 탁월한 예술성을 확인할 수 있습니다.
↳ 고인돌 유적은 선사 시대의 문화를 연구하는 데 매우 중요한 유산입니다.

3 둘째, 무형 문화 유산으로는 ~ '아리랑'이 있습니다.
↳ 아리랑은 일반 민중이 오랜 세월을 거쳐 함께 창조한 것입니다.
또한 ~ '줄다리기'는 ~ 공동체 구성원의 단결과 화합을 도모하는 데 쓰입니다.

4 셋째, 세계 기록 유산으로는 '훈민정음 해례본'이 있습니다.
↳ 훈민정음은 세계적으로 중요성과 독창성, 대체 불가능성을 인정받은 문자로, 우리나라에 문자 체계의 혁명을 불러왔습니다.

STEP 2 짜임 이해하기

1 우리나라의 대표적인 (유네스코) 세계 유산

2 세계 유산
경주 역사 유적 지구
(고인돌) 유적

3 (무형) 문화 유산
아리랑
줄다리기

4 세계 (기록) 유산
훈민정음 해례본

STEP 3 내용 요약하기

✏️ 우리나라의 대표적인 예 유네스코 세계 유산으로는 세계 유산인 '경주 역사 유적 지구'와 '고창, 화순, 강화의 고인돌 유적'이 있습니다. 무형 문화 유산으로는 '아리랑'과 '줄다리기'가 있고, 세계 기록 유산으로는 '훈민정음 해례본'이 있습니다.

＊출처: (사진 1) "첨성대", 문화재청 국가문화유산포털
＊출처: (사진 2) "남산불곡석불좌상", 문화재청 국가문화유산포털
＊출처: (사진 3) "동궁과 월지", 문화재청 국가문화유산포털
＊출처: (사진 4) "강화의 오상리 고인돌군", 문화재청 국가문화유산포털

문제로 확인하기

본문 • 126쪽

1 ⑤   2 ③   3 보편적 가치   4 ③

1 이 글은 우리나라가 가시고 있는 대표적인 유네스코 세계 유산을 소개하고 있어요. 세계 유산으로는 '경주 역사 유적 지구'와 '고창, 화순, 강화의 고인돌 유적'이 있고, 무형 문화 유산으로는 '아리랑'과 '줄다리기'가 있어요. 그리고 세계 기록 유산으로는 '훈민정음 해례본'이 있어요.

2 3문단의 '공동체 구성원의 단결과 화합을 도모하는 데 쓰입니다.'라는 설명은 '아리랑'이 아니라 '줄다리기'에 대한 내용이에요.

오답 풀이

① 3문단에서 줄다리기는 두 팀으로 나누어 줄을 반대 방향으로 당기는 놀이라고 했어요.
② 3문단에서 아리랑은 단순한 노래지만 다양한 주제를 담고 있다고 했어요.
④ 4문단에서 우리나라의 유네스코 세계 기록 유산으로는 훈민정음 해례본이 있다고 했어요.
⑤ 4문단에서 훈민정음은 세계적으로 중요성과 독창성, 대체 불가능성을 인정받았다고 했어요.

3 1문단에서 '유네스코 세계 유산은 유네스코가 '세계 문화 및 자연 유산 보호 협약'에 따라 지정하고 있는 세계적 자산으로, '인류 전체를 위해 보호해야 할 뚜렷한 보편적 가치가 있다고 인정한 것'이라고 했어요. '경주 역사 유적 지구'가 유네스코 세계 유산으로 지정된 것도 이러한 기준에 따른 것이에요.

4 보기 의 우리나라 강화 고인돌 유적은 유네스코 세계 유산 중 하나예요. 2문단에서 고유의 탁월한 예술성을 보여 준다는 설명은 경주 역사 유적 지구에 대한 내용이에요.

오답 풀이

①, ②, ⑤ 2문단에서 고창, 화순, 강화의 고인돌 유적은 수백 기 이상의 다양한 모양의 고인돌이 한 지역에 집중 분포하고 있어서 세계적으로 유례를 찾기 어렵다고 했어요.
④ 고인돌 유적은 선사 시대의 문화를 연구하는 데 매우 중요한 유산이라고 했어요.

💬 어휘력 다지기

본문 • 127쪽

1 ⓛ   2 ㉠   3 ㉢   4 ㉣
5 도모하기   6 지정하였다   7 창제한

🔍 낱말 더 보기

• 보편적: 모든 것에 두루 미치거나 통하는 것
예 그 영화는 인간의 보편적 정서를 그리고 있다.

• 유적: 남아 있는 자취. 건축물 또는 역사적인 사건이 벌어졌던 곳
예 그 지역에서 선사 시대의 유적이 발견되었다.

• 탁월하다: 남보다 두드러지게 뛰어나다.
예 그는 요리에 탁월한 능력을 지니고 있다.

• 친목: 서로 친하여 화목함.
예 우리 마을은 친목 활동이 잘 이루어진다.

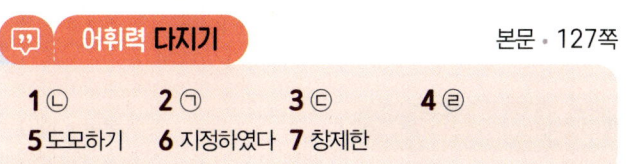

글의 내용 이 글은 간접 광고의 특징을 이야기하고 있어요. 간접 광고는 프로그램 안에 상품을 배치하는 것으로, 출연자가 상품을 사용하거나 언급하는 방법이나 화면 속 배경에 상품을 보여 주는 방법을 사용해요. 간접 광고는 2010년부터는 방송법의 '간접 광고' 조항으로 법적 규제를 받고 있어요. 최근에는 간접 광고가 늘어나고 있는 만큼 간접 광고를 비판하는 사람들도 생겨나고 있어요. 시청자들은 간접 광고의 문제점을 알고 적절히 대응해야 해요.

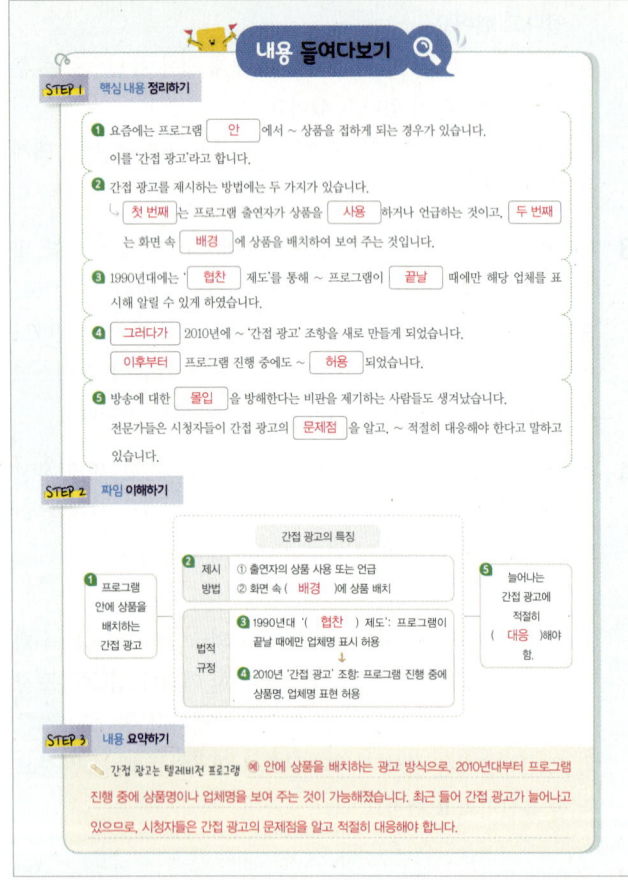

내용 들여다보기

STEP 1 핵심 내용 정리하기

1 요즘에는 프로그램 [안] 에서 ~ 상품을 접하게 되는 경우가 있습니다.
이를 '간접 광고'라고 합니다.

2 간접 광고를 제시하는 방법에는 두 가지가 있습니다.
[첫 번째] 는 프로그램 출연자가 상품을 [사용] 하거나 언급하는 것이고, [두 번째]
는 화면 속 [배경] 에 상품을 배치하여 보여 주는 것입니다.

3 1990년대에는 '[협찬] 제도를 통해 ~ 프로그램이 [끝날] 때만 해당 업체를 표시해 알릴 수 있게 하였습니다.

4 [그러다가] 2010년에 '간접 광고' 조항을 새로 만들게 되었습니다.
[이후부터] 프로그램 진행 중에도 ~ [허용] 되었습니다.

5 방송에 대한 [몰입] 을 방해한다는 비판을 제기하는 사람들도 생겨났습니다.
전문가들은 시청자들이 간접 광고의 [문제점] 을 알고, ~ 적절히 대응해야 한다고 말하고 있습니다.

STEP 2 파일 이해하기

간접 광고의 특징

1 프로그램 안에 상품을 배치하는 간접 광고

2 제시 방법
① 출연자의 상품 사용 또는 언급
② 화면 속 (배경)에 상품 배치

법적 규정
3 1990년대 '(협찬) 제도: 프로그램이 끝날 때에만 업체명 표시 허용
↓
4 2010년 '간접 광고' 조항: 프로그램 진행 중에 상품명, 업체명 표현 허용

5 늘어나는 간접 광고에 적절히 (대응)해야 함.

STEP 3 내용 요약하기

✎ 간접 광고는 텔레비전 프로그램 예 안에 상품을 배치하는 광고 방식으로, 2010년대부터 프로그램 진행 중에 상품명이나 업체명을 보여 주는 것이 가능해졌습니다. 최근 들어 간접 광고가 늘어나고 있으므로, 시청자들은 간접 광고의 문제점을 알고 적절히 대응해야 합니다.

문제로 확인하기

본문 · 130쪽

1 ③   **2** ④   **3** ⑤   **4** ㉠, ㉢

1 1문단에서는 직접 광고와 간접 광고의 차이점을 설명했어요 (④). 그리고 2문단에서는 간접 광고를 제시하는 방법 두 가지를 말하고 있어요(①). 3문단과 4문단에서는 간접 광고와 관련된 법적 규제를 설명하고 있어요(②). 5문단에서는 간접 광고에 대해 제기된 비판의 내용을 말하고 있어요(⑤). 하지만 간접 광고의 장점과 단점에 대해서는 설명하지 않았어요.

2 1문단에서는 프로그램의 앞뒤에 배치된 광고를 직접 광고, 프로그램 안에 상품을 배치하는 것이 간접 광고라는 점을 말하

고 있어요. 하지만 두 가지 광고의 효과에 대해서는 말하지 않았으므로 '직접 광고보다 간접 광고의 효과가 크다.'는 이 글의 내용으로 볼 수 없어요.

오답 풀이

① 1문단에서 '직접 광고는 다른 채널로 돌리거나 광고 시간에 다른 일을 하는 등 시청자의 의사로 보지 않는 것을 선택할 수 있지만'이라고 했어요.

② 5문단에서 '최근 들어 방송 프로그램의 제작 환경이 변화하면서 간접 광고가 늘어나'라고 했어요.

③ 3문단과 4문단에서 간접 광고에 대한 법적 규제를 설명하고 있어요.

⑤ 1문단에서 '프로그램의 앞뒤에 배치된 광고를 직접 광고라고 합니다.'라고 했어요.

3 4문단에서는 간접 광고 조항의 법적 규정에 대해 설명하고 있어요. 프로그램 진행 중에 상품명이나 업체명을 보여 주는 것이 허용되었는데, 상품명을 직접 언급하는 것은 금지되었다고 했어요. 따라서 '출연자는 프로그램이 끝날 때 상품명을 언급할 수 있다.'는 이 글의 내용을 잘못 이해한 것이에요.

4 5문단에서는 최근 들어 간접 광고가 늘어나서 시청자들이 광고의 영향을 받는 경우가 많아졌다고 했어요. ㉢ '프로그램 출연자가 입은 옷을 구매하는 사람들이 늘어난다.'는 이에 대한 예로 볼 수 있어요. 그리고 ㉠ '프로그램 중에 내용과 관련이 없는 상품을 보여 준다.'는 '뜬금없는 간접 광고 때문에 프로그램의 흐름이 끊겨져 방송에 대한 몰입을 방해한다'라는 내용과 관련이 있어요.

오답 풀이

㉡, ㉣ 프로그램이 시작하기 전과 끝나고 나서 하는 광고는 간접 광고가 아니라 직접 광고예요.

어휘력 다지기

본문 · 131쪽

1 언급   **2** 제기   **3** 허용   **4** 배치
5 ㉢   **6** ㉡   **7** ㉠

낱말 더 보기

• **의사:** 무엇을 하고자 하는 생각
예 나는 그와 결혼할 의사가 전혀 없다.

• **규제:** 규칙이나 규정에 의하여 일정한 한도를 정하거나 정한 한도를 넘지 못하게 막음.
예 규제를 더욱 강화하여 대기 오염을 대폭 줄여야 한다.

• **몰입:** 깊이 파고들거나 빠짐.
예 그는 연구에 대한 몰입을 통해 좋은 성과를 내었다.

글의 내용 이 글은 가공식품에 많이 들어 있는 액상 과당의 특징을 이야기하고 있어요. 액상 과당은 설탕의 과도한 섭취가 일으키는 건강 문제를 해결하기 위해 개발되었어요. 액상 과당은 옥수수 분말을 재료로 만들어지는데, 설탕보다 적은 양으로 훨씬 강한 단맛을 낼 수 있어요. 하지만 액상 과당은 몸속에서 식욕 억제 호르몬 분비를 방해하여 과식과 비만을 일으킬 수 있어요. 그래서 건강을 위해서는 액상 과당처럼 단맛이 나는 가공식품의 섭취를 줄여야 해요.

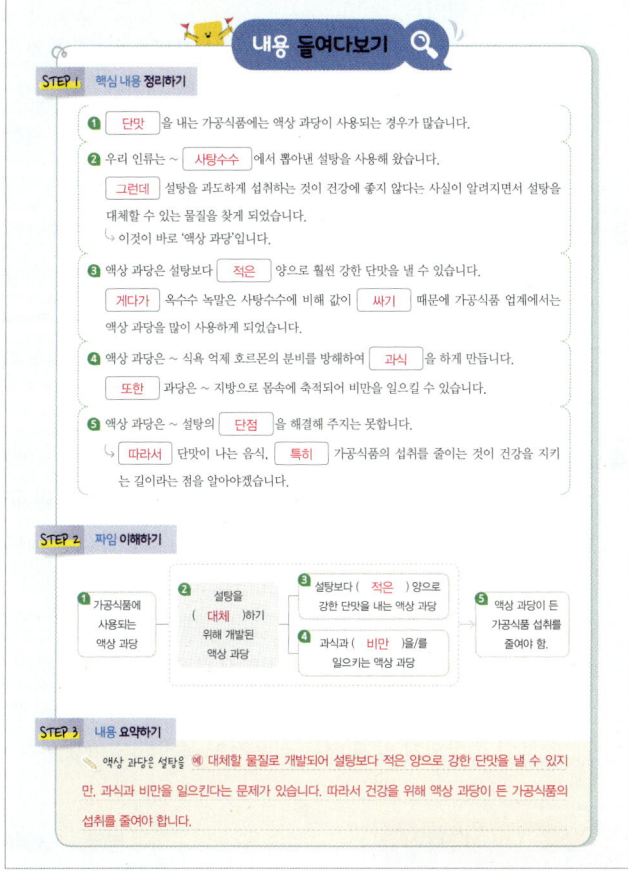

내용 들여다보기

STEP 1 핵심 내용 정리하기

1 [단맛]을 내는 가공식품에는 액상 과당이 사용되는 경우가 많습니다.

2 우리 인류는 ~ [사탕수수]에서 뽑아낸 설탕을 사용해 왔습니다.
[그런데] 설탕을 과도하게 섭취하는 것이 건강에 좋지 않다는 사실이 알려지면서 설탕을 대체할 수 있는 물질을 찾게 되었습니다.
↳ 이것이 바로 '액상 과당'입니다.

3 액상 과당은 설탕보다 [적은] 양으로 훨씬 강한 단맛을 낼 수 있습니다.
[게다가] 옥수수 녹말은 사탕수수에 비해 값이 [싸기] 때문에 가공식품 업계에서는 액상 과당을 많이 사용하게 되었습니다.

4 액상 과당은 ~ 식욕 억제 호르몬의 분비를 방해하여 [과식]을 하게 만듭니다.
[또한] 과당은 ~ 지방으로 몸속에 축적되어 비만을 일으킬 수 있습니다.

5 액상 과당은 ~ 설탕의 [단점]을 해결해 주지는 못합니다.
↳ [따라서] 단맛이 나는 음식, [특히] 가공식품의 섭취를 줄이는 것이 건강을 지키는 길이라는 점을 알아야겠습니다.

STEP 2 짜임 이해하기

1 가공식품에 사용되는 액상 과당 → 2 설탕을 (대체)하기 위해 개발된 액상 과당 → 3 설탕보다 (적은)양으로 강한 단맛을 내는 액상 과당 / 4 과식과 (비만)을/를 일으키는 액상 과당 → 5 액상 과당이 든 가공식품 섭취를 줄여야 함.

STEP 3 내용 요약하기

✎ 액상 과당은 설탕을 대체할 물질로 개발되어 설탕보다 적은 양으로 강한 단맛을 낼 수 있지만, 과식과 비만을 일으킨다는 문제가 있습니다. 따라서 건강을 위해 액상 과당이 든 가공식품의 섭취를 줄여야 합니다.

문제로 확인하기

본문 • 134쪽

1 ③   2 ⑤   3 ④   4 ㉢, ㉠, ㉡

1 이 글은 액상 과당의 특징과 문제점을 이야기하고 있어요. 2문단에서는 액상 과당이 설탕을 대체하는 물질로 개발되었다고 했어요. 3문단에서는 액상 과당이 만들어지는 방법을 설명하고, 설탕보다 적은 양으로 훨씬 강한 단맛을 낼 수 있다고 했어요. 4문단에서는 액상 과당이 과식과 비만을 일으킬 수 있다는 문제점을 말하고 있어요. 5문단에서는 건강을 위해서 액상 과당의 섭취를 줄여야 한다고 했어요.

2 2문단에서 과당은 꿀이나 단 과일 속에 들어 있는 단당류라

고 했어요. 액상 과당은 인간이 만들어 낸 과당의 한 종류라고 할 수 있어요. 그러므로 '액상 과당이 몸속에 들어가서 과당으로 바뀐다.'는 이 글의 내용과 맞지 않아요.

오답 풀이

① 2문단에서 설탕은 사탕수수에서 뽑아낸 것임을 알 수 있어요.

③ 3문단에서 액상 과당은 옥수수 녹말을 분해하여 만든 시럽에 효소를 넣고 정제해서 만든다고 했어요.

④ 2문단에서 액상 과당은 설탕을 대체하기 위해 만들어졌다고 했어요.

3 2문단에서는 설탕을 과도하게 섭취하는 것이 건강에 좋지 않다는 사실이 알려지면서 설탕을 대체할 수 있는 물질로 액상 과당이 만들어졌다고 했어요. 그리고 5문단에서는 단맛이 나는 음식, 특히 가공식품의 섭취를 줄이는 것이 건강을 지키는 길이라고 했어요. 따라서 몸에 좋지 않은 액상 과당보다 설탕을 많이 먹어야 한다는 것은 이 글을 내용을 제대로 이해한 것이 아니에요.

오답 풀이

①, ②, ③ 2문단에서 액상 과당을 만드는 옥수수 녹말이 사탕수수에 비해 값이 싸기 때문에 가공식품 업계에서는 액상 과당을 많이 사용하게 되었다고 했어요.

⑤ 액상 과당이 든 가공식품은 건강에 좋지 않다고 했으므로 자연식품을 먹는 것이 좋아요.

4 3문단에서 포도당의 단맛은 설탕의 3/4 정도라고 했고, 액상 과당은 설탕보다 적은 양으로 훨씬 큰 단맛을 낼 수 있다고 했어요. 그러므로 단맛이 강한 순서는 '액상 과당＞설탕＞포도당'이에요.

어휘력 다지기

본문 • 135쪽

1 과식   2 섭취   3 정제   4 억제
5 축적   6 과도   7 분비

낱말 더 보기

• **주성분**: 어떤 물질을 이루는 주된 성분
  예 커피의 주성분은 카페인이다.

• **포만감**: 넘치도록 가득 차 있는 느낌
  예 음식을 배부르게 먹고 포만감을 느꼈다.

• **양분**: 영양이 되는 성분
  예 토양에 양분이 풍부하여 나무가 잘 자란다.

• **불순물**: 순수한 물질에 섞여 있는 순수하지 않은 물질
  예 불순물이 많이 섞인 수돗물이 나와 문제가 되고 있다.

글의 내용 이 글은 옛날 건물에 그려진 단청의 특징을 이야기하고 있어요. 단청은 옛날식 집의 벽, 기둥, 천장 따위에 여러 가지 빛깔로 그림이나 무늬를 그려 넣는 것을 말해요. 단청은 건물을 보호하려는 목적으로 시작되었는데, 건물을 아름답게 만들고 품격을 높이는 역할도 하게 되었어요. 단청에 사용되는 무늬는 다양한데, 도형이나 자연물이 많이 등장하였고 건물의 성격을 나타내는 무늬나 특정한 표현 의도를 나타내는 무늬도 사용되었어요. 단청의 색깔은 적색, 청색, 황색, 백색, 흑색의 다섯 가지를 기본으로 색을 섞어 쓰는 등 다양한 색이 사용되었어요.

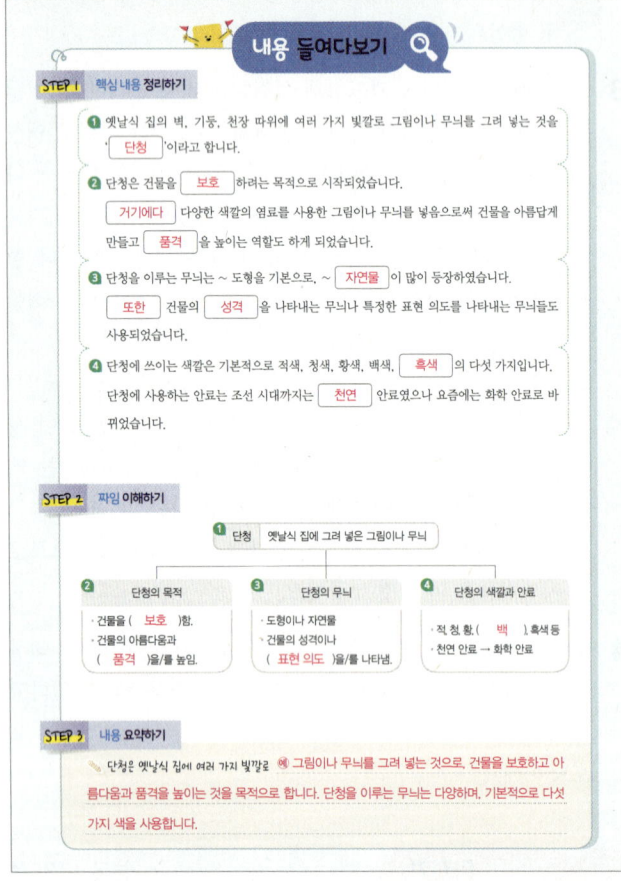

내용 들여다보기

STEP 1 핵심 내용 정리하기

1 옛날식 집의 벽, 기둥, 천장 따위에 여러 가지 빛깔로 그림이나 무늬를 그려 넣는 것을 ' 단청 '이라고 합니다.

2 단청은 건물을 보호 하려는 목적으로 시작되었습니다.
거기에다 다양한 색깔의 염료를 사용한 그림이나 무늬를 넣음으로써 건물을 아름답게 만들고 품격 을 높이는 역할도 하게 되었습니다.

3 단청을 이루는 무늬는 ~ 도형을 기본으로, ~ 자연물 이 많이 등장하였습니다. 또한 건물의 성격 을 나타내는 무늬나 특정한 표현 의도를 나타내는 무늬들도 사용되었습니다.

4 단청에 쓰이는 색깔은 기본적으로 적색, 청색, 황색, 백색, 흑색 의 다섯 가지입니다. 단청에 사용하는 안료는 조선 시대까지는 천연 안료였으나 요즘에는 화학 안료로 바뀌었습니다.

STEP 2 파일 이해하기

1 단청 옛날식 집에 그려 넣은 그림이나 무늬

2 단청의 목적
· 건물을 (보호)함.
· 건물의 아름다움과 (품격)을/를 높임.

3 단청의 무늬
· 도형이나 자연물
· 건물의 성격이나 (표현 의도)을/를 나타냄.

4 단청의 색깔과 안료
· 적, 청, 황, (백), 흑색 등
· 천연 안료 → 화학 안료

STEP 3 내용 요약하기

단청은 옛날식 집에 여러 가지 빛깔로 예 그림이나 무늬를 그려 넣는 것으로, 건물을 보호하고 아름다움과 품격을 높이는 것을 목적으로 합니다. 단청을 이루는 무늬는 다양하며, 기본적으로 다섯 가지 색을 사용합니다.

문제로 확인하기 본문 · 138쪽

1 ⑤   2 ④   3 단청, 손상   4 ㉠, ㉢, ㉣

1 1문단에서는 단청이 옛날식 집의 벽, 기둥, 천장 따위에 여러 가지 빛깔로 그림이나 무늬를 그려 넣는 것이라고 했어요(①). 2문단에서는 단청이 건물을 보호하려는 목적으로 시작되었는데, 건물을 아름답게 만들고 품격을 높이는 역할도 하게 되었다고 했어요(②). 3문단에서는 단청에 사용되는 무늬를 설명했어요(③). 4문단에서는 단청의 색깔을 설명했어요(④). 하지만 단청을 만든 사람들에 대해서는 말하지 않았어요.

2 4문단에서 단청의 색깔은 기본적으로 적색, 청색, 황색, 백색, 흑색 등 다섯 가지인데, 이것을 섞어 다른 색을 만들어 쓰기도 했다고 했어요. 그러므로 '옛날 단청에는 다섯 가지 색깔만 사용되었다.'는 이 글의 내용과 달라요.

오답 풀이

① 3문단에서 단청의 무늬가 다양하다는 점을 말하고 있어요.
② 3문단에서 봉황 무늬는 주로 임금이 사는 궁궐에만 사용되었다고 했어요.
③ 1문단에서 단청은 주로 목조 건물을 장식했지만, 돌로 지은 석조 건물이나 공예품, 조각상 등에도 사용되었다고 했어요.
⑤ 2문단에서 단청 중에는 좋지 않은 기운을 몰아내기 위한 목적으로 그려진 것도 있다고 했어요.

3 2문단에서는 단청은 건물을 보호하려는 목적으로 시작되었다고 했어요. 단청을 그려 비바람이나 햇빛, 해충로 인한 손상을 방지하고 습기를 막아 건물이 오랫동안 보존되도록 한 것이라고 했어요. 따라서 단청이 없었다면 건물이 쉽게 손상되었을 것이라는 점을 짐작할 수 있어요.

4 보기 에 제시된 사진을 살펴보면, 건물 지붕과 기둥에 단청이 사용되었다는 것을 알 수 있어요(㉠). 지붕과 기둥 여러 군데에 다양한 무늬가 들어가 있고(㉢), 초록색과 빨간색을 비롯한 여러 가지 색깔이 사용되었다는 것도 알 수 있어요(㉣).

오답 풀이

㉡ 천연 안료를 사용했는지는 사진만으로 알 수 없어요.
㉤ 단청을 그리는 것은 건물을 아름답게 장식하기도 하지만, 건물이 손상되지 않게 하는 실용적인 목적도 있어요.

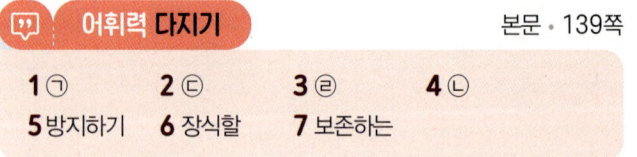

어휘력 다지기 본문 · 139쪽

1 ㉠   2 ㉢   3 ㉣   4 ㉡
5 방지하기   6 장식할   7 보존하는

낱말 더 보기

· **목조**: 건물의 주요 뼈대를 나무로 짜 맞추는 구조
예 부서진 목조 계단을 어제 보수하였다.

· **위엄**: 존경할 만한 위세가 있어 점잖고 엄숙한 태도나 기세
예 왕은 위엄이 있는 어조로 말하였다.

· **권위**: 남을 지휘하거나 통솔하여 따르게 하는 힘
예 전제 국가에서는 임금이 절대적인 권위를 가지고 있었다.

· **번창**: 번화하게 창성함.
예 다들 새로 개업한 가게에 번창을 기원해 주었다.

· **봉황**: 중국의 전설에 나오는, 상서로움을 상징하는 상상의 새
예 봉황을 수놓은 이불을 선물로 받았다.

Day 30 적정 기술을 알고 있나요?

글의 내용 이 글은 적정 기술의 뜻과 사례를 이야기하고 있어요. 적정 기술은 그 기술이 사용되는 사회의 조건을 고려하여 그 지역에서 지속적인 생산과 소비가 가능하도록 만들어진 기술이에요. 적정 기술의 사례로는 식수를 멀리 운반할 수 있는 큐-드럼, 음식을 오래 보관할 수 있는 팟인팟 쿨러, 빛으로 실내를 밝히는 리터 오브 라이트 등이 있어요. 적정 기술은 저개발국의 국민들에게 도움이 되면서도 환경 오염을 일으키지 않아서 대안 기술로 주목받고 있어요.

내용 들여다보기 🔍

STEP 1 핵심 내용 정리하기

❶ '적정 기술'은 어떤 기술이 사용되는 사회의 ~ **조건** 을 고려하여 ~ 지속적인 생산과 소비가 가능하도록 만들어진 기술입니다.
↳ 기술적 **기반** 이 부족한 저개발국의 현실에 맞으면서도 삶을 **윤택** 하게 만들어 줍니다.

❷ '큐-드럼'은 ~ **식수** 를 구하러 먼 곳까지 가야 하는 사람들에게 도움을 주기 위해 개발되었습니다.
↳ 끈을 끌어 물통을 굴리는 방식으로 ~ **힘** 과 이동 시간을 줄일 수 있습니다.

❸ '팟인팟 쿨러'는 식료품을 오래 보관할 수 있게 만든 일종의 **냉장고** 입니다.
↳ 모래 속의 물이 **증발** 하면서 작은 항아리 안의 열을 빼앗게 하는 원리입니다.

❹ '리터 오브 라이트'는 햇빛을 이용한 **조명** 기구입니다.
↳ 페트병들은 낮 시간 동안 햇빛을 **반사** 시켜 실내를 밝히게 됩니다.

❺ 적정 기술은 ~ 저개발국의 국민들에게 도움이 되면서도 환경을 오염시키지 않기 때문에 **대안** 기술로 주목받고 있습니다.

STEP 2 짜임 이해하기

적정 기술 사례

❶ 그 지역의 (**조건**)을/를 고려하여 만든 적정 기술

❷ 큐-드럼 식수를 멀리 운반할 수 있는 원통형 (**물통**)

❸ 팟인팟 쿨러 식료품을 오래 보관할 수 있는 (**냉장고**)

❹ 리터 오브 라이트 페트병을 지붕에 꽂아 실내를 밝히는 조명 기구

❺ 저개발국 국민들을 도우며 환경 오염 없는 적정 기술

STEP 3 내용 요약하기

✏️ 적정 기술은 그 사회의 조건을 (예 고려)하여 만들어진 기술로, 큐-드럼, 팟인팟 쿨러, 리터 오브 라이트와 같은 사례가 있습니다. 이는 저개발국의 국민들에게 도움이 되면서도 환경을 오염시키지 않기 때문에 대안 기술로 주목받고 있습니다.

과 소비가 가능하도록 만들어진 기술이라고 했어요. 하지만 적정 기술의 생산자와 소비자가 같은 사람이라는 점은 알 수 없으므로 ⑤는 이 글의 내용과 맞지 않아요.

오답 풀이

①, ② 5문단에서 적정 기술은 저개발국의 국민들에게 도움이 되면서도 환경을 오염시키지 않는 기술이라고 했어요.

③ 5문단에서 적정 기술은 저개발국에서도 쉽게 구할 수 있는 간단한 재료를 사용한다고 했어요.

④ 1문단에서 적정 기술은 기술적 기반이 부족한 저개발국의 현실에 맞으면서도 삶을 윤택하게 만들어 준다고 했어요.

3 3문단에서 '팟인팟 쿨러'는 식료품을 오래 보관할 수 있게 만든 일종의 냉장고라고 했어요. 이것은 큰 항아리 안에 작은 항아리를 넣고, 그 사이에 물을 적신 모래를 채워 넣어 만들어요. 4문단에서 '리터 오브 라이트'는 햇빛을 이용하는 조명 기구라고 했어요. 물과 세제를 넣은 투명한 페트병들을 지붕에 뚫은 여러 개의 구멍에 끼워 놓으면 햇빛을 반사시켜 실내를 밝히는 거예요. 이렇게 볼 때 두 가지 제품은 전기를 사용하지 않고도 기능을 한다는 공통점이 있어요.

4 보기 의 그림은 큐-드럼이에요. 끈을 연결한 물통에 식수를 담을 수 있는 제품이고(㉠), 어린아이처럼 힘이 약한 사람도 무거운 물통을 운반할 수 있게 만든 거예요(㉣).

오답 풀이

㉡ 큐-드럼은 물을 운반하는 이동 거리가 아니라 이동 시간을 줄이는 데 도움을 주는 물통이에요.

㉢ 큐-드럼은 물을 쉽게 운반하는 데 쓰이는 물통이지, 오래 보관하는 데 쓰인다고 볼 수 없어요.

📋 문제로 확인하기

1 ②   2 ⑤   3 냉장고, 조명 기구, 전기
4 ㉠, ㉣

1 1문단에서는 적정 기술을 어떤 기술이 사용되는 사회의 조건을 고려하여 그 지역에서 지속적인 생산과 소비가 가능하도록 만들어진 기술이라고 설명했어요. 그리고 2문단에서는 큐-드럼, 3문단에서는 팟인팟 쿨러, 4문단에서는 리터 오브 라이트라는 사례를 들어서 적정 기술을 설명했어요.

2 1문단에서 적정 기술은 그 기술이 사용되는 사회의 정치적·문화적·환경적 조건을 고려하여 그 지역에서 지속적인 생산

💬 어휘력 다지기

1 식수   2 조명   3 고려   4 반사
5 증발   6 적정   7 운반

🔍 낱말 더 보기

• **기반**: 기초가 되는 바탕. 또는 사물의 토대
예 시민 계급은 중산층의 경제적 기반 위에 이루어진 것이다.

• **윤택하다**: 살림이 풍부하다.
예 문명은 인간에게 윤택한 생활을 가져다주었다.

• **상온**: 가열하거나 냉각하지 않은 자연 그대로의 기온
예 이 음식은 상온에서 보관해야 한다.

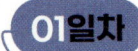

울릉도와 독도 지킴이, 안용복

 핵심 내용 이해

Q. 다음 글자 카드를 활용하여 이 글의 중심 생각을 완성해 보자!

| 도 | 독 | 복 | 본 | 안 | 용 | 일 |

✎ 안 용 복 은 조선 시대에 일 본 으로부터 울릉도와 독 도 를 지켜 낸 인물입니다.

새로 알게 된 사실

Q. 이 글을 읽고 새롭게 알게 된 내용을 적어 보자!

✎ 예 안용복이 두 차례나 일본으로 건너가 울릉도와 독도가 조선의 땅임을 주장하였다는 사실을 알게 되었다.

☆ 나의 생각 정리

Q. 다음 글을 읽고 독도를 지키기 위해 내가 할 수 있는 일을 적어 보자!

매년 10월 25일은 '독도의 날'이다. 10월 25일을 '독도의 날'로 정한 까닭은 1900년 10월 25일 고종이 대한 제국 칙령 제41호에 독도를 울릉도에 딸린 섬으로 기록한 것을 기념하기 위해서이다. 하지만 아직도 일본은 독도를 '다케시마'라고 이름 붙여 자기네 땅이라고 우기고 있다. 심지어 일본의 학생들이 배우는 교과서에도 버젓이 독도를 일본 땅이라고 기록하고 있다.

✎ '나'는 예 사실 '독도의 날'이라는 게 있는 줄 몰랐다. 나와 같은 친구들에게 '독도의 날'이 있다는 사실을 알려 주고, 독도 관련 행사가 있으면 적극적으로 참여할 것이다.

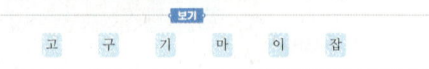 어휘력 확인

1~2 다음 뜻풀이를 참고하여 십자말풀이를 완성해 보세요.

1 ㉠ 기별을 보내어 알게 함.

2 ㉡ 법이나 규칙이나 명령 따위로 어떤 행위를 하지 못하도록 함.

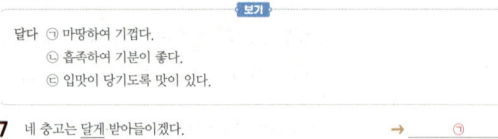

3~4 다음 문장에 어울리는 낱말을 괄호 안에서 골라 ○표 해 보세요.

3 저 멀리 노를 (젓는 / 젖는) 뱃사공이 보였다.

4 옷이 땀에 흠뻑 (젓도록 / 젖도록) 뛰어놀았구나!

5~6 다음 문장의 빈칸에 들어갈 낱말을 보기의 글자 카드를 짝지어 만들어 보세요.

보기
| 고 | 구 | 기 | 마 | 이 | 잡 |

5 마 구 잡 이 (으)로 나무를 베던 사람들이 벌을 받게 되었다.
이것저것 생각하지 않고 닥치는 대로 마구 하는 짓

6 금어기는 어류의 보호를 위하여 고 기 잡 이 을/를 하지 못하도록 하는 일정한 기간이다.
낚시나 그물 따위로 물고기를 잡음.

7~8 다음 밑줄 친 부분에 해당하는 뜻을 보기에서 찾아 기호를 써 보세요.

보기
달다 ㉠ 마땅하여 기껍다.
　　　㉡ 흡족하여 기분이 좋다.
　　　㉢ 입맛이 당기도록 맛이 있다.

7 네 충고는 달게 받아들이겠다. → ㉠

8 밥을 달게 먹고 잠을 푹 잤다. → ㉡

어린이 보호 구역에서는 천천히

핵심 내용 이해

Q. 다음 낱말 카드를 활용하여 어린이 보호 구역에서 지켜야 할 점을 정리해 보자!

| 과속 | 수칙 | 안전 | 운전 | 주정차 |

✎ 어린이 보호 구역에서는 예 안전 수칙을 지켜야 합니다.
✎ 어린이 보호 구역에서는 예 주정차를 해서는 안 됩니다.
✎ 어린이 보호 구역에서는 예 과속 운전을 해서는 안 됩니다.

새로 알게 된 사실

Q. 이 글을 읽고 새롭게 알게 된 내용을 적어 보자!

✎ 예 어린이의 안전을 위해 나라에서 '어린이 보호 구역'을 정해 놓았다는 사실을 알게 되었다.

☆ 나의 생각 정리

Q. 다음 글을 읽고 빈칸의 순서에서 나는 어떻게 행동할지 써 보자!

<안전하게 횡단보도 건너기>
첫째, 횡단보도 앞에서는 우선 멈춰 서요.
둘째, 파란 불이 켜져도 왼쪽, 오른쪽을 번갈아 살펴봐요.
셋째, 횡단보도 오른쪽에 서서 운전자를 보며 오른손을 들어요.
넷째, 횡단보도를 건너기 전에 차가 멈추었는지 확인해요.
다섯째, (　　　　　　　　)

✎ '나'는 예 오른손을 든 채 차들을 계속 살피며 안전하게 횡단보도를 건널 것이다.

어휘력 확인

1~2 다음 뜻에 알맞은 낱말을 글자의 첫소리를 참고하여 써 보세요.

1 행동이나 절차에 관하여 지켜야 할 사항을 정한 규칙 → ㅅ ㅊ : 수칙

2 주변이나 다른 사람들에게 알리기 위하여 글 따위를 써 놓은, 네모난 조각 → ㅍ ㅁ : 팻말

3~4 다음 밑줄 친 부분에 해당하는 뜻을 보기에서 찾아 기호를 써 보세요.

보기
㉠ 차를 탐.
㉡ 차가 멈춤.
㉢ 타고 있던 차에서 내림.
㉣ 차를 일정한 곳에 세워 둠.

3 주정차는 주차와 정차를 아울러 이르는 말이다. → ㉣

4 승하차는 승차와 하차를 아울러 이르는 말이다. → ㉢

5~7 다음 빈칸에 들어갈 낱말을 보기에서 골라 내용에 어울리게 써 보세요.

보기
가리다　새기다　줄이다

5 너무 시끄러우니 소리 좀 줄여 주세요.

6 이모는 자신의 이름을 새긴 책을 펴냈다.

7 구름이 햇볕을 가리니 그늘이 생겨 시원해졌다.

오름 이야기

 **핵심 내용 이해**

Q. 다음 낱말 카드를 활용하여 오름의 의미를 정리해 보자!

| 언덕 | 열 | 폭발 | 한라산 | 화산 |

📝 오름은 예 한라산의 화산이 폭발한 뒤에도 남아 있던 열 때문에 크고 작은 폭발이 다시 일어나면서 한라산 주변에 생겨난 자그마한 언덕들입니다.

✈️ **새로 알게 된 사실**

Q. 이 글을 읽고 새롭게 알게 된 내용을 적어 보자!

📝 예 '거문오름'이 우리나라 최초로 유네스코 세계 자연 유산에 등재되었다는 사실을 알게 되었다.

☆ **나의 생각 정리**

Q. 다음 글을 읽고 오름을 보호하기 위한 방안을 제시해 보자!

> 자연의 풍요로움을 즐기기 위해 제주를 찾는 사람이 많아지면서 오름을 찾는 탐방객의 수도 점점 늘어나고 있다. 제주 어디를 가도 만날 수 있는 오름은 자연과 역사, 제주도 사람들의 이야기가 담긴 곳이다. 하지만 일부 탐방객들의 분별없는 행위로 오름 환경은 날로 황폐해지고 있다. 정해진 산책로를 벗어나 사진을 찍는 사람들이 있는가 하면, 쓰레기 수거를 제대로 하지 않는 양심 없는 사람들도 있다.

📝 '나는 예 고훼손된 오름 생태계 보전을 위해 자연 휴식년제의 도입이 필요하다고 생각한다. 몸과 마음이 지친 사람들에게 휴식이 필요하듯이 훼손된 자연도 쉬는 시간이 필요하기 때문이다.

 **어휘력 확인**

1~3 다음 낱말의 알맞은 뜻을 찾아 선으로 이어 보세요.

1 터전 • • ㉠ 살림의 근거지가 되는 곳

2 훼손 • • ㉡ 헐거나 깨뜨려 못 쓰게 만듦.

3 진면목 • • ㉢ 본디부터 지니고 있는 그대로의 상태

4~5 다음 설명에 해당하는 낱말을 보기 에서 찾아 써 보세요.

| 보기 |
| 경이롭다   독특하다 |

4 특별하게 다름을 나타낼 때 쓰는 말이야. 다른 것과 비교할 수 없을 정도로 뛰어날 때도 이 말을 사용해. → 독특하다

5 어떤 일이 놀랍고 신기할 때 쓰는 말이야. 예를 들면 운동 경기에서 선수가 놀라운 성적으로 이전의 기록을 깨뜨릴 때 이 말을 사용하는 것을 볼 수 있어. → 경이롭다

6~8 다음 밑줄 친 말과 바꾸어 쓸 수 있는 낱말을 보기 에서 찾아 써 보세요.

| 보기 |
| 방목   예방   형태 |

6 병은 치료보다 미리 대처하여 막는 일이 더 중요하다. → 예방

7 삼촌은 대관령에서 양을 놓아기르는 일을 하고 있다. → 방목

8 생김새의 모양을 보니 조선 시대에 만들어진 것으로 추정된다. → 형태

개성 있는 멋 글씨를 만나다

 **핵심 내용 이해**

Q. 다음 낱말 카드를 활용하여 캘리그래피의 특징을 정리해 보자!

| 글씨체 | 생각 | 예술 | 창조 | 표현 |

📝 캘리그래피는 예 글이 지니고 있는 뜻을 살리면서 멋을 내어 새로운 글씨체를 창조하는 활동입니다.

📝 캘리그래피는 예 생각을 담은 글자를 틀에 얽매이지 않고 자유롭게 표현할 수 있는 예술입니다.

✈️ **새로 알게 된 사실**

Q. 이 글을 읽고 새롭게 알게 된 내용을 적어 보자!

📝 예 뜻을 지닌 이미지로 표현되는 캘리그래피가 오늘날 새로운 디자인 분야로 주목받고 있다는 사실을 알게 되었다.

☆ **나의 생각 정리**

Q. 다음 글을 읽고 내가 캘리그래피를 배우고 싶다면 그 까닭은 무엇인지 적어 보자!

> 난희는 책 읽기를 좋아하고 그림을 잘 그린다. 그런데 언제부터인지 자신이 그린 그림 속에 책에서 감동을 느낀 글귀를 넣어 보고 싶다는 생각이 들었다. 평소 글씨를 예쁘게 쓰지 못하는 난희는 무슨 좋은 방법이 없을까 궁리한 끝에 나만의 멋진 글씨체를 가질 수 있는 캘리그래피를 배워 보기로 하였다.

📝 '나는 예 평소 덜렁대는 성격 때문에 부모님께 꾸중을 듣곤 한다. 그런데 캘리그래피는 글씨를 쓰는 동안 마음을 가라앉히며 조용히 작업할 수 있는 장점이 있으므로, 캘리그래피를 배워 차분한 성격을 기르고 싶다.

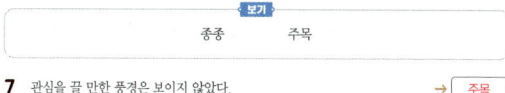 **어휘력 확인**

1~3 다음 빈칸에 알맞은 낱말을 보기 에서 찾아 써 보세요.

| 보기 |
| 개성   소통   호기심 |

1 네 그림은 개성 이 참 뚜렷해!

2 자꾸만 숨기려고 하니 호기심 이 더 생기는걸!

3 소통 이 잘 이루어진 덕분에 의견을 하나로 모을 수 있었습니다.

4~6 다음 뜻에 해당하는 낱말을 보기 에서 찾아 써 보세요.

| 보기 |
| 구현하다   얽매이다   적합하다 |

4 일이나 조건 따위에 꼭 알맞다. → 적합하다

5 마음대로 행동할 수 없도록 몹시 구속되다. → 얽매이다

6 어떤 내용을 구체적인 사실로 나타나게 하다. → 구현하다

7~8 다음 밑줄 친 말과 바꾸어 쓸 수 있는 낱말을 보기 에서 찾아 써 보세요.

| 보기 |
| 종종   주목 |

7 관심을 끌 만한 풍경은 보이지 않았다. → 주목

8 이곳에 오면 가끔 어린 시절의 추억이 떠오르곤 한다. → 종종

외래어 같은 순우리말

핵심 내용 이해

Q. 다음 낱말 카드를 활용하여 이 글의 중심 생각을 정리해 보자!

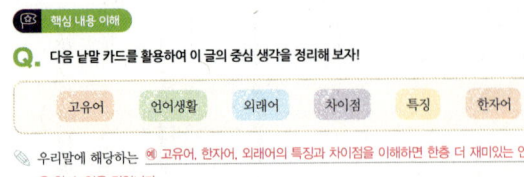

| 고유어 | 언어생활 | 외래어 | 차이점 | 특징 | 한자어 |

✎ 우리말에 해당하는 `예` 고유어, 한자어, 외래어의 특징과 차이점을 이해하면 한층 더 재미있는 언어생활을 할 수 있을 것입니다.

새로 알게 된 사실

Q. 이 글을 읽고 새롭게 알게 된 내용을 적어 보자!

✎ `예` '멜빵'과 '헹가래'는 고유어(순우리말)이고, '양말'은 한자어, '시소'는 외래어라는 사실을 알게 되었다.

나의 생각 정리

Q. 다음 글을 읽고 '에누리'라는 말에 대해 어떻게 생각하는지 적어 보자!

> 시장에서 물건을 파는 상인과 물건을 사는 손님 사이의 대화에서 흔히 들을 수 있는 말이 '에누리'이다. 상인의 입장에서 "에누리가 없다."라는 말은 물건 값을 받을 값보다 더 많이 부르지 않는다는 점을 강조한 것이고, 물건을 사는 사람의 입장에서 "에누리 좀 해 주세요."라는 말은 물건 값을 깎아 달라는 것이다. 이처럼 '에누리'는 '값을 올리는 일' 또는 '값을 깎는 일'의 뜻을 지닌 순우리말이다. 그런데 의외로 '에누리'가 일본에서 건너온 외래어라고 생각하는 사람들이 많다.

✎ '나는 `예` '에누리'라는 단어가 일본어처럼 느껴졌는데 순우리말이라는 것에 놀랐다. 또 '에누리'가 '값을 올리는 일'과 '값을 깎는 일'의 반대되는 뜻을 모두 가지고 있다는 사실이 신기하게 느껴졌다.

어휘력 확인

1~2 다음 뜻풀이를 참고하여 십자말풀이를 완성해 보세요.

1 ㉠ 유럽과 남북아메리카의 여러 나라를 통틀어 이르는 말

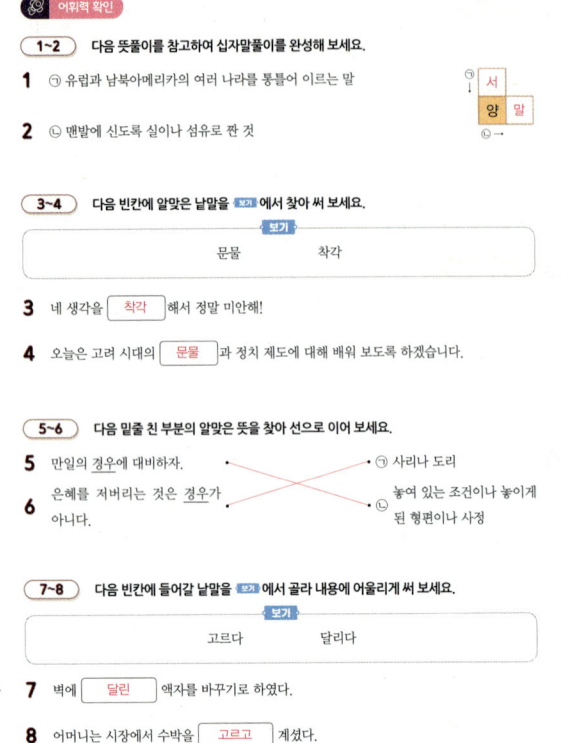

	㉠	서
	양	말
	㉡→	

2 ㉡ 맨발에 신도록 실이나 섬유로 짠 것

3~4 다음 빈칸에 알맞은 낱말을 `보기`에서 찾아 써 보세요.

> **보기**
> 문물   착각

3 네 생각을 [착각] 해서 정말 미안해!

4 오늘은 고려 시대의 [문물] 과 정치 제도에 대해 배워 보도록 하겠습니다.

5~6 다음 밑줄 친 부분의 알맞은 뜻을 찾아 선으로 이어 보세요.

5 만일의 <u>경우</u>에 대비하자. • • ㉠ 사리나 도리

6 은혜를 저버리는 것은 <u>경우</u>가 아니다. • • ㉡ 놓여 있는 조건이나 놓이게 된 형편이나 사정

7~8 다음 빈칸에 들어갈 낱말을 `보기`에서 골라 내용에 어울리게 써 보세요.

> **보기**
> 고르다   달리다

7 벽에 [달린] 액자를 바꾸기로 하였다.

8 어머니는 시장에서 수박을 [고르고] 계셨다.

나부터 실천하는 지하철 예절

핵심 내용 이해

Q. 다음 낱말 카드를 활용하여 지하철에서 지켜야 할 점을 정리해 보자!

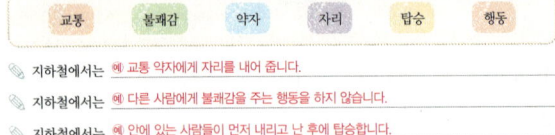

| 교통 | 불쾌감 | 약자 | 자리 | 탑승 | 행동 |

✎ 지하철에서는 `예` 교통 약자에게 자리를 내어 줍니다.

✎ 지하철에서는 `예` 다른 사람에게 불쾌감을 주는 행동을 하지 않습니다.

✎ 지하철에서는 `예` 안에 있는 사람들이 먼저 내리고 난 후에 탑승합니다.

새로 알게 된 사실

Q. 이 글을 읽고 새롭게 알게 된 내용을 적어 보자!

✎ `예` 지하철 안에 노약자석과 임산부석이 따로 있다는 사실을 알게 되었다.

나의 생각 정리

Q. 다음 글을 읽고 지하철 안에서 물건을 파는 것에 대해 어떻게 생각하는지 적어 보자!

> 종국이는 고궁에 가기 위해 친구들과 지하철을 탔다. 그런데 조용하던 지하철 안에서 누군가 큰 소리로 떠드는 소리가 들려 고개를 돌리니 한 아저씨가 물건을 팔기 위해 상품 설명을 하고 있었다. 물건은 질이 좋아 보였고, 가격도 비싸지 않았다. 몇몇 사람들이 아저씨에게 물건을 사기도 했다. 지하철 안에서 물건을 사고팔아도 되는지 궁금해진 종국이는 스마트폰으로 관련 정보를 찾아보았고, 철도안전법 제47조에 따라 지하철 이동 상인의 상행위가 법적으로 금지되어 있음을 확인할 수 있었다.

✎ '나는 `예` 지하철 안에서는 물건을 팔아서도 안 되고, 물건을 판다고 해도 사서는 안 된다고 생각한다. 왜냐하면 지하철 안에서 물건을 파는 행위는 법에 어긋나기 때문이다.

어휘력 확인

1~2 다음 빈칸에 알맞은 낱말을 `보기`에서 찾아 써 보세요.

> **보기**
> 예절   의무

1 그는 아버지로서 자식에게 맡은 바 [의무] 을/를 다했다.

2 다른 사람들과 함께 식사를 할 때는 [예절] 을/를 지켜야 한다.

3~4 다음 문장에 어울리는 낱말을 괄호 안에서 골라 ○표 해 보세요.

3 신발 끈을 단단히 (메도록 /(매도록)) 해라.

4 우리는 잠시 휴식을 취한 다음 배낭을 ((메고)/ 매고) 다시 걸었다.

5~6 다음 밑줄 친 낱말의 알맞은 뜻을 찾아 선으로 이어 보세요.

5 <u>자칫</u> 잘못하면 지각하겠다. • • ㉠ 어쩌다가 띄엄띄엄

6 너도 <u>간혹</u> 실수할 때가 있구나! • • ㉡ 어쩌다가 조금 어긋남을 나타낼 때 쓰는 말

7~8 다음 밑줄 친 말과 바꾸어 쓸 수 있는 낱말을 `보기`에서 찾아 내용에 어울리게 써 보세요.

> **보기**
> 자제하다   흐트러지다

7 나는 너무 화가 나서 흥분을 스스로 <u>억제할</u> 수가 없었다. → [자제할]

8 자, 지금부터 혼란스럽고 무질서한 분위기를 바꾸어 보도록 합시다. → [흐트러진]

오늘은 어린이날, 우리들 세상

🧠 핵심 내용 이해

Q. 다음 글자 카드를 활용하여 이 글의 중심 생각을 완성해 보자!

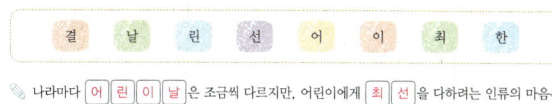

✎ 나라마다 어린이날은 조금씩 다르지만, 어린이에게 최선을 다하려는 인류의 마음은 한결같습니다.

🚀 새로 알게 된 사실

Q. 이 글을 읽고 새롭게 알게 된 내용을 적어 보자!

✎ 예) 국제 연합이 정한 '세계 어린이날'이 있다는 것과, 그날이 매년 11월 20일이라는 사실을 알게 되었다.

⭐ 나의 생각 정리

Q. 다음은 방정환 선생님이 어린이날을 만들면서 어린이들에게 당부한 내용이다. 어린이로서 어떻게 행동해야 하는지 적어 보자!

- 돋는 해와 지는 해를 반드시 보기로 합시다.
- 어른들에게는 물론이고 여러분끼리도 서로 존대하기로 합시다.
- 뒷간이나 담벽에 글씨를 쓰거나 그림 같은 것을 그리지 말기로 합시다.
- 꽃이나 풀을 꺾지 말고, 동물을 사랑하기로 합시다.
- 전차나 기차에서는 어른들에게 자리를 사양하기로 합시다.
- 입을 꼭 다물고 몸을 바르게 가지기로 합시다.

✎ 예) 어린이로서 규칙적인 생활을 하며, 친구들과 서로 존중하고 사이 좋게 지내고, 몸가짐과 마음가짐을 바르게 해야 한다.

🎯 어휘력 확인

1~2 다음 뜻풀이를 참고하여 십자말풀이를 완성해 보세요.

1 ㉠ 바라는 일이 이루어지기를 빎.

2 ㉡ 어떤 뜻깊은 일이나 훌륭한 인물 등을 오래도록 잊지 아니하고 마음에 간직함.

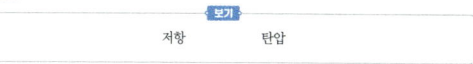
㉡→
기 녕
원

3~4 다음 빈칸에 알맞은 낱말을 보기 에서 찾아 써 보세요.

보기
저항   탄압

3 일제의 강력한 [탄압] 속에서도 독립을 향한 투사들의 마음은 들끓었다.

4 기습을 노렸던 적군은 아군의 완강한 [저항]에 공격을 단념하고 물러갔다.

5~6 다음 문장에 어울리는 낱말을 괄호 안에서 골라 ○표 해 보세요.

5 공원에 붉은빛을 (띤 / 핀) 장미가 활짝 피었다.

6 그 집은 빨간 지붕이 눈에 (띠는 / 띄는) 집이다.

7~8 다음 밑줄 친 말과 바꾸어 쓸 수 있는 낱말을 보기 에서 찾아 내용에 어울리게 써 보세요.

보기
거듭되다   한결같다

7 나는 너의 변함없는 마음가짐이 참 좋다. → [한결같은]

8 실수가 되풀이되자 나영이는 자신감이 떨어졌다. → [거듭되자]

마스크의 유래

🧠 핵심 내용 이해

Q. 다음 낱말 카드를 활용하여 이 글의 특징을 완성해 보자!

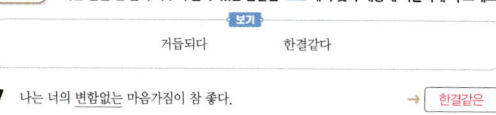
글   마스크   설명   유래

✎ 이 글은 (마스크)의 (유래)에 대해서 알기 쉽게 풀어 쓴 (설명)하는 (글)입니다.

🚀 새로 알게 된 사실

Q. 이 글을 읽고 새롭게 알게 된 내용을 적어 보자!

✎ 예) 파스퇴르의 연구 결과 덕분에 마스크가 방역의 용도로 등장하게 되었다는 사실을 알게 되었다.

⭐ 나의 생각 정리

Q. 다음 글을 읽고 나는 마스크를 어떻게 사용하고 있는지 써 보자!

올바른 마스크 사용 방법
① 마스크를 착용하기 전에는 우선 흐르는 물에 비누로 손을 꼼꼼하게 씻는다.
② 마스크로 코와 입을 완전히 가린 후, 얼굴과 마스크 사이에 틈이 없도록 한다.
③ 마스크를 이중으로 착용하거나 휴지 등을 넣어서 착용하지 않는다.
④ 마스크를 사용하는 동안에는 마스크를 만지지 않는다.

✎ '나'는 예) 마스크를 벗을 때 끈만 잡고 벗는다. 그런 다음, 흐르는 물에 비누로 30초 이상 손을 씻는다.

🎯 어휘력 확인

1~3 다음 뜻에 알맞은 낱말을 글자의 첫소리를 참고하여 써 보세요.

1 흩어져 널리 퍼짐. → ㅎ ㅅ : [확산]

2 나쁜 점을 보완하여 더 좋게 고침. → ㄱ ㄹ : [개량]

3 어떤 일이 일어나거나 변화하도록 만드는 결정적인 원인이나 기회 → ㄱ ㄱ : [계기]

4~5 다음 밑줄 친 말과 뜻이 반대되는 낱말에 ○표 해 보세요.

4 대한민국은 짧은 기간에 눈부신 발전을 이루었다. (발달 / 퇴보)

5 우리 팀은 계속적인 공격 끝에 결국 한 점을 얻었다. (공수 / 수비)

6~8 다음 밑줄 친 부분에 해당하는 뜻을 보기 에서 찾아 기호를 써 보세요.

보기
가리다 ㉠ 낯선 사람을 대하기 싫어하다.
㉡ 보이거나 통하지 못하도록 막다.
㉢ 여럿 가운데서 하나를 구별하여 고르다.
㉣ 잘잘못이나 좋은 것과 나쁜 것 따위를 따져서 분간하다.

6 갑자기 눈물이 시야를 가렸다. → ㉡

7 나는 낯을 가리는 편이 아니다. → ㉠

8 이 글에서 잘못된 문장을 가려서 바르게 고치시오. → ㉣

전통 음식을 찾아서 – 비빔밥

🔍 핵심 내용 이해

Q. 다음 낱말 카드를 활용하여 비빔밥이 유래되었다고 하는 세 가지 설을 정리해 보자!

| 노동력 | 마지막 | 시간 | 제사 | 풍습 | 후손 |

✎ 비빔밥은 **제사**를 지낸 후 **후손**들이 밥을 비벼서 나누어 먹은 데서 비롯되었습니다.

✎ 비빔밥은 **한 해의 마지막** 날 밤에 남은 밥과 반찬을 비벼 먹던 **풍습**에서 비롯되었습니다.

✎ 비빔밥은 **들**에서 일을 할 때 **시간**과 **노동력**을 아끼기 위해 음식 재료를 밥에 비벼 먹은 데서 비롯되었습니다.

✏️ 새로 알게 된 사실

Q. 이 글을 읽고 새롭게 알게 된 내용을 적어 보자!

✎ **비빔밥이 비행기 안에서 제공되는 음식이라는 사실을 알게 되었다.**

⭐ 나의 생각 정리

Q. 다음 글을 읽고 만약 내가 요리사라면 우리나라의 음식 중 어떤 음식을 세계에 알리고 싶은지 써 보자!

> 민영이의 장래 희망은 우리나라 음식을 세계에 알리는 멋진 요리사가 되는 거예요. 민영이는 꿈을 이루기 위해서 틈나는 대로 음식에 관한 책을 읽어요. 책을 읽은 다음에는 어머니의 도움을 받아 공부한 음식을 만들곤 해요. 민영이는 많은 사람들 앞에서 음식을 만드는 미래의 자신을 상상할 때가 가장 행복해요.

✎ '나'는 **우리나라 된장을 이용한 쌈밥 도시락을 개발하여 세계에 알리고 싶다. 우리나라 전통의 장 문화와 쌈 문화를 동시에 알릴 수 있는 좋은 음식이 될 것이다.**

📖 어휘력 확인

1~3 다음 낱말의 알맞은 뜻을 찾아 선으로 이어 보세요.

1. 균형 •   • ㉠ 사물이나 일이 생겨남.
2. 보충 •   • ㉡ 부족한 것을 보태어 채움.
3. 유래 •   • ㉢ 어느 한쪽으로 기울거나 치우치지 아니하고 고른 상태

4~6 다음 문장의 빈칸에 들어갈 낱말을 **보기**의 글자 카드를 짝지어 만들어 보세요.

보기

| 간 | 들 | 뜸 |

4. 하루 종일 산과 **들** 로 뛰어다니며 놀았다.
    평평하고 넓게 트인 땅

5. 음식의 **간** 이 잘 맞는지 확인 좀 해 주세요.
    음식물의 짠 정도

6. 압력 밥솥으로 밥을 지을 때는 5분 정도 **뜸** 을 들이면 된다.
    음식을 찌거나 삶아 익힐 때에, 흠씬 열을 가한 뒤 한동안 뚜껑을 열지 않고 그대로 두어 속속들이 잘 익도록 하는 일

7~8 다음 문장에 어울리는 낱말을 괄호 안에서 골라 ○표 해 보세요.

7. 짜장면을 (⟨비비는⟩ / 무치는) 솜씨가 제법인걸!

8. 어머니께서는 고기에 (⟨곁들여⟩ / 아울러) 먹을 수 있는 채소를 준비하였다.

내 생각을 펼쳐요

🔍 핵심 내용 이해

Q. 다음 글자 카드를 활용하여 이 글의 토론 주제를 완성해 보자!

| 금 | 동 | 려 | 물 | 반 | 입 | 지 | 출 |

✎ 공원 내 **반** **려** **동** **물** 의 **출** **입** 을 **금** **지** 해야 하는가?

✏️ 새로 알게 된 사실

Q. 이 글을 읽고 새롭게 알게 된 내용을 적어 보자!

✎ **토론이 어떤 주제에 대하여 찬성과 반대 의견을 가진 사람들이 서로를 설득하는 말하기라는 사실을 알게 되었다.**

⭐ 나의 생각 정리

Q. 다음 글을 읽고 토론과 토의의 차이점을 무엇이라고 생각하는지 써 보자!

> 토론과 토의는 둘 다 주어진 문제에 대한 해결 방법을 찾기 위하여 여러 사람이 각자의 의견을 말하는 활동이다. 즉, 의사소통을 바탕으로 하는 말하기 활동이다. 그래서 많은 사람들이 토론과 토의는 비슷한 것이라고 생각하는 경우가 많다. 토론과 토의는 의사소통이 중심이 되어 펼쳐 나간다는 공통점을 지니고 있지만, 차이점도 있다.

✎ **토론은 찬성과 반대 의견으로 나뉘어 상대방을 설득하는 데 목적이 있는 대립의 말하기이고, 토의는 문제 해결을 위해 다양한 의견을 모아 해결 방법을 찾는 협동의 말하기이다.**

📖 어휘력 확인

1~3 다음 뜻에 알맞은 낱말을 글자의 첫소리를 참고하여 써 보세요.

1. 형벌에 처함. → ㅊ ㅂ : **처벌**

2. 자극에 대응하여 어떤 현상이 일어남. → ㅂ ㅇ : **반응**

3. 여러 사람이 다 같이 지키기로 작정한 법칙 → ㄱ ㅊ : **규칙**

4~5 다음 밑줄 친 말과 바꾸어 쓸 수 있는 낱말을 **보기**에서 찾아 써 보세요.

보기

| 발언 | 이유 |

4. 무슨 까닭으로 이곳에 오셨습니까? → **이유**

5. 무책임한 말을 꺼내어 의견을 나타낸 것에 대하여 사과합니다. → **발언**

6~8 다음 빈칸에 들어갈 낱말을 **보기**에서 골라 내용에 어울리게 써 보세요.

보기

| 무시하다 | 부당하다 | 팽팽하다 |

6. 사람을 그렇게 **무시하면** 못쓴다.

7. 고객님의 **부당한** 요구는 거부하겠습니다.

8. 오늘 경기는 **팽팽한** 접전이 될 것으로 예상된다.

4월에 울려 퍼진 민중의 함성

핵심 내용 이해

Q. 다음 낱말 카드를 활용하여 대한민국 헌법에 깃들어 있는 4 · 19 혁명의 정신을 완성해 보자!

| 국가 | 국민 | 권력 | 주권 |

✎ (**국가**)의 (**주권**)은 (**국민**)에게 있고 모든
(**권력**)은 (**국민**)으로부터 나온다.

새로 알게 된 사실

Q. 이 글을 읽고 새롭게 알게 된 내용을 적어 보자!

✎ 예 4 · 19 혁명이 국민 스스로가 부패한 권력을 몰아내고 자유와 민주주의를 얻어 낸 최초의 민주 혁명이
라는 사실을 알게 되었다.

나의 생각 정리

Q. 다음은 6월 민주 항쟁에 관한 글이다. 이 글을 읽고 6월 민주 항쟁의 의의가 무엇이라고 생각하는지
써 보자!

> 1987년 1월, 민주화 운동에 참여했던 대학생 박종철 군이 경찰에 강제로 잡혀가 조사를 받던 중 경
> 찰의 고문에 의해 사망하였다. 이에 국민들은 고문 금지와 책임자 처벌, 직선제를 포함한 헌법 개정
> 을 요구하며 시위를 하였지만, 정권은 요구를 받아들이지 않았다. 이후 시위가 계속 이어지는 과정에
> 서 대학생 이한열 군이 1987년 6월 최루탄에 피격당하자, 독재 반대 시위가 전국적으로 퍼져 나가게
> 되었다. 국민들의 거센 저항을 두려워한 여당 대표는 마침내 직선제를 포함한 민주화 요구를 받아들
> 이겠다는 6 · 29 민주화 선언을 하였다.

✎ '나'는 예 6월 민주 항쟁을 통해 국민이 보다 적극적으로 정치에 참여하게 되었으며, 우리 사회 여러 분
야에서 민주적인 제도를 만들고 실천해 나갈 수 있는 발판을 마련했다고 생각한다.

어휘력 확인

1~2 다음 뜻풀이를 참고하여 십자말풀이를 완성해 보세요.

1 ㉠ 백성의 마음

2 ㉡ 국가나 사회를 구성하는 일반 국민

3~5 다음 빈칸에 알맞은 낱말을 **보기**에서 찾아 써 보세요.

| 보기 |
| 부정 위협 항의 |

3 시험의 난이도에 대한 **항의** 이/가 빗발쳤다.

4 핵무기는 인류의 안전에 큰 **위협** 이/가 된다.

5 교육부에서는 수능 시험에서의 **부정** 행위를 방지하기 위해 여러 대책을 세우고 있다.

6~8 다음 문장에 어울리는 낱말을 괄호 안에서 골라 ○표 해 보세요.

6 수업을 (⊙마치면/ 맞추면 / 맞히면) 교실 청소를 해야 한다.

7 화분에 눈을 (마치지 / 맞추지 /⊙맞히지) 말고 안으로 들여놓아라.

8 시험이 끝나자마자 나는 주희와 답을 (마치어 /⊙맞추어/ 맞히어) 보았다.

새 학기 증후군에 대처하는 자세

핵심 내용 이해

Q. 다음 글자 카드를 활용하여 새 학기 증후군의 의미를 완성해 보자!

| 정 | 과 | 응 | 적 | 정 | 환 |

✎ 새 학기 증후군이란 아이들이 새 학기가 되어 새로운 **환 경** 에 **적 응** 하는 **과 정** 에서 스
트레스를 느끼는 현상입니다.

새로 알게 된 사실

Q. 이 글을 읽고 새롭게 알게 된 내용을 적어 보자!

✎ 예 새 학기 증후군은 긍정적인 마음을 통해 극복할 수 있다는 사실을 알게 되었다.

나의 생각 정리

Q. 다음 체크리스트에서 나에게 해당하는 내용에 ∨ 표시한 후, 만약 새 학기 증후군을 겪는다면 어떻게
극복할 것인지 써 보자!

새 학기 증후군 체크리스트

□ 짜증과 화를 자주 낸다.	□ 학교 이야기를 꺼려한다.
□ 아침에 잘 일어나지 못한다.	□ 식사량이 눈에 띄게 줄었다.
□ 하교 후 평소보다 피곤해한다.	□ 일어나지 않은 일에 대해 불안해한다.
□ 등교 전 두통이나 복통을 호소한다.	□ 학교에 가고 싶지 않다고 자주 말한다.

✎ '나'는 예 생활 계획표를 짜서 규칙적인 생활을 해 나갈 것이다. 생활 리듬을 찾게 되면 학교생활에 빨리
적응할 수 있다고 생각한다.

어휘력 확인

1~3 다음 뜻에 해당하는 낱말을 **보기**에서 찾아 써 보세요.

| 보기 |
| 가장 새 특히 |

1 보통과 다르게 → **특히**

2 여럿 가운데 어느 것보다 정도가 높거나 세게 → **가장**

3 이미 있던 것이 아니라 처음 마련하거나 다시 생겨난 → **새**

4~6 다음 빈칸에 알맞은 낱말을 **보기**에서 찾아 써 보세요.

| 보기 |
| 극복 역할 조성 |

4 그는 회사에서 중요한 **역할** 을 하고 있다.

5 이 소설은 가족 간의 갈등을 **극복** 하는 과정을 보여 주고 있다.

6 조용하고 안정된 분위기를 **조성** 하는 것은 독서에 도움이 된다.

7~8 다음 밑줄 친 말과 바꾸어 쓸 수 있는 낱말을 **보기**에서 찾아 내용에 어울리게 써 보세요.

| 보기 |
| 산만하다 설레다 |

7 방 안에는 여기저기 어수선하게 책이 펼쳐져 있었다. → **산만하게**

8 나는 너무 반가워서 두근거리는 마음을 진정시킬 수 없었다. → **설레는**

전기 에너지로 차를 움직여요

핵심 내용 이해

Q. 다음 낱말 카드를 활용하여 전기 자동차와 내연 기관 자동차의 차이점을 완성해 보자!

| 가스 | 전기 | 화석 | 휘발유 |

✎ 전기 자동차는 (**전기**)의 힘으로 움직이고, 내연 기관 자동차는 (**화석**) 연료인 **휘발유**나 경유, (**가스**) 등의 힘으로 움직입니다.

새로 알게 된 사실

Q. 이 글을 읽고 새롭게 알게 된 내용을 적어 보자!

✎ 예 전기 자동차가 내연 기관 자동차보다 먼저 발명되었다는 사실을 알게 되었다.

나의 생각 정리

Q. 다음 글을 읽고, 만약 내가 자동차 발명가라면 어떤 자동차를 개발하고 싶은지 써 보자!

> 전기 자동차와 내연 기관 자동차에 앞서 발명된 것으로 증기 자동차가 있었다. 증기 자동차는 증기 기관을 동력으로 사용하는, 세계 최초의 자동차였다.
> 증기 자동차는 주행 안정성에서 경쟁력을 보였지만, 대기 오염 문제를 해결하지 못했고 무엇보다 차가 너무 무거웠다. 전기 자동차는 조용하고 깨끗하다는 장점이 있었지만, 장거리 주행이 힘들었다. 내연 기관 자동차도 여러 가지 단점을 지녔으며, 연료 가격이 내려가고 제1차 세계 대전으로 인해 장거리 운송에 대한 수요가 늘어나면서 점차 자동차의 표준으로 자리 잡았다.

✎ '나는 예 바람의 힘을 받아 배를 움직이는 '돛'의 원리를 적용하여 바람으로 움직이는 친환경 자동차를 만들고 싶다.

어휘력 확인

1~2 다음 뜻풀이를 참고하여 십자말풀이를 완성해 보세요.

1 ㉠ 흔들려 움직임.

2 ㉡ 사람이나 기계 따위가 움직여 일함.

		가㉠
		↓
진	동	
㉡→		

3~5 다음 문장의 빈칸에 들어갈 낱말을 보기의 글자 카드를 짝지어 만들어 보세요.

보기
| 비 | 소 | 음 | 주 | 중 | 행 |

3 그 선수가 우리 팀에서 차지하는 **비** **중** 은/는 매우 크다.
　　다른 것과 비교할 때 차지하는 중요도

4 이 차는 비록 중고차이지만 **주** **행** 에는 아무 문제가 없습니다.
　　주로 동력으로 움직이는 자동차나 열차 따위가 달림.

5 층간 **소** **음** (으)로 인한 이웃 간의 갈등이 사회문제로 떠올랐다.
　　불규칙하게 뒤섞여 불쾌하고 시끄러운 소리

6~8 다음 밑줄 친 부분에 해당하는 뜻을 보기에서 찾아 기호를 써 보세요.

보기
> 끌다 ㉠ 바닥에 댄 채로 잡아당기다.
> 　　　㉡ 바퀴 달린 것을 움직이게 하다.
> 　　　㉢ 남의 관심 따위를 쏠리게 하다.
> 　　　㉣ 목적하는 곳으로 바로 가도록 같이 가면서 따라오게 하다.

6 동생이 가지 않겠다면 제가 끌고 갈게요. → ㉣

7 손님을 끄는 이 가게만의 비결이라도 있습니까? → ㉢

8 오늘은 눈이 많이 내릴 예정이니 차를 끌고 나오지 마세요. → ㉡

그림에서 사람 사는 냄새가 나요

핵심 내용 이해

Q. 다음 글자 카드를 활용하여 이 글의 중심 생각을 완성해 보자!

| 탐 | 사 | 속 | 풍 | 화 |

✎ 김홍도와 신윤복의 **풍** **속** **화** 에는 조선 후기를 살아가는 다양한 **사** **람** 들이 보입니다.

새로 알게 된 사실

Q. 이 글을 읽고 새롭게 알게 된 내용을 적어 보자!

✎ 예 김홍도와 신윤복은 같은 시대의 화가이지만, 두 사람의 풍속화는 느낌이 전혀 다르다는 사실을 알게 되었다.

나의 생각 정리

Q. 내가 커서 학예 연구사가 된다면, 다음 신윤복의 그림을 어떻게 설명할 것인지 써 보자!

▲ 신윤복, 「단오풍정」　　＊출처: (그림) 한국저작권위원회

✎ '나는 예 먼저 신윤복이라는 인물에 대해 설명한 후, 이 작품은 단옷날 여인들이 몸을 씻고 그네를 타며 즐거운 시간을 보내는 모습을 그린 작품이라는 것을 말해 줄 것이다. 그리고 선과 색 등 그림의 특징을 신윤복의 화풍과 엮어 설명할 것이다.

어휘력 확인

1~2 다음 뜻풀이를 참고하여 십자말풀이를 완성해 보세요.

1 ㉠ 이름이 널리 알려져 있음.

2 ㉡ 특정한 행동 양식이나 사상 따위가 일시적으로 많은 사람의 추종을 받아서 널리 퍼짐.

	㉡→	
	유㉠	행
	명	

3~5 다음 문장에 어울리는 낱말을 괄호 안에서 골라 ○표 해 보세요.

3 네 생각과 내 생각은 서로 (**다른** / 틀린) 것 같다.

4 잠깐만! 후렴 부분의 음이 (**다르잖아** / 틀리잖아).

5 형제간이지만 생김새가 전혀 (**다르구나** / 틀리구나)!

6~8 다음 밑줄 친 말과 뜻이 반대되는 낱말을 보기에서 골라 써 보세요.

보기
| 거칠다 | 대담하다 | 화려하다 |

6 덩치에 비해 의외로 소심하구나! → **대담하다**

7 네 목소리는 항상 부드럽고 상냥해. → **거칠다**

8 초라한 옷차림만으로 사람을 판단해서는 안 된다. → **화려하다**

15일차

공부한 날   월   일

가는 말이 고와야 오는 말이 곱다

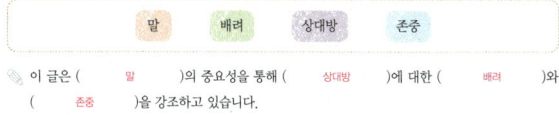

핵심 내용 이해

Q. 다음 낱말 카드를 활용하여 이 글의 특징을 완성해 보자!

| 말 | 배려 | 상대방 | 존중 |

✎ 이 글은 (**말**)의 중요성을 통해 (**상대방**)에 대한 (**배려**)와
(**존중**)을 강조하고 있습니다.

새로 알게 된 사실

Q. 이 글을 읽고 새롭게 알게 된 내용을 써 보자!

✎ 예) 말 한마디에 상대방이 나를 대하는 태도가 달라질 수 있다는 사실을 알게 되었다.

나의 생각 정리

Q. 다음 글을 읽고 느낀 점을 써 보자!

미국의 한 대기업 회장이 길거리에서 연필을 팔고 있는 걸인에게 1달러를 주고 연필을 받지 않은
채 가다가 무슨 생각인지 발걸음을 돌려 다시 걸인에게 다가갔다.
"방금 제가 1달러를 드렸는데 연필을 못 받았군요. 사장님, 연필을 주셔야죠."
걸인은 '사장님'이라는 호칭에 놀라 회장을 바라보았다.
"이제 당신은 더 이상 걸인이 아닙니다. 당신도 저와 같은 사업가인걸요."
'사장님'이라는 호칭을 듣고 자신을 달리 보게 된 걸인은 이후 열심히 노력한 끝에 사업가로 당당히
성공하고 회장을 만나 감사 인사를 전했다고 한다.

✎ '나'는 예) 대기업 회장의 말을 듣고 자신을 달리 보게 된 걸인의 마음가짐도 대단하다고 생각하지만, 말
한마디가 한 사람의 인생을 바꾸는 힘이 된 것이 더 대단하게 느껴졌다.

30 • 똑똑 초등 국어 문해력 워크북

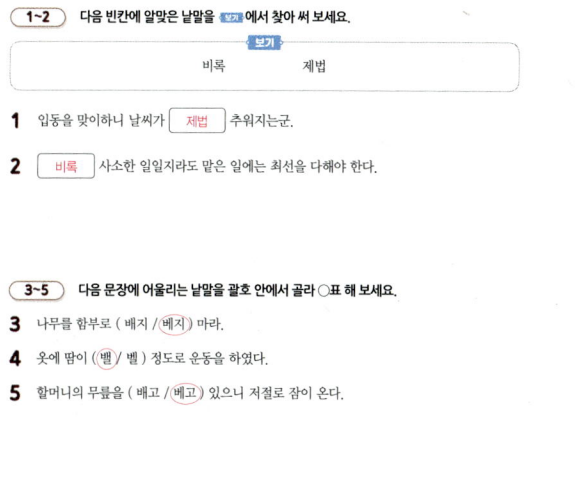

어휘력 확인

1~2 다음 빈칸에 알맞은 낱말을 보기 에서 찾아 써 보세요.

보기

| 비록 | 제법 |

1 입동을 맞이하니 날씨가 [제법] 추워지는군.

2 [비록] 사소한 일일지라도 맡은 일에는 최선을 다해야 한다.

3~5 다음 문장에 어울리는 낱말을 괄호 안에서 골라 ○표 해 보세요.

3 나무를 함부로 (배지 / (베지)) 마라.

4 옷에 땀이 ((밸) / 벨) 정도로 운동을 하였다.

5 할머니의 무릎을 (배고 / (베고)) 있으니 저절로 잠이 온다.

6~8 다음 뜻에 해당하는 낱말을 보기 에서 찾아 써 보세요.

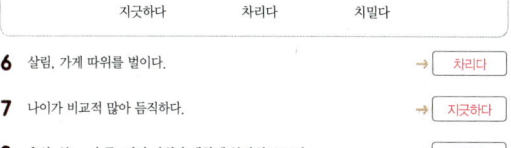

보기

| 지긋하다 | 차리다 | 치밀다 |

6 살림, 가게 따위를 벌이다.   → [차리다]

7 나이가 비교적 많아 듬직하다.   → [지긋하다]

8 욕심, 분노, 슬픔, 연기 따위가 세차게 복받쳐 오르다.   → [치밀다]

3단계 실력편 DAY 15 • 31

16일차

공부한 날   월   일

조선 시대의 공공 기관

핵심 내용 이해

Q. 다음 글자 카드를 활용하여 글쓴이가 이 글을 쓴 목적을 완성해 보자!

| 공 | 관 | 기 | 보 | 선 | 정 | 조 |

✎ 글쓴이는 독자에게 [조][선] 시대의 [공][공][기][관]에 대한 [정][보]를 전달하기 위한 목적
으로 글을 썼다.

새로 알게 된 사실

Q. 이 글을 읽고 새롭게 알게 된 내용을 적어 보자!

✎ 예) 조선 시대에도 포도청, 진휼청, 혜민서 같은 공공 기관들이 존재했었다는 사실을 알게 되었다.

나의 생각 정리

Q. 다음 글을 읽고 '금화군'과 오늘날의 '소방관'의 공통점과 차이점을 써 보자!

세종 대왕이 만든 '금화도감'

'금화도감(禁火都監)'은 1426년에 한양에 큰 화재가 일어난 뒤 세종 대왕의 명으로 설치한 기관입
니다. 불을 끄는 일을 하던 사람들을 금화군(禁火軍)이라고 하였는데, 이들은 군인이나 관청의 노비
로 구성된 비상 대기조였습니다.

✎ 예) '금화군'과 오늘날의 '소방관'은 하는 일은 비슷하지만, '소방관'은 스스로 선택한 직업인 데 비해 '금화
군'은 나라의 명령에 따라 일을 하는 사람들이라는 차이점이 있다.

32 • 똑똑 초등 국어 문해력 워크북

어휘력 확인

1~3 다음 낱말의 알맞은 뜻을 찾아 선으로 이어 보세요.

1 곡물 •   • ㉠ 국가의 사무를 집행하는 국가 기관

2 관청 •   • ㉡ 사람의 식량이 되는 쌀, 보리 따위를 통틀어 이르는 말

3 흉년 •   • ㉢ 농작물이 예년에 비하여 잘되지 아니하여 굶주리게 된 해

4~6 다음 밑줄 친 말과 바꾸어 쓸 수 있는 낱말을 보기 에서 찾아 내용에 어울리게 써 보세요.

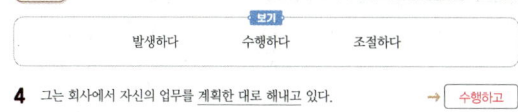

보기

| 발생하다 | 수행하다 | 조절하다 |

4 그는 회사에서 자신의 업무를 계획한 대로 해내고 있다.   → [수행하고]

5 나는 방송반에서 음향을 적당하게 맞추어 나가는 일을 맡고 있다.   → [조절하는]

6 공동 주택에서는 층간 소음이 생겨나지 않도록 항상 조심해야 한다.   → [발생하지]

7~8 다음 뜻풀이를 참고하여 십자말풀이를 완성해 보세요.

7 ㉠ 현실에 실제로 있음.

8 ㉡ 뜻밖에 일어난 재앙과 고난

㉠→		
존	재	↓
	난	

3단계 실력편 DAY 16 • 33

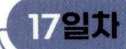 **17일차**

공부한 날 　월　　일

탄소 배출권을 사고팔아요

핵심 내용 이해

Q. 다음 낱말 카드를 활용하여 글쓴이가 이 글을 쓴 목적을 완성해 보자!

| 거래 | 배출권 | 정보 | 제도 | 탄소 |

🖋 글쓴이는 독자에게 (탄소 배출권 거래 제도)에 대한 (정보)를 전달하기 위한 목적으로 글을 썼다.

새로 알게 된 사실

Q. 이 글을 읽고 새롭게 알게 된 내용을 적어 보자!

🖋 **예** 지구 온난화 문제를 해결하기 위해 탄소 배출권 거래 제도가 전 세계적으로 실시되고 있다는 사실을 알게 되었다.

나의 생각 정리

Q. 다음 글을 읽고 탄소 배출에 대해 어떤 생각을 했는지 써 보자!

> 우리나라의 온실가스 배출량은 2018년 최고점을 찍었습니다. 이후 코로나바이러스감염증-19 사태로 인해 온실가스 배출량이 2년 연속 감소세를 보였는데, 2022년이 되면서 3년 만에 다시 증가세로 돌아섰습니다. 국제 사회에 제출한 '2030 국가 온실가스 감축 목표'의 달성을 위해서는 매해 배출량이 4% 이상 줄어들어야 하는데, 올해도 에너지 수요 확대로 인해 배출량이 증가될 것으로 보입니다.

🖋 '나'는 **예** 지구 온난화를 일으키는 이산화 탄소 배출을 줄이기 위해 우리나라 국민 모두가 노력해야 한다고 생각한다.

어휘력 확인

1~3 다음 뜻에 알맞은 낱말을 글자의 첫소리를 참고하여 써 보세요.

1 덜어서 줄임. → ㄱㅊ : 감축

2 정도나 경지가 점점 깊어짐. → ㅅㅎ : 심화

3 예상하지 못한 사태나 괴이한 변고 → ㅇㅂ : 이변

4~6 다음 빈칸에 알맞은 낱말을 보기 에서 찾아 써 보세요.

| **보기** |
| 거래　　　　권리　　　　배출 |

4 중고 물품의 온라인 거래 에는 주의가 필요하다.

5 음식물 쓰레기 배출 은/는 지정된 장소에만 해 주십시오.

6 우리나라에서는 만 18세부터 대통령 선거를 할 수 있는 권리 이/가 주어진다.

7~8 다음 문장에 어울리는 낱말을 괄호 안에서 골라 ○표 해 보세요.

7 환절기에는 아침과 저녁의 기온 차가 (가혹하다 / ⑯심하다).

8 우리 가족의 여권은 신청한 지 며칠 뒤에 (⑯발급되었다 / 발생되었다).

18일차

공부한 날 　월　　일

바나나가 사라진다면

핵심 내용 이해

Q. 다음 글자 카드를 활용하여 글쓴이가 이 글을 쓴 목적을 완성해 보자!

| 기 | 멸 | 보 | 위 | 정 | 종 |

🖋 글쓴이는 독자에게 바나나의 멸 종 위 기 에 대한 정 보 를 전달하기 위한 목적으로 글을 썼다.

새로 알게 된 사실

Q. 이 글을 읽고 새롭게 알게 된 내용을 적어 보자!

🖋 **예** 한 가지 종류의 바나나만 기르다 보니, 바나나가 멸종될 위기에 처하게 되었다는 사실을 알게 되었다.

나의 생각 정리

Q. 다음 글을 읽고 바나나의 생물 다양성에 대해 어떤 생각을 했는지 써 보자!

> **생물 다양성 보전 및 이용에 관한 법률**
>
> 이 법은 생물 다양성의 종합적·체계적인 보전과 생물 자원의 지속 가능한 이용을 도모하고 「생물 다양성 협약」의 이행에 관한 사항을 정함으로써 국민 생활을 향상시키고 국제 협력을 증진함을 목적으로 한다.

🖋 '나'는 **예** 다양한 종류의 바나나를 기르는 것처럼 생물 다양성을 지키는 것이 지속 가능한 세계를 만드는 길이라고 생각한다.

어휘력 확인

1~2 주어진 글자의 첫소리와 그 뜻에 알맞은 낱말을 빈칸에 넣어 문장을 완성해 보세요.

1 ㄱㅇ : 병원체인 미생물이 동물이나 식물의 몸 안에 들어가 증식하는 일
→ 사람 많은 곳에서는 질병 감염 에 주의해야 한다.

2 ㄴㅅ : 약물의 반복 복용에 의해 약효가 저하되는 현상
→ 항생제를 오래 사용하면 약에 내성 이/가 생길 수 있다.

3~5 다음 밑줄 친 말과 바꾸어 쓸 수 있는 낱말을 보기 에서 찾아 내용에 어울리게 써 보세요.

| **보기** |
| 재배하다　　　풍부하다　　　확산되다 |

3 그 나라는 넉넉하고 많은 자원을 보유하고 있다. → 풍부한

4 전국적으로 폭설로 인한 피해가 널리 퍼지고 있다. → 확산되고

5 그의 부모님은 마당에서 다양한 꽃을 심어 가꾸고 있다. → 재배하고

6~7 다음 뜻풀이를 참고하여 십자말풀이를 완성해 보세요.

6 ㉠ 생물의 한 종류가 아주 없어짐.

7 ㉡ 생물 분류학상, 종(種)의 하위 단위

| | 품㉡ |
| 멸㉠ | 종 |

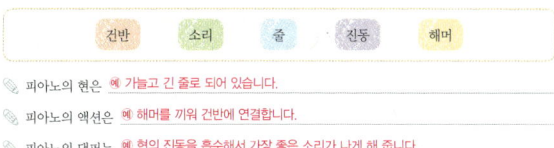

피아노가 현악기라고요?

핵심 내용 이해

Q. 다음 낱말 카드를 활용하여 피아노의 구조를 정리해 보자!

> 건반　소리　줄　진동　해머

✎ 피아노의 현은 **예** 가늘고 긴 줄로 되어 있습니다.

✎ 피아노의 액션은 **예** 해머를 끼워 건반에 연결합니다.

✎ 피아노의 댐퍼는 **예** 현의 진동을 흡수해서 가장 좋은 소리가 나게 해 줍니다.

새로 알게 된 사실

Q. 이 글을 읽고 새롭게 알게 된 내용을 적어 보자!

✎ **예** 피아노가 건반으로 현을 때리는 방식으로 소리를 내는 현악기라는 사실을 알게 되었다.

나의 생각 정리

Q. 다음 글을 읽고 피아노에 대해 어떤 생각을 했는지 써 보자!

> **현악기의 종류**
>
> 현악기에는 연주 방법에 따라 손가락이나 손톱 등으로 퉁겨서 소리를 내는 발현 악기, 활로 마찰시켜서 소리를 내는 찰현 악기, 채로 쳐서 소리를 내는 타현 악기 등 세 가지가 있다. 이 밖에 현악기에 건반을 장치한 건반 현악기를 따로 분리시키는 경우도 있다.

✎ '나'는 **예** 피아노가 해머로 현을 때려 소리를 내므로, 악기의 종류 중 타현 악기나 건반 현악기라고 생각한다.

어휘력 확인

1~3 다음 뜻에 알맞은 낱말을 글자의 첫소리를 참고하여 써 보세요.

1 사물의 범위가 늘어나 커짐. → ㅈ ㅍ : 증폭

2 물체에서 나는 소리와 그 울림 → ㅇ ㅎ : 음향

3 돈이나 물건 혹은 마음 따위를 쓰는 형편 → ㅇ ㄷ : 용도

4~6 다음 빈칸에 알맞은 낱말을 **보기**에서 찾아 써 보세요.

> **보기**
> 방식　부품　진동

4 나라마다 문화나 생활 **방식** 에 차이가 있다.

5 회의 참석자들은 스마트폰을 **진동** 으로 바꿔 주십시오.

6 텔레비전 수리를 맡겼더니 **부품** 을 바꿔야 한다고 했다.

7~8 다음 문장에 어울리는 낱말을 괄호 안에서 골라 ○표 해 보세요.

7 이 문제는 스마트폰을 (활동해서 /（활용해서）) 해결해야 합니다.

8 그는 같은 음식에서도 맛의 (（미세한）/ 섬세한) 차이를 느낄 수 있다.

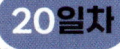

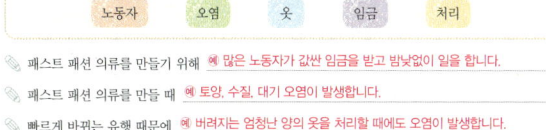

옷, 몇 벌이면 충분할까요?

핵심 내용 이해

Q. 다음 낱말 카드를 활용하여 패스트 패션의 문제점을 정리해 보자!

> 노동자　오염　옷　임금　처리

✎ 패스트 패션 의류를 만들기 위해 **예** 많은 노동자가 값싼 임금을 받고 밤낮없이 일을 합니다.

✎ 패스트 패션 의류를 만들 때 **예** 토양, 수질, 대기 오염이 발생합니다.

✎ 빠르게 바뀌는 유행 때문에 **예** 버려지는 엄청난 양의 옷을 처리할 때에도 오염이 발생합니다.

새로 알게 된 사실

Q. 이 글을 읽고 새롭게 알게 된 내용을 적어 보자!

✎ **예** 패스트 패션 의류가 만들어지는 과정에서 여러 가지 문제점이 발생된다는 사실을 알게 되었다.

나의 생각 정리

Q. 다음 글을 읽고 패스트 패션에 대해 어떤 생각을 했는지 써 보자!

> 패스트 패션을 반성하는 움직임이 나타났습니다. 바로 슬로 패션(slow fashion) 운동입니다. 슬로 패션은 패스트 패션과 달리 유행을 따르지 않습니다. 옷을 생산하고 소비하는 속도를 늦추어 환경을 오염시키지 않으려고 노력하는 것입니다. 또한 옷을 만드는 근로자들의 권리도 중요하게 생각합니다.

✎ '나'는 **예** 옷을 살 때 유행을 빠르게 반영하는 패스트 패션보다 환경을 덜 오염시키고 근로자의 권리를 보장하는 슬로 패션을 추구하는 것이 더 멋있게 느껴진다.

어휘력 확인

1~3 다음 낱말의 알맞은 뜻을 찾아 선으로 이어 보세요.

1 공정 ・　・㉠ 직장에서의 지위나 급료 따위의 근로 조건

2 대우 ・　・㉡ 근로자가 노동의 대가로 사용자에게 받는 보수

3 임금 ・　・㉢ 한 제품이 완성되기까지 거쳐야 하는 하나하나의 작업 단계

4~5 다음 밑줄 친 말과 바꾸어 쓸 수 있는 낱말을 **보기**에서 찾아 내용에 어울리게 써 보세요.

> **보기**
> 단축하다　처리하다

4 그는 수행 평가 결과를 절차에 따라 마무리 짓고 있다. → 처리하고

5 학생들은 선생님께 수업 시간을 5분만 짧게 줄이자고 요청하였다. → 단축하자고

6~7 다음 뜻풀이를 참고하여 십자말풀이를 완성해 보세요.

6 ㉠ 몸을 움직여 일을 함.

7 ㉡ 움직여 옮김. 또는 움직여 자리를 바꿈.

이
노 동
㉠→

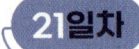 **21일차** 공부한 날 월 일

위인들은 어떻게 책을 읽었을까요?

핵심 내용 이해

Q. 다음 글자 카드를 활용하여 글쓴이가 이 글을 쓴 목적을 완성해 보자!

| 독 | 방 | 법 | 보 | 서 | 위 | 인 | 정 |

글쓴이는 독자에게 [위][인]들의 [독][서][방][법]에 대한 [정][보]를 전달하기 위한 목적으로 글을 썼다.

새로 알게 된 사실

Q. 이 글을 읽고 새롭게 알게 된 내용을 적어 보자!

📝 예) 역사 속의 위인들이 다양한 방식으로 독서를 했다는 사실을 알게 되었다.

나의 생각 정리

Q. 다음 글의 고사성어와 이 글의 내용을 비교하여 공통점을 써 보자!

위편삼절

위편삼절(韋編三絶)은 공자가 『주역』을 즐겨 읽어 책의 가죽 끈이 세 번이나 끊어졌다는 뜻으로, 책을 열심히 읽음을 이르는 말입니다. 공자가 살았던 시대는 아직 종이가 발명되기 전으로, 대나무 조각을 가죽 끈으로 엮어서 만들었던 죽간(竹簡)이라는 형태의 책을 사용하였습니다. 공자는 『주역』을 셀 수 없을 정도로 반복해서 읽다 보니 책을 묶었던 끈을 새 것으로 바꾼 것이 여러 번이었다고 합니다.

📝 예) 공자가 한 권의 책을 수도 없이 반복해서 읽었던 것을 말하는 '위편삼절'과 세종 대왕의 '백독백습'이 서로 비슷하다.

어휘력 확인

1~3 다음 뜻에 알맞은 낱말을 글자의 첫소리를 참고하여 써 보세요.

1 낱낱의 수 → ㅅ ㅎ : 수효

2 뜻을 새겨 가며 자세히 읽음. → ㅈ ㄷ : 정독

3 자신이 실제로 해 보거나 겪어 봄. 또는 거기서 얻은 지식이나 기능
→ ㄱ ㅎ : 경험

4~6 다음 빈칸에 알맞은 낱말을 보기에서 찾아 써 보세요.

| 보기 |
| 발견 습관 실생활 |

4 캘리그라피는 [실생활]에서 여러 용도로 이용된다.

5 그는 어려서부터 절약하는 [습관]이 몸에 배어 있다.

6 아버지는 항상 나의 장점을 [발견]하고 격려해 주신다.

7~8 밑줄 친 낱말의 뜻으로 알맞은 것을 찾아 ○표 해 보세요.

7 지난번 시험에서 실수한 것을 되새겨 보아라.
→ (다시 떠올려 곰곰히 생각해 / 본디의 상태가 되도록 해)

8 오랫동안의 장마가 그치고 나서 무더위가 시작되었다.
→ (세력이 약해지고 / 움직임이 멈추거나 끝나고)

 **22일차** 공부한 날 월 일

공정 무역 제품을 찾아보아요

핵심 내용 이해

Q. 다음 낱말 카드를 활용하여 공정 무역의 특징을 정리해 보자!

| 금지 | 대가 | 아동 | 안전 | 지불 | 친환경적 |

📝 공정 무역은 예) 생산자에게 정당한 대가를 지불합니다.

📝 공정 무역은 예) 제품 생산 과정에서 아동의 노동을 금지합니다.

📝 공정 무역은 예) 안전한 작업장에서 친환경적으로 생산되는 제품을 취급합니다.

새로 알게 된 사실

Q. 이 글을 읽고 새롭게 알게 된 내용을 적어 보자!

📝 예) 공정 무역은 저개발국의 생산자가 정당한 대가를 받을 수 있도록 하는 무역 방식이라는 사실을 알게 되었다.

나의 생각 정리

Q. 다음 글을 읽고 공정 무역에 대해 어떤 생각을 했는지 써 보자!

2000년대 초 세계적인 초콜릿 제조 회사들은 초콜릿 제품 생산에 아동 노동을 금지하겠다고 선언했습니다. 그러나 현재까지 가나와 코트디부아르 등의 국가에서는 5~17세 어린이들의 43% 이상이 초콜릿 생산 현장에서 일을 하고 있다고 합니다. 특히 늦은 밤까지 일을 하고, 날카로운 도구를 사용하거나 농약에 노출되는 등 작업 환경이 매우 위험하여 문제가 되고 있습니다.

📝 '나'는 예) 내가 즐겨 먹는 식품들이 아동 노동을 금지하는지 확인하고, 가능한 한 공정 무역 제품을 사 먹어야겠다고 생각한다.

어휘력 확인

1~2 주어진 글자의 첫소리와 그 뜻에 알맞은 낱말을 빈칸에 넣어 문장을 완성해 보세요.

1 ㅁ ㅇ : 나라와 나라 사이에 서로 물품을 매매하는 일
→ 다른 나라와의 [무역]을/를 통해 우리나라에 없는 물건을 구할 수 있다.

2 ㅈ ㅅ : 어떤 상태가 오래 계속됨. 또는 어떤 상태를 오래 계속함.
→ 물가 상승 현상이 [지속]되면서 서민들이 살기가 점점 어려워지고 있다.

3~5 다음 밑줄 친 말과 바꾸어 쓸 수 있는 낱말을 보기에서 찾아 내용에 어울리게 써 보세요.

| 보기 |
| 소비되다 수입하다 취급하다 |

3 이 일에는 많은 시간과 돈이 든다. → 소비된다

4 그 가게는 가공식품을 대상으로 처리하고 있다. → 취급하고

5 삼촌은 다른 나라에서 사들인 과일을 국내에서 되파는 일을 하신다. → 수입한

6~7 다음 뜻풀이를 참고하여 십자말풀이를 완성해 보세요.

6 ㉠ 양이나 수치가 늚.

7 ㉡ 원재료를 인공적으로 처리하여 새로운 제품을 만들거나 제품의 질을 높임.

신 · 재생 에너지란?

핵심 내용 이해

Q. 다음 낱말 카드를 활용하여 글쓴이가 이 글을 쓴 목적을 완성해 보자!

| 신 | 에너지 | 정보 | 재생 |

✎ 글쓴이는 독자에게 (신·재생 에너지)에 대한 (정보)를 전달하기 위한 목적으로 글을 썼다.

새로 알게 된 사실

Q. 이 글을 읽고 새롭게 알게 된 내용을 적어 보자!

✎ 예 신·재생 에너지는 고갈되어 가는 화석 연료를 대체하기 위해 개발되고 있는 에너지라는 사실을 알게 되었다.

나의 생각 정리

Q. 다음 글을 읽고 신·재생 에너지에 대해 어떤 생각을 했는지 써 보자!

화석 연료와 지구 온난화

많은 과학자들이 지구 온난화가 화석 연료 사용에 따른 온실가스 증가 때문에 일어나는 현상이라고 말하고 있다. 지구의 기온이 상승하면서 기후가 변해 북극이나 그린란드 같은 극지의 빙하가 급격히 녹고 해수면이 상승하고 있다. 해마다 극심해지는 지구촌의 폭염도 지구 온난화의 결과이다.

✎ '나는 예 화석 연료의 고갈뿐만 아니라 지구 온난화를 늦추기 위해서라도 전 세계가 신·재생 에너지를 개발하고 사용해야 한다고 생각한다.

어휘력 확인

(1~3) 다음 뜻에 알맞은 낱말을 글자의 첫소리를 참고하여 써 보세요.

1 이미 존재함. → ㄱ ㅈ : 기존

2 지구 안에서 땅 표면으로 흘러나오는 열 → ㅈ ㅇ : 지열

3 비, 눈, 우박, 안개 따위로 지상에 내린 물 → ㄱ ㅅ : 강수

(4~6) 다음 빈칸에 알맞은 낱말을 보기 에서 찾아 써 보세요.

보기
| 고갈 | 대안 | 반응 |

4 그들은 회사를 다시 일으킬 대안 을 찾고 있다.

5 그는 부모에 대한 이야기가 나오면 민감한 반응 을 보인다.

6 아프리카의 많은 나라는 식수의 고갈 (으)로 어려움을 겪고 있다.

(7~8) 다음 문장에 어울리는 낱말을 괄호 안에서 골라 ○표 해 보세요.

7 자신의 단점을 (보수하여 /(보완하여)) 강점으로 만들어야 합니다.

8 그는 자료를 문서 파일로 (교환하여 /(변환하여)) 보내 달라고 하였다.

서양화와 동양화의 원근법

핵심 내용 이해

Q. 다음 낱말 카드를 활용하여 원근법의 특징을 정리해 보자!

| 대기 | 물체 | 삼원법 | 역원근법 | 투시 | 평면 |

✎ 원근법은 예 물체와 공간을 눈으로 보는 것과 같이 멀고 가까움을 느낄 수 있도록 평면 위에 표현하는 방법입니다.

✎ 서양의 원근법에는 예 투시 원근법과 대기 원근법이 있습니다.

✎ 동양의 원근법에는 예 삼원법과 역원근법이 있습니다.

새로 알게 된 사실

Q. 이 글을 읽고 새롭게 알게 된 내용을 적어 보자!

✎ 예 서양의 원근법과 동양의 원근법에 차이가 있고, 그것이 서양과 동양의 가치관의 차이 때문이라는 사실을 알게 되었다.

나의 생각 정리

Q. 다음 글을 읽고 원근법에 대해 어떤 생각을 했는지 써 보자!

동양화에서 자연을 그린 그림을 '산수화(山水畵)'라고 합니다. 산수화는 자연의 사물을 빌려와 작가의 정신세계를 담아낸 그림입니다. 그래서 서양화에서처럼 대상을 정확하게 재현하기보다는 대상을 재구성해 표현함으로써 작가의 정서를 드러내고자 했습니다.

✎ '나는 예 동양화에서 작가의 정신세계를 더 중시하였기 때문에 서양화에서처럼 정확한 원근법을 사용하지 않았다는 것을 깨닫게 되었다.

어휘력 확인

(1~3) 주어진 글자의 첫소리와 그 뜻에 알맞은 낱말을 빈칸에 넣어 문장을 완성해 보세요.

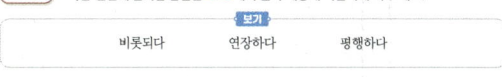

1 ㄷ ㄱ : '공기'를 달리 이르는 말
→ 심호흡을 하여 신선한 대기 을/를 들이마셨다.

2 ㅇ ㅊ : 삼차원의 공간에서 여러 개의 평면이나 곡면으로 둘러싸인 부분
→ 미술 시간에 입체 그림을 그려 전시했다.

3 ㄱ ㄱ ㅈ : 자기와의 관계에서 벗어나 제삼자의 입장에서 사물을 보거나 생각하는 것
→ 이 소설에서는 서술자가 주인공을 객관적 (으)로 관찰하고 있다.

(4~6) 다음 빈칸에 들어갈 낱말을 보기 에서 골라 내용에 어울리게 써 보세요.

보기
| 비롯되다 | 연장하다 | 평행하다 |

4 그들의 싸움은 아주 사소한 오해에서 비롯된 것이었다.

5 선생님께 과제 작성 기간을 연장해 달라고 요청하였다.

6 그 두 길은 갈라지고 나서도 몇 킬로미터 동안은 평행하는 길이다.

(7~8) 다음 뜻풀이를 참고하여 십자말풀이를 완성해 보세요.

7 ㉠ 막힌 물체를 환히 꿰뚫어 봄.

8 ㉡ 물체의 존재나 형상을 인식하는 눈의 능력

| 투 | 시 |
| 력 | |

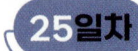 **25일차**

공부한 날 월 일

우리 지역 이름에 담긴 뜻

핵심 내용 이해

Q. 다음 글자 카드를 활용하여 글쓴이가 이 글을 쓴 목적을 완성해 보자!

| 름 | 보 | 역 | 이 | 정 | 지 |

✎ 글쓴이는 독자에게 지 역 이 름 에 대한 정 보 를 전달하기 위한 목적으로 글을 썼다.

새로 알게 된 사실

Q. 이 글을 읽고 새롭게 알게 된 내용을 적어 보자!

✎ 예 우리나라 각 지역의 이름에 특별한 뜻이 담겨 있다는 사실을 알게 되었다.

나의 생각 정리

Q. 다음 글을 읽고 '경기'와 '관동'의 공통점을 써 보자!

> 강원도의 별칭 중에 '관동(關東)'이 있다. 고려 성종 때 전국을 열 개의 도(道)로 짜는 과정에서 오늘의 서울과 경기 일대를 '관내도(關內道)'라고 하였다. '관동'은 관내도의 동쪽에 있는 땅이라는 뜻을 담아 지어진 것이다. 한편 함경도에서 서울로 들어오는 길목인 철령관과 관련된 명칭이라는 설도 있다. 이곳을 중심으로 동쪽을 관동이라고 한 것이다.

✎ 예 경기와 관동이라는 지역 명칭은 모두 서울과 관련하여 지어진 이름이다.

어휘력 확인

1~3 다음 뜻에 알맞은 낱말을 글자의 첫소리를 참고하여 써 보세요.

1 달리 부르는 이름 → ㅂ ㅊ : 별칭

2 사람이나 사물 따위의 이름. 또는 그것을 일컫는 이름 → ㅁ ㅊ : 명칭

3 임금이나 황제가 있던 도읍지가 성으로 이루어져 있었다는 데서, '서울'을 이르던 말

→ ㄷ ㅅ : 도성

4~6 다음 빈칸에 알맞은 낱말을 보기에서 찾아 써 보세요.

보기
| 수석 | 원수 | 자수 |

4 일반적으로 자수 을/를 하면 비교적 처벌이 가벼워진다.

5 철수는 열심히 공부하여 학교를 수석 (으)로 졸업하였다.

6 두 나라의 원수 이/가 만나는 정상회담이 오랜만에 이루어졌다.

7~8 다음 문장에 어울리는 낱말을 괄호 안에서 골라 ○표 해 보세요.

7 '만물의 영장'은 인간을 (일구는 / ⟨일컫는⟩) 말이다.

8 사진첩 속에는 조부모님과의 추억이 (⟨담겨⟩ / 엉겨) 있다.

 26일차

공부한 날 월 일

우리나라가 간직한 세계 유산

핵심 내용 이해

Q. 다음 글자 카드를 활용하여 글쓴이가 이 글을 쓴 목적을 완성해 보자!

| 계 | 네 | 산 | 세 | 스 | 유 | 코 |

✎ 글쓴이는 독자에게 우리나라의 대표적인 유 네 스 코 세 계 유 산 에 대한 정보를 전달하기 위한 목적으로 글을 썼다.

새로 알게 된 사실

Q. 이 글을 읽고 새롭게 알게 된 내용을 적어 보자!

✎ 예 우리나라가 유네스코에서 지정한 세계 유산, 무형 문화 유산, 세계 기록 유산을 지니고 있다는 사실을 알게 되었다.

나의 생각 정리

Q. 다음 글을 읽고 우리나라의 유네스코 유산에 대해 어떤 생각을 했는지 써 보자!

> 유산이란 우리 선조로부터 물려받아 오늘날 그 속에 살고 있으며, 앞으로 우리 후손에게 물려주어야 할 자산이다. 자연 유산과 문화유산 모두 다른 어느 것으로도 대체할 수 없는 우리들의 삶과 영감의 원천이다. 유네스코는 이러한 인류 보편적 가치를 지닌 자연 유산 및 문화유산들을 발굴 및 보호, 보존하고자 1972년 '세계 문화 및 자연 유산 보호 협약(세계 유산 협약)'을 채택하였다.

✎ '나'는 예 인류 보편적 가치를 인정받은 우리나라의 유네스코 세계 유산들이 자랑스럽다.

어휘력 확인

1~2 주어진 글자의 첫소리와 그 뜻에 알맞은 낱말을 빈칸에 넣어 문장을 완성해 보세요.

1 ㅊ ㅈ : 전에 없던 것을 처음으로 만듦.
→ 그는 새로운 디자인 창조 에 전념하고 있다.

2 ㅈ ㅅ : 개인이나 법인이 소유하고 있는 경제적 가치가 있는 유형·무형의 재산
→ 노후 대비를 위해서는 자산 을/를 모으는 것이 중요하다.

3~5 다음 밑줄 친 말과 바꾸어 쓸 수 있는 낱말을 보기에서 찾아 내용에 어울리게 써 보세요.

보기
| 분류하다 | 분포하다 | 지정되다 |

3 숭례문은 국보 1호로 특정한 자격이 주어져 있다. → 지정되어

4 도시에는 많은 유적지가 일정한 범위에 흩어져 퍼져 있다. → 분포해

5 그는 상점에서 각종 상품을 종류에 따라서 가르는 일을 한다. → 분류하는

6~7 다음 뜻풀이를 참고하여 십자말풀이를 완성해 보세요.

6 ㉠ 남아 있는 자취

7 ㉡ 앞 세대가 물려준 사물 또는 문화

㉠→
㉡↓ 유 적
산

27일차

간접 광고란 무엇일까요?

핵심 내용 이해

Q. 다음 글자 카드를 활용하여 글쓴이가 이 글을 쓴 목적을 완성해 보자!

간	고	광	보	접	정

✎ 글쓴이는 독자에게 [간][접][광][고]에 대한 [정][보]를 전달하기 위한 목적으로 글을 썼다.

새로 알게 된 사실

Q. 이 글을 읽고 새롭게 알게 된 내용을 적어 보자!

✎ 예) 텔레비전 프로그램의 간접 광고가 늘어나고 있으므로 시청자가 그 문제점을 잘 알고 적절히 대응해야 한다는 사실을 알게 되었다.

나의 생각 정리

Q. 다음 글을 읽고 광고에 대해 어떤 생각을 했는지 써 보자!

맥락 광고

드라마가 끝나자마자 바로 드라마의 주인공이 모델을 맡은 광고가 나오는 경우를 본 적이 있을 것이다. 이런 광고를 맥락 광고라고 한다. 맥락 광고는 프로그램이 끝난 직후에 프로그램의 내용과 관련성이 높은 제품의 광고를 배치하는 것이다. 드라마의 주인공에 대한 좋은 인상이 광고 제품에 대한 긍정적인 인상으로 연결되도록 하는 것이다.

✎ '나'는 예) 아무 생각 없이 보던 광고에도 어떤 의도가 숨겨져 있는지 꼼꼼히 살펴봐야겠다고 생각한다.

어휘력 확인

1~3 다음 뜻에 알맞은 낱말을 글자의 첫소리를 참고하여 써 보세요.

1 깊이 파고들거나 빠짐. → ㅁ ㅇ : 몰입

2 연기, 공연, 연설 따위를 하기 위하여 무대나 연단에 나감. → ㅊ ㅇ : 출연

3 규칙이나 규정에 의하여 일정한 한도를 정하거나 정한 한도를 넘지 못하게 막음. → ㄱ ㅈ : 규제

4~6 다음 빈칸에 알맞은 낱말을 보기 에서 찾아 써 보세요.

보기

금지	진행	허용

4 강의 시간에 개인적인 통화는 허용 되지 않는다.

5 친구는 사회자로서 학급 회의의 진행 을/를 맡았다.

6 그는 손님들에게 다가가 실내 흡연은 금지 (이)라고 말했다.

7~8 다음 문장에 어울리는 낱말을 괄호 안에서 골라 ○표 해 보세요.

7 이 문제는 다시 (⬭언급하지/ 인용하지) 않기로 했다.

8 그들은 참석자들이 앉을 의자를 (방치하였다 /⬭배치하였다).

28일차

더 강한 단맛을, 액상 과당

핵심 내용 이해

Q. 다음 낱말 카드를 활용하여 액상 과당의 특징을 정리해 보자!

과식	녹말	대체	비만	설탕	옥수수

✎ 액상 과당은 예) 설탕을 대체하기 위해 만들어졌습니다.

✎ 액상 과당은 예) 옥수수 녹말을 사용하여 만듭니다.

✎ 액상 과당은 예) 과식을 하게 만들고 비만을 일으킬 수 있습니다.

새로 알게 된 사실

Q. 이 글을 읽고 새롭게 알게 된 내용을 적어 보자!

✎ 예) 액상 과당은 설탕을 대체하기 위해 만들어진 것이지만 건강에 악영향을 미칠 수 있다는 사실을 알게 되었다.

나의 생각 정리

Q. 다음 글을 읽고 인공 감미료에 대해 어떤 생각을 했는지 써 보자!

많은 가공식품들이 인공 감미료를 사용하여 맛을 낸다. 인공 감미료는 아주 적은 양으로도 단맛을 낼 수 있고 값이 싸다. 인공 감미료 중 아스파탐은 설탕보다 200배, 수크랄로스는 600배나 단맛이 강하다. 인공 감미료는 복잡한 화학 처리 과정을 통해 만들어지기 때문에 유해성 면에서 논란이 되고 있다.

✎ '나'는 예) 강한 단맛이 나는 가공식품을 많이 먹지 말아야겠다고 생각한다.

어휘력 확인

1~3 다음 낱말의 알맞은 뜻을 찾아 선으로 이어 보세요.

1 방해 • • ㉠ 남의 일을 간섭하고 막아 해를 끼침.

2 억제 • • ㉡ 지식, 경험, 자금 따위를 모아서 쌓음.

3 축적 • • ㉢ 감정이나 욕망, 충동적 행동 따위를 내리눌러서 그치게 함.

4~6 다음 밑줄 친 말과 바꾸어 쓸 수 있는 낱말을 보기 에서 찾아 내용에 어울리게 써 보세요.

보기

과도하다	대체하다	섭취하다

4 그는 학생들의 잘못을 정도에 지나치게 나무라지 않는다. → 과도하게

5 식습관 개선을 통해 영양소를 골고루 몸속에 빨아들여야 한다. → 섭취해야

6 그 회사는 이 상품을 다른 것으로 대신할 신제품을 개발하고 있다. → 대체할

7~8 다음 뜻풀이를 참고하여 십자말풀이를 완성해 보세요.

7 ㉠ 넘치도록 가득 차 있는 느낌

8 ㉡ 살이 쪄서 몸이 뚱뚱함.

	㉠→	비	
㉡→	포	만	감

건물을 아름답게 만드는 단청

🔵 핵심 내용 이해

Q. 다음 낱말 카드를 활용하여 단청의 특징을 정리해 보자!

| 권위 | 기본 | 다섯 | 보호 | 의도 | 자연물 |

🖊 단청의 목적은 **예** 건물을 보호하고 아름답게 만들며, 위엄과 권위를 나타내거나 좋지 않은 기운을 몰아내는 것입니다.

🖊 단청의 무늬는 **예** 도형과 자연물이 많이 등장하였고, 건물의 성격을 나타내는 무늬나 특정한 표현 의도를 나타내는 무늬들도 사용되었습니다.

🖊 단청의 색깔은 **예** 기본적으로 적색, 청색, 황색, 백색, 흑색의 다섯 가지이고, 이들을 섞어 다른 색을 만들어 쓰기도 하였습니다.

🔷 새로 알게 된 사실

Q. 이 글을 읽고 새롭게 알게 된 내용을 적어 보자!

🖊 **예** 단청이 목조 건물뿐 아니라 석조 건물이나 공예품, 조각상에도 사용된 장식이라는 사실을 알게 되었다.

⭐ 나의 생각 정리

Q. 다음 글을 읽고 단청에 대해 어떤 생각을 했는지 써 보자!

> 나무로 만든 건물을 보호하면서 아름다움을 높이는 것이 단청입니다. 단청은 삼국 시대부터 유행하기 시작한 것으로 알려져 있습니다. 실제로 고구려 벽화 고분인 쌍영총에도 단청이 남아 있습니다. 오늘날에는 옛 건물의 단청을 보존하고 훼손된 단청을 복원하는 것은 물론, 새로 짓는 건물에도 단청을 새겨 넣는 일이 진행되고 있습니다.

🖊 '나는 **예** 단청이 우리 고유의 건축 방법이며, 오늘날에도 이어 나갈 소중한 전통이라고 생각한다.

🟣 어휘력 확인

1~3 다음 뜻에 알맞은 낱말을 글자의 첫소리를 참고하여 써 보세요.

1 액세서리 따위로 치장함. → ㅈ ㅅ : 장식

2 물기가 많아 젖은 듯한 기운 → ㅅ ㄱ : 습기

3 남을 지휘하거나 통솔하여 따르게 하는 힘 → ㄱ ㅇ : 권위

4~6 다음 빈칸에 알맞은 낱말을 보기 에서 찾아 써 보세요.

| 보기 |
| 기원   손상   위엄 |

4 큰비가 내려 학교 지붕에 손상 이 생겼다.

5 조직의 대표는 적절한 위엄 을 갖추어야 한다.

6 우리는 반 친구의 회복을 한마음으로 기원 하였다.

7~8 밑줄 친 낱말의 뜻으로 알맞은 것을 찾아 ○표 해 보세요.

7 국민 모두가 우리나라의 훌륭한 문화재를 보존해야 한다.
→ (부족한 부분을 보태어 채워야 / 잘 보호하고 간수하여 남겨야)

8 그들은 장마철이 시작되기 전에 홍수를 방지하는 작업을 하고 있다.
→ (상대편의 공격을 막는 / 현상이 일어나지 못하게 막는)

적정 기술을 알고 있나요?

🔵 핵심 내용 이해

Q. 다음 글자 카드를 활용하여 글쓴이가 이 글을 쓴 목적을 완성해 보자!

| 기 | 보 | 술 | 적 | 정 |

🖊 글쓴이는 독자에게 적 정 기 술 에 대한 정 보 를 전달하기 위한 목적으로 글을 썼다.

🔷 새로 알게 된 사실

Q. 이 글을 읽고 새롭게 알게 된 내용을 적어 보자!

🖊 **예** 저개발국의 국민들에게 도움이 되고 환경을 오염시키지 않는 적정 기술이 사용된 여러 가지 제품들에 대해 알게 되었다.

⭐ 나의 생각 정리

Q. 다음 글을 읽고 '큐-드럼'의 효과에 대해 어떤 생각을 했는지 써 보자!

> 남아프리카 공화국의 한스와 피에트 헨드릭스 형제는 케냐와 에티오피아처럼 물이 부족한 나라의 사람들을 돕기 위해 '큐-드럼'을 개발하였다. 이 나라들에서는 여성과 어린이들이 커다란 물통을 머리에 이고 하루에도 수차례씩 먼 거리를 이동하며 식수를 구해 와야 하는데, 이 과정에서 부상을 입는 일이 많았다. 또한 어린이들이 학교에 다닐 시간도 부족하였다.

🖊 '나는 **예** 물 부족 국가에서 '큐-드럼'을 사용하면 식수를 쉽게 구할 수 있고, 아이들이 다치지 않고 학교에도 잘 다닐 수 있을 것이라고 생각한다.

🟣 어휘력 확인

1~3 다음 낱말의 알맞은 뜻을 찾아 선으로 이어 보세요.

1 소비 •   • ㉠ 어떤 상태가 오래 계속됨.

2 지속 •   • ㉡ 물 따위가 속까지 환히 비치도록 맑음.

3 투명 •   • ㉢ 돈이나 물자, 시간, 노력 따위를 들이거나 써서 없앰.

4~6 다음 밑줄 친 말과 바꾸어 쓸 수 있는 낱말을 보기 에서 찾아 내용에 어울리게 써 보세요.

| 보기 |
| 고려하다   보관하다   운반하다 |

4 그는 친구들과 함께 의자를 교실로 옮겨 나르고 있다. → 운반하고

5 내일 일정은 날씨를 생각하고 헤아려 보아 정하기로 하였다. → 고려하여

6 학교에서는 학생들의 학생 기록부를 맡아서 간직하고 관리하고 있다. → 보관하고

7~8 다음 뜻풀이를 참고하여 십자말풀이를 완성해 보세요.

7 ㉠ 어떤 물질이 액체 상태에서 기체 상태로 변함.

8 ㉡ 새로운 물건을 만들거나 새로운 생각을 내어놓음.

| | 개 ↓ |
| 증 → | 발 |

약점 유형 분석표

- 일차별로 채점 후, 본문의 틀린 문제 번호에 ○표 하세요.
- 자신이 잘 틀리는 문제 유형이 무엇인지 확인해 봅니다.
- 틀린 문제는 해설을 통해 왜 틀렸는지 정확히 이해할 수 있도록 합니다.

일차	화제 파악	주제 파악	내용 이해	구조 이해	내용 추론	비판과 평가	상황에 적용
Day 01		❶	❷		❸		❹
Day 02		❶	❷		❸	❹	
Day 03	❶		❷		❸		❹
Day 04	❶		❷		❸		❹
Day 05			❶ ❷		❸		❹
Day 06		❶	❷			❸	❹
Day 07			❶ ❸		❷		❹
Day 08		❶	❷ ❸			❹	
Day 09	❶		❷		❸		❹
Day 10			❶	❷		❸	❹
Day 11		❸	❷	❶		❹	
Day 12	❶				❷ ❸	❹	
Day 13	❶		❸			❷	❹
Day 14		❶	❷		❸		❹
Day 15	❶	❸			❷		❹

일차	화제 파악	주제 파악	내용 이해	구조 이해	내용 추론	비판과 평가	상황에 적용
Day 16		❶	❷			❸	❹
Day 17		❶	❷		❸		❹
Day 18		❶	❷		❸		❹
Day 19		❶	❷			❸	❹
Day 20		❶			❷	❸	❹
Day 21		❶	❷		❸		❹
Day 22				❶	❷	❸	❹
Day 23		❶	❷			❸	❹
Day 24		❶	❷		❸		❹
Day 25		❶	❷			❸	❹
Day 26		❶	❷		❸		❹
Day 27			❷	❶	❸	❹	
Day 28		❶	❷			❸	❹
Day 29			❷	❶	❸		❹
Day 30		❶	❷		❸		❹